Ausgesondert
Bibliothek der
Pädagogischen Hochschule
Freiburg

JOSEF STEINER

LITURGIEREFORM IN DER AUFKLÄRUNGSZEIT

FREIBURGER
THEOLOGISCHE STUDIEN

Unter Mitwirkung
der Professoren der Theologischen Fakultät
Herausgegeben von

Remigius Bäumer, Alfons Deissler, Helmut Riedlinger

Hundertster Band

Liturgiereform in der Aufklärungszeit

JOSEF STEINER

Liturgiereform in der Aufklärungszeit

EINE DARSTELLUNG AM BEISPIEL
VITUS ANTON WINTERS

HERDER
FREIBURG · BASEL · WIEN

Alle Rechte vorbehalten — Printed in Germany
© Verlag Herder KG Freiburg im Breisgau 1976
Satz u. Reproduktion: wico grafik St. Augustin 1/Bonn
Druck: Freiburger Graphische Betriebe 1976
ISBN 3-451-17395-6

VORWORT

Die vorliegende Arbeit wurde 1974 an der theologischen Fakultät der Universität Innsbruck als Dissertation eingereicht und für die Veröffentlichung teilweise überarbeitet. Ihr zentrales Anliegen ist, Struktur und Konsequenzen aufklärerischen Denkens konkret an der Liturgiereform V. A. Winters aufzuzeigen und von dort her heutige liturgische Reformarbeit kritisch zu beleuchten. Aus diesem Grund wurden die einzelnen Werke Winters analysiert und mit Hilfe einer sehr gestrafften Zusammenfassung mit heutiger Liturgie konfrontiert.

Die Dissertation entstand unter der Leitung von Univ. Prof. P. Dr. H. B. Meyer SJ, Innsbruck. Weiterführende Kritik erhielt ich von Univ. Prof. Dr. Br. Kleinheyer, Regensburg. Beiden sei dafür gedankt. Besonderen Dank schulde ich P. Dr. W. Feneberg SJ, München, mit dem ich in zahlreichen Gesprächen die Notwendigkeit und die Problematik aufklärenden Denkens begreifen lernte. Die Universität Innsbruck, die Diözese Innsbruck, Weihbischof E. Tewes, München, und das Land Tirol unterstützten die Drucklegung durch Druckkostenzuschüsse. Auch ihnen sei dafür gedankt. Und schließlich möchte ich den Herausgebern der Freiburger Theologischen Studien für die Aufnahme der Arbeit in ihre Reihe und dem Verlag Herder für das Entgegenkommen bei der Durcklegung danken.

München, 12. November 1975 *Josef Steiner*

INHALT

Einleitung 11

1 *Leben und Werk Vitus Anton Winters* 21
1.1   Leben 21
1.2   Werk 26
      Die geschichtlichen Werke 26 — Die liturgischen Werke 30

2 *Der Funke: Dankadresse an Max Joseph IV* 33
2.1   Entstehung der Feiertage 34
2.2   Ursachen für die Einsetzung und Vermehrung der
      Feiertage 36
2.3   Folgen der gehäuften Feiertage 38
2.4   Plädoyer für die Reduzierung 39
2.5   Zusammenfassung und Kritik 39
      Vergleich 39 — Problemstellung 40 — Impulse 44

3 *Liturgiekritik: Versuche zur Verbesserung der Katholischen
  Liturgie* 45
3.1   Augenblicklicher Zustand der Liturgie 45
3.2   Die Anfänge der Liturgie 48
3.3   Die Zeit der Sakramentare 51
      Die historische Echtheit der drei Sakramentare 52 —
      Der liturgische Wert der Sakramentare 54
3.4   Von der Reformation bis zur Aufklärung: Missale,
      Rituale und Brevier 57
      Prüfung des Missale 58 — Prüfung des Rituals 61 —
      Prüfung des Breviers 63
3.5   Vorschläge zur Umbildung von Missale, Rituale und
      Brevier 64
3.6   Zusammenfassung und Kritik 66
      Vergleich 66 — Problemstellung 69 — Impulse 71

Inhalt

4 Liturgiereform: Theorie der öffentlichen Gottesverehrung .. 74
4.1 Notwendigkeit einer neuen Theorie des Gottesdienstes.. 74
4.2 Die Grundlage einer neuen Gottesdiensttheorie: Der „Sitz des Religionsprinzips" 77
4.3 Die äußere Religion und der äußere Gottesdienst in ihrem Verhältnis zur inneren Religion und zum inneren Gottesdienst 81
4.4 Die Zwecke der öffentlichen Gottesverehrung......... 91
Aufklärung des Verstandes 91 — Erbauung des Herzens 92 — Exkurs: Zwei Einwände 93 — Das Zueinander von Belehrung und Erbauung 94 — „Verbrüderung der Menschen" 95 — „Verkettung des Bürgers" 96
4.5 Pflicht der Teilnahme an der öffentlichen Gottesverehrung 96
4.6 Ursachen der Krise des öffentlichen Gottesdienstes: Eine Phänomenanalyse Winters 100
Der Bedeutungsverlust des öffentlichen Gottesdienstes 101 — Ursachen des Bedeutungsverlustes 102
4.7 Winters Grundthesen einer Theorie des Gottesdienstes .. 106
Die negativen Grundbedingungen 108 — die positiven Grundsätze der öffentlichen Gottesverehrung 116
4.8 Pastorale Forderungen für eine sachgerechte Umbildung der Liturgie 128
4.9 Zusammenfassung und Kritik 134
Vergleich 134 — Problemstellung 136 — Impulse 141

5 Experiment Messe: Erstes deutsches, kritisches Meßbuch ... 143
5.1 Allgemeine Bestimmung des Begriffes der Gottesverehrung 145
5.2 Gottesbegriff und Gottesverehrung bei Winter 148
5.3 Das Verhältnis von Religion und Gottesverehrung...... 151
5.4 Kritik des „Meßbuches" 152
Streichung des Introitus 154 — Neue Orationen 155 — Neue Auswahl der Episteln 156 — Die Abschaffung des Graduale, Alleluja und Traktus 156 — Neue Auswahl der Evangelienperikopen 157 — Die Bedeutung der Predigt 158 — Abschaffung der Offertorium- und Kommunionverse 160 — Ersatz der Präfation durch das Hauptlied 160 — Winters „Meßbuch" 162
5.5 Kritik der „Messe" 162
Streichung des Stufengebetes und des Confiteor 163 — Streichung des Kyrie 164 — Die Bedeutung des Gloria 165 — Streichung des Credo 166 — Zusammenlegung der

Inhalt

Gebete zur Gabenbereitung und des Orate Fratres in die „stille Oration" 167 — Die Bedeutung des Sanctus 168 — Veränderbarkeit des Kanons 169 — Paraphrasierung des Vater unser 172 — Brechung der Hostie 173 — Der Friedenswunsch und die Abschaffung des Friedenskusses 173 — Die Bedeutung des Agnus Dei 174 — Zusammenfassung der Kommuniongebete des Priesters 174 — Die Kommunion des Volkes 175 — Ersatz des Ite missa est, des Segens und des Johannesprologe durch ein abschließendes Gebet oder Segen 176 — Winters „Messe" 176

5.6 Zusammenfassung der Gebrechen der „Meßanstalt" 177
5.7 Kritik einiger Umbildungsversuche 179
Der Versuch Werkmeisters 180 — Der Versuch eines Landpfarrers 181 — Grasers Kritik 181 — Prachers Vorschläge 182 — Der Vorschlag Schelhorns 183 — Ungenügen der bisherigen Reformversuche 183
5.8 Winters Vorschläge zur Umbildung der „Messe" und des „Meßbuches" 184
Grundintention der Messe 184 — Auszuscheidende und beizubehaltende Teile der Messe 185 — Materialien einer „neuen" Messe 185 — Neuordnung der Episteln und Evangelien 186 — Förderung des Kirchengesanges und des Gebetes 187 — Anordnung des Stoffes 188 — Permanente Veränderung 189 — Periphere Veränderungen 190
5.9 Winters Formulare. 190
5.10 Umbildung der Privatmesse 192
5.11 Zusammenfassung und Kritik 193
Vergleich 194 — Problemstellung 197 — Impulse 200

6 *Sakramentenpastoral: Erstes deutsches, kritisches, katholisches Ritual* 203
6.1 Notwendigkeit einer Umbildung 203
6.2 Opus operatum und opus operantis................. 205
6.3 Die Sakramente als Zeichen der äußern Religion....... 207
6.4 Rituale und Agenden.............................. 208
6.5 Allgemeine Kritik des Rituale 209
Mangelnde Belehrung 209 — Mangelnde Erbauung 210
6.6 Allgemeine Kritik der Agenden 211
6.7 Grundsätze für eine Umbildung des Rituale und der Agenden 212
Eliminierung des „Lähmungsstoffes" 213 — Betonung der Belehrung 213 — Betonung der Erbauung 214 —

Notwendigkeit der Symbole 215 — Pflege der Sprache 216 — Methode der Umbildung 216

6.8 Umbildung der einzelnen Sakramente 217
Die Taufe 217 — Die Firmung 220 — Das Bußsakrament 222 — Die Kommunionfeier 225 — Die Trauung 227 — Die „letzte Ölung" 229 — Der Begräbnisritus 230

6.9 Zusammenfassung und Kritik 231
Vergleich 231 — Problemstellung 236 — Impulse 237

7 Exkurs: Liturgie und Katechetik: Religiössittliche Katechik. 240
7.1 Inhalt der „Katechetik" 240
7.2 Bedeutung der „Katechetik"...................... 243

8 Das Feuer: Kritische Schlußbemerkungen............. 245

Literaturverzeichnis................................. 251

Einleitung

Es ist interessant, daß seit dem Zweiten Vatikanischen Konzil im kirchlichen Leben und in der theologischen Diskussion sowohl „konservative" als auch „progressive" Kreise Parallelität und Bedeutung der Aufklärungsepoche für die Interpretation der eigenen Zeit wiederentdeckt und verwendet haben[1]. Interessant ist diese Tatsache deshalb, weil beide Gruppierungen das Phänomen Aufklärung zu ihren Gunsten ins Feld führen und entsprechend interpretieren[2].

---

1 Das simplifizierende Vorstellungsschema ‚konservativ — progressiv' wird hier als heuristische Stütze gebraucht, um Trends in der gegenwärtigen christlichen Lebensgestaltung und in der ihr entsprechenden theologischen Theoretisierung anzuzeigen. Wie jedes dualistische Vorstellungsmodell wird es der komplexen und vielschichtigen Wirklichkeit nur annähernd gerecht.
2 Die Beurteilung des Aufklärungszeitalters ist immer ambivalent gewesen. In sehr polarisierter Weise bezeugt diese Tatsache die am Beginn unseres Jahrhunderts heftig und polemisch geführte Auseinandersetzung zwischen Merkle und Sägmüller bzw. Rösch. Merkle hielt 1908 auf dem Internationalen Kongreß für historische Wissenschaften in Berlin einen Vortrag, in dem er das Zeitalter der Aufklärung als wichtige Periode für die Erneuerung der theologischen Studien, des Religionsunterrichtes, des Gottesdienstes, des Kirchenliedes und der Ökumene beurteilte. S. S. *Merkle*, Die katholische Beurteilung, bes. 21.31.33.56f. — Ihm widersprach Sägmüller in zwei Erwiderungen aufs schärfste, indem er den Tiefstand der Theologie der kirchlichen Aufklärung und deren „ungläubigen Rationalismus" herauszustellen bemüht war. S. J. B. *Sägmüller*, Wissenschaft und Unglaube und *ders.*, Unwissenschaftlichkeit und Unglaube. Sägmüller hatte bereits 1906 in seiner Schrift „Die kirchliche Aufklärung" nachzuweisen versucht, daß die Vertreter der kirchlichen Aufklärungsepoche gegen Dogma, Papst, Kult und kirchliche Disziplin arbeiteten. — Ebenso setzte sich Rösch eingehend mit Merkle auseinander und warf ihm vor, ein ziemlich verschwommenes Bild der Aufklärungsepoche zu zeichnen und nur deren „Lichtseiten" aufzuzeigen. S. A. *Rösch*, Ein neuer Historiker der Aufklärung. — Vgl. zum Wandel

Einleitung

Von der mehr beharrenden theologischen Position aus wird gesagt, daß die Parallelität zwischen Aufklärungszeit und unserer heutigen geistesgeschichtlich-religiösen Problematik eindeutig sei[3]. Beidemale gehe es um Rationalität, Durchschaubarkeit, Anthropozentrik, Betonung der Diesseitigkeit, kurz: um Operationalisierung aller menschlichen Vollzüge auf versteh- und durchschaubare Handlungen des menschlichen Lebens. Daraus folge mit Sicherheit die zeitliche Begrenztheit der heutigen kirchlichen Krise. Damit sei der Beweis erbracht, daß die Kirche zum Früheren zurückkehren werde oder um ihrer Existenz willen zurückkehren müsse[4].

Vom mehr progressiven Standpunkt aus wird das Phänomen der Aufklärung gegensätzlich zu der eben angeführten Interpretation verwertet[5]. Bei aller Parallelität in Einzelphänomenen, die besonders

---

im Verständnis der Aufklärung auch A. *Ehrensperger,* Die Theorie 9f und F. G. *Friemel,* Johann Michael Sailer 13—16.
Die fragmentarischen Hinweise beschränken sich hier auf das Gebiet der Liturgie und der liturgischen Forschung. Sicherlich könnte eine ähnliche Entwicklung der Beurteilung der Aufklärung auch auf anderen Gebieten der theologischen Wissenschaft — z. B. in der Dogmatik oder der Predigtwissenschaft — festgestellt werden.

3 Der explizite Bezug auf die geschichtliche Periode der Aufklärung fehlt meistens noch in den Jahren nach dem Zweiten Vatikanischen Konzil.

4 Als extremes Beispiel seien zwei Forderungen der „Una Voce" genannt, wie sie de Saventhem formulierte::„1. Die Durchführung der sogenannten ‚Vorversuche' — der experimenta — muß gänzlich neu geregelt werden. . . 2. Die Zulassung eines revidierten ‚Ordo Missae' einschließlich neuer Kanongebete muß vorerst, und zwar ‚sine die', zurückgestellt werden." E. M. *de Saventhem,* Una voce — nunc et semper: Liturgiereform im Streit der Meinungen 139. — Noch deutlicher spricht es Siebel in seiner Stellungnahme zum heutigen Stand der Liturgiereform aus: „Der einzige Erfolg versprechende Weg für die Kirche heute ist daher: Entschiedene Rückkehr zur Tradition und insbesondere zu dem überaus ehrwürdigen und fruchtbaren Ordo des hl. Papstes Pius V." W. *Siebel* — F. *Greiner* — K. *Lehmann,* Zehn Jahre Liturgiereform 10. — Gemäßigter äußerte sich J. *Daniélou,* Die liturgische Bewegung 7: „In einem so vitalen Bereich (die Liturgie; der Verf.) ist die Wiederherstellung der authentischen Linie des Konzils (Zweites Vatikanisches Konzil; der Verf.) unerläßlich."

5 Deshalb geht z. B. die Arbeit Baumottes über die Aufgabe der protestantischen Theologie heute davon aus, „daß die Problemstellung des neuzeitlichen Christentums und die daran gebundene innertheologische Auseinandersetzung mit der Aufklärung dasjenige Medium darstellen, in dem allererst jede Verständigung über die gegenwärtigen systematischen Möglichkeiten

Einleitung

deutlich im liturgischen Rahmen sichtbar sind, bestehen so wesentliche Unterschiede, daß die Aufklärung als Vorgeschichte zur heutigen Situation verstanden wird. Die in der Aufklärung aufgeworfenen und dann aufgrund der Trägheit gesellschaftlich-geschichtlicher Vorgänge in den Hintergrund gerückten oder sogar verdrängten Fragen und Probleme kommen heute erst in ihren Dimensionen zum Tragen und zur Auswirkung[6]. Damit sei der Beweis erbracht, daß der Gottesdienst für unsere säkulare Welt noch gar nicht gefunden, sondern als Aufgabe für die Zukunft allen Kirchen gestellt sei[7].

---

    der Theologie abzuklären ist. Fördert die Wiederentdeckung der Aufklärung in der gegenwärtigen Theologie des Protestantismus die Einsicht zutage, daß die Aufklärung in der Christentumsgeschichte nicht Krise, Abfall und Verlust, sondern Fortschritt und Gewinn bedeutet, so ist damit ein kontinuitätsstiftender Zusammenhang aufgetan, der die christliche Gegenwart da zu Bewußtsein bringt und für sie da die Augen aufschließt, wo dieser die tief verwurzelten theologischen Vorurteile gegen die Aufklärung auszutreiben in der Lage ist: Die Aufklärung ist Voraussetzung unserer Welt, weil diese an die Durchsetzung von Prinzipien gebunden ist, die in der Aufklärung in das Leben eingetreten sind. Auf die Theologie angewandt lautet dieser Satz: Die christliche Aufklärung ist Voraussetzung der protestantischen Theologie der Gegenwart, weil diese ihren Stand hat im neuzeitlichen Christentum und seiner Welt, das im Kontext neutzeitlicher Subjektivität mit seiner explizit kirchlichen Fassung nicht mehr identisch ist." M. *Baumotte*, Theologie als politische Aufklärung 21. – Vgl. auch G. *Otto*, Vernunft.

6 Vgl. ebd. 11. – Vgl. auch J. B. *Metz*, Kirchliche Autorität im Anspruch der Freiheitsgeschichte: J. B. *Metz* – J. *Moltmann* – W. *Oelmüller*, Kirche im Prozeß der Aufklärung 59: Die Autoritätskrise „scheint mir im wesentlichen dadurch verursacht, daß nun das verdrängte und unabgegoltene Erbe von Neuzeit und Aufklärung mit seinem ‚Prinzip Freiheit' inmitten der Kirche durchschlägt." Und ebd. 62: „Tatsächlich hat sich die katholische Kirche in ihrer institutionellen Erscheinungsform dieser Epoche neuzeitlicher Freiheitsgeschichte, aufs Ganze gesehen, eigentlich immer nur negativ angeschlossen, ohne jene schöpferisch-kritische Assimilationskraft, die frühere Epochen der Kirche auszeichneten."

7 Das ist der Tenor der Beiträge in „Gottesdienst in einem säkularisierten Zeitalter", wo Ch. *Davis* 21 schreibt: „Das allgemeine Urteil über die Liturgiereform betont, es sei ihr nicht gelungen, das Problem des Gottesdienstes in einem säkularisierten Zeitalter zu lösen." Für Davis ist diese Tatsache evident, weil es keine moderne Art Christ zu sein gibt, „eben weil die moderne Welt nicht christlich ist. So ist auch das Problem des Gottesdienstes nicht, wie man moderne Gottesdienstformen findet, um veraltete Formen zu er-

Einleitung

Der Legitimität der beiden Interpretationen soll hier nicht weiter nachgegangen werden. Festzustellen ist, daß sich beide Richtungen in der Aussage einig sind, daß eines der wichtigsten Gebiete, in denen die religiös-gesellschaftlichen Konflikte der Aufklärungszeit und unserer Epoche zutage treten, die Liturgie sei. Einig sind sich beide Richtungen auch darin, daß zwischen beiden Epochen grundlegende Parallelitäten bestehen.

Auf diesem Hintergrund stellt sich die Frage, wie man die Anliegen der Aufklärung bei einer derart gegensätzlichen Interpretation heute vermitteln kann, d. h. wie man zu einer Interpretation aufklärerischen Denkens gelangt, das möglichst frei ist von subjektiven Wertungen und Interessen und auf diese Weise aus dem Dilemma standpunktbedingter Interpretationen herausführt.

---

setzen. Es ist vielmehr so, daß der Gottesdienst selbst veraltet ist. Es gibt keine moderne Form des öffentlichen Gottesdienstes, weil die moderne Welt säkularisiert ist." S. ebd. 23. Seine These lautet daher: „Es gibt keine moderne Form des Gottesdienstes, weil der Gottesdienst selber in der modernen Welt überholt und der christliche Glaube ein Zustand der Abweichung von der Kultur der Gegenwart ist." Ebd. 25. – In dieselbe Richtung weist der empirische Befund der religionssoziologischen Untersuchung „Gottesdienst in einer rationalen Welt", in der unter anderem festgestellt wird, daß es immer weniger Menschen gelingt, „in zwei Ontologien zu leben, einer naturwissenschaftlich-rationalen und einer sozialwissenschaftlichen Aufklärung und jener anderen Ontologie (gemeint ist das von der Kirche und in kirchlicher Sprache angebotene Wertsystem; der Verf.), zu der es immer weniger Brücken gibt". Ebd. 50. – Auch P. *Vanbergen*, Liturgy in Crisis: Studia Liturgica 6 (1969) 86 meint: „But the malaise is not limited to a problem of language, as some are tempted to believe. It involves a complete calling into question of traditional liturgy in so far as this is cut off from the real life of men..." – Eine ähnliche Sicht impliziert die Forderung Halbfas' in bezug auf das liturgiewissenschaftliche Arbeiten heute: „Im liturgischen Bereich sollte die Theologie nicht primär Inventurarbeit leisten. Wichtiger als Untersuchungen zur Theorie und Geschichte der römischen Liturgie sind anthropologische Studien über die in Frage gestellte Liturgiefähigkeit des heutigen Menschen. Der kultisch verengte Gottesdienstbegriff muß mit Sachverstand und Phantasie in neue Zeithorizonte übersetzt werden. Dazu ist eine Theologie von nöten, die ein positives Verhältnis zur Öffentlichkeit besitzt, um aus der Kenntnis der tieferen Zusammenhänge zwischen Liturgie und Gemeinwohl Liturgieformen entwerfen zu können, die die Gemeinden und ihren Einfluß auf die Gesellschaft erneuern." H. *Halbfas*, Aufgaben der Theologie gegenüber der Kirche: E. *Kellner* (Hg.), Neue Generation und alte Strukturen 145.

Einleitung

Wenn man sich aufgrund der Bedeutung der Liturgie für die Aufklärung und für unsere Zeit diesem Sektor zuwendet, fällt auf, daß sich in der Literatur unseres Jahrhunderts, die sich mit der Liturgie der Aufklärung beschäftigt, ein merkwürdiger Wandel vollzogen hat. Viele liturgische Werke, die sich seit Beginn unseres Jahrhunderts mit der Liturgie der Aufklärungszeit befaßt haben, sind nach einem Schema aufgebaut, das deutlich die Dienstfunktion der Aufklärungsepoche innerhalb einer liturgischen Entwicklung auf die eigene Zeit hin zum Ausdruck brachte. Zustimmend oder kritisierend wurden, meist nach einem modernen Handbuch der Liturgik geordnet, die Aussagen damaliger „Liturgiewissenschaft" dargeboten und als Zeitphänomene einer rationalistischen Epoche gewertet[8]. Das eigene Liturgieverständnis wurde dementsprechend davon nicht berührt.

In den Sechzigerjahren begann man die Liturgie der Aufklärungszeit neu entweder vorbildhaft oder als defiziente Erscheinung zu sehen[9]. Das entsprach der Situation der eigenen Liturgie, die — im

---

8 Vg. J. B. *Sägmüller*, Die kirchliche Aufklärung; A. *Rösch*, Das religiöse Leben; W. *Trapp*, Vorgeschichte und Ursprung 14–189; P. *Graff*, Geschichte der Auflösung II; Fr. *Zoepfl*, Dr. Benedikt Peuger; E. *Keller*, Die Konstanzer Liturgiereform; A. *Hagen*, Die kirchliche Aufklärung; A. *Vierbach*, Die liturgischen Anschauungen. — Vierbach bietet ein besonders gutes Beispiel, weil er für seine Darstellung das Grundschema einer liturgischen Einleitung verwendet — Allgemeine Liturgik (geistige Grundlagen, einzelne Kultmittel) und Spezielle Liturgik (Messe, Sakramente, Sakramentalien, Brevier) — und dann zu jedem Punkt die Aussagen und Vorschläge Winters anführt.

9 Vgl. Th. *Filthaut*, Grundfragen 22–26, der überzeugt ist, daß es „abgesehen von der Gegenwart... in der deutschen Kirchengeschichte noch keine Epoche gegeben" hat, „in der das Interesse an den Fragen des liturgischen Lebens so rege war wie in der Zeit der Aufklärung". Ebd. 22. Filthaut meint aber, daß die Parallelen nur oberflächlicher Natur seien. Vgl. ebd. 26. — S. auch J. A. *Jungmann*, Liturgische Erneuerung. — Demgegenüber betont G. *Otto*, Vernunft, bes. 125–163, die positive Funktion aufklärender Vernunft für die Veränderung des Gottesdienstes und der Sakramente, die eingebettet sein muß in eine Veränderung des Glaubens und des kirchlichen Lebens überhaupt. — Einen Neuansatz der Beurteilung der Liturgie der Aufklärungszeit stellt A. *Ehrensperger*, Die Theorie dar. Die vorliegende Untersuchung hat von Ehrensperger ihren Anstoß erhalten und versteht sich als kritische Konkretisierung der von ihm aufgestellten Theorie über die Liturgie der Aufklärung. — Eine konkrete Durchführung der Interessen aufklärender Liturgie stellt D. *Trautwein*, Gottesdienst als Lernprozeß dar. S. auch G. *Biemer*, Gottesdienst als Aufklärung.

Einleitung

katholischen Raum besonders deutlich — durch das Zweite Vatikanische Konzil und seine Auswirkungen in eine ähnliche Situation gekommen war, wie sie bei den Liturgikern der Aufklärung sichtbar wird[10]. Die Liturgie der Aufklärung wurde dadurch in einer neuen Weise bedeutsam und damit zur Argumentationsbasis für alle liturgisch interessierten Gruppierungen.

Trotz dieses Bedeutungszuwachses des aufklärerischen Bemühens um die Liturgie beschränken sich die meisten Veröffentlichungen zu diesem Thema darauf, die Phänomene der Liturgiebewegung innerhalb der Aufklärung von heutigen Einteilungen, Problemen, Fragestellungen her zu behandeln[11]. Es fehlt eine Darstellung der Liturgie-

---

10 Das Bewußtsein, daß trotz der Liturgiekonstitution des Zweiten Vatikanischen Konzils das Problem der Liturgie in einer modernen Welt nicht gelöst war, spricht aus vielen Beiträgen. — Zunächst sei das vielzitierte Wort Guardinis angeführt: „Ist vielleicht der liturgische Akt, und mit ihm überhaupt das, was ‚Liturgie' heißt, so sehr historisch gebunden — antik, oder mittelalterlich, oder barock — daß man sie der Ehrlichkeit wegen ganz aufgeben müßte? Sollte man sich nicht zu der Einsicht durchringen, der Mensch des industriellen Zeitalters, der Technik und der durch sie bedingten soziologischen Strukturen sei zum liturgischen Akt einfach nicht mehr fähig?" R. *Guardini*, Der Kultakt 106. — Vgl. auch H. *Schmidt*, Liturgie und moderne Gesellschaft. Eine Analyse der heutigen Lage: Concilium 7 (1971) 82—89, der angesichts der Problemstellung Liturgie in einer modernen Welt auf die Säkularisierungsthese ausweicht. — Demgegenüber warnt Dippel vor dem System einer autonomen Vernunft und postuliert Liturgie als unaufgebbares Pendant zur Vernunft. S. C. *Dippel*, Liturgie in einer Welt der Naturwissenschaften, der Technik und des Handels: ebd. 125—129. — Vgl. auch J. E. *Mayer*, Liturgiereform — Wiedergeburt oder Totgeburt? : Bibel und Liturgie 41 (1968) 156—172; Ev. *Vilanova*, Liturgiekriese und Religionskritik: Concilium 5 (1969) 77—83 und G. M. *Lukken*, Liturgy and Secularisation: Les Questions Liturgiques et Paroissiales 51 (1970) 227—239, der feststellt, daß zwar nach dem Konzil Grosses geleistet wurde, daß aber die Reform zu sehr auf dem Wort, auf der Sprache aufbaut. Er meint daher: „More than ever there is a demand for a deiktic liturgy (deiknumi: to point out): a liturgy as clarificator of the history that we live, as salvation." S. ebd. 235.
11 Ehrensperger ist dafür das beste Beispiel. Seine Interpretationsraster — Definition und Begründung der öffentlichen Gottesverehrung und sprachliche bzw. formale Gestaltung — implizieren doch bereits sehr stark „moderne" Fragestellungen an die Liturgie, die die Aufklärungsliturgie in dieser Form und in dieser Tragweite vielleicht noch gar nicht hatte.

Einleitung

reform der Aufklärung, die, unabhängig von der eigenen Problematik, die Thesen und Absichten der damaligen Liturgiereform wiedergibt[12]. Anstelle von Argumenten für den eigenen Standpunkt soll deshalb in der folgenden Arbeit eine Informationsbasis über eine liturgiegeschichtliche Periode geschaffen werden, deren Ähnlichkeit und Bedeutung für die heutige Zeit evident ist.

Der Versuch, diese Forschungslücke zu schließen, verlangt folgende Beschränkungen: a) Aufgrund der unterschiedlichen Situation der katholischen und evangelischen Kirche in der Aufklärungszeit ist es notwendig, liturgiegeschichtlich den katholischen oder den evangelischen Raum getrennt darzustellen[13]. b) Aufgrund der Differenziertheit des liturgiewissenschaftlichen Bemühens jener Epoche ist es vorerst nicht möglich — auch wenn man sich auf den katholischen Raum allein konzentriert —, eine der katholischen Aufklärungsliturgik insgesamt gerecht werdende Darstellung zu geben.

Was möglich und unter den gegebenen Voraussetzungen unbedingt notwendig erscheint, ist die Darstellung und Kritik des liturgiewissenschaftlichen Werkes *eines* Liturgikers, der innerhalb des katholischen Raumes in der Aufklärung von besonderer Bedeutung ist. Unter diesen Voraussetzungen bietet sich für das Studium der Bemühungen katholischer Aufklärungsliturgik in besonderer Weise Vitus Anton Winter an[14].

---

12 Damit ist nicht der positivistische Anspruch erhoben, ohne Vorverständnis an die Analyse heranzugehen. Was intendiert ist, ist der Versuch, zunächst die Dynamik der Ideen der Aufklärungsliturgie zu erschließen, ohne bereits von vornherein zu wissen und davon überzeugt zu sein, daß die Aufklärungsliturgie recht oder unrecht hatte.

13 Das widerspricht nicht Ehrensperger, der ja von einer „übergeordneten" Fragestellung aus — eben der Notwendigkeit in einer bestimmten Zeit Gottesdienst und Liturgie als Gesellschaftstherapie zu gestalten — protestantisch-lutherische, reformierte und römisch-katholische Autoren befragte und deren Vorschläge diskutierte. Das einende Prinzip ist dabei das Postulat der Krise, „an einem Strang zu ziehen". Die Frage ist nur, ob so methodisch die jeweilige Tradition der einzelnen Glaubensgemeinschaften als wichtige Vermittlungsinstanz zur Lösung liturgischer Fragen genügend und auch explizit in den Blick kommt.

14 Bereits Thiel nennt als einen der wichtigsten Vertreter der katholischen Liturgik der Aufklärungszeit Vitus Anton Winter, der besonders durch seine radikalen Forderungen auffalle. B. *Thiel*, Die Liturgik der Aufklärungszeit 6—9.14.16.20f.30f.36.38f.43—48. — Vierbach widmet sich ausschließ-

Bei der Darstellung seiner Ideen und Werke geht es zunächst um eine Vergegenwärtigung sowohl seiner Ansätze und Theorien als auch um deren gesellschafts- und kirchenpolitische Motivationen[15]. Nur die Information über die Gesamtintentionen eines liturgisch-aufklärerischen Bemühens, wie es beispielhaft bei Vitus Anton Winter dargestellt werden kann, bietet die Möglichkeit, daß über die „konservativ" oder „progressiv" interpretierende Verwendung liturgisch-aufklärerischer Gedanken hinaus der Blick auf die Leistung der Liturgiereform innerhalb der Aufklärung unser eigenes Bemühen um Verlebendigung und Aktualisierung der Liturgie bereichert und vor Verkürzungen bewahrt. Das ist der Grund, warum die vorliegende Arbeit die Entwicklungsperioden Vitus Anton Winters, die sich in den jeweiligen Veröffentlichungen niedergeschlagen haben, zum Einteilungsschema macht und nicht irgendwelche liturgische Schemata verwendet.

Gerade wegen dieses methodischen Vorgehens scheint es notwendig, trotz — oder gerade wegen — Vierbachs Buch über Winter sich mit Nutzen noch einmal der führenden Gestalt der katholischen Aufklärungsliturgie zuzuwenden. Es besteht nämlich die Möglichkeit, daß die mit großer Akribie zusammengetragenen Fakten Vierbachs

---

lich den liturgischen Anschauungen Winters, „der in der liturgischen Bewegung jener Zeit in den vordersten Reihen stand". A. *Vierbach*, Die liturgischen Anschauungen 2; vgl. ebd. 26—29. — Die Bedeutung Winters betont weiters W. *Trapp*, Vorgeschichte und Ursprung 25.27.29f.35.47.54f. — Ebenso meint P. *Graff*, Geschichte der Auflösung II 306: „Wir nennen hier vor allem Vitus Anton Winter..., der in der liturgischen Bewegung, die damals alle katholischen deutschen Gebiete ergriffen hatte, in der vordersten Reihe stand..." — Auch Ehrensperger zitiert Winter häufig als einen der wichtigsten Vertreter der katholischen Aufklärungsliturgik. S. Anm. 18—27. — S. außerdem A. *Kraus,* Art. Winter Vitus Anton: LThK[2] X (1965) 1182f und G. *Maron,* Art. Winter Veit Anton: RGG[3] VI 1733f, wo übrigens ein falsches Geburtsjahr Winters angegeben ist: 1750 statt 1754.

15 Damit wird versucht, dem Problem Genüge zu tun, das Klaus in seiner Rezension über das Buch Ehrenspergers angeschnitten hat: „Die Unbekannte steckt... nicht in dem hinreichend bekannten ‚geistigen Klima' der Aufklärung... sie steckt vielmehr in den weit weniger bekannten Gottesdiensttheorien. Über diese hätte man sehr gern sehr detaillierte Auskünfte gehabt, bevor man sich auf eine kritische Auseinandersetzung mit ihnen einläßt." B. *Klaus:* Theologische Literaturzeitung 98 (1973) 935—938, Zitat 936.

über Winter dennoch — eben wegen des vorgegebenen liturgischen Schemas — zu wenig die Dynamik und die Intention aufklärerischen Denkens, wie es Winter in seinen Schriften theoretisierte, zutage bringen. In der vorliegenden Untersuchung wird deshalb versucht, dem reformerischen Bemühen Winters historisch-genetisch nachzugehen und die einzelnen Etappen seines Denkens und die darin implizierten Konsequenzen freizulegen. Außerdem soll die Kritik Vierbachs an Winter, daß jener den latreutisch-sakramentalen Charakter der Liturgie vernachlässige, etwas genauer präzisiert und ausgeführt werden.

Aus der angegebenen Arbeitsweise ergibt sich, daß im analytischen Teil der Arbeit einige gedankliche Wiederholungen und Überschneidungen notwendig sind. Winter gebrauchte vom Beginn seiner Reformarbeit an bestimmte Begriffe und vertrat Ideen, die er erst im Laufe der Zeit deutlicher präzisierte und konkretisierte.

Historisch-kritisches Forschen aber will nie um seiner selbst willen betrieben werden, sondern sollte helfen, die eigene — in unserem Fall liturgische — Situation besser verstehen und interpretieren zu können[16]. Darum wird in der vorliegenden Untersuchung über die historisch-kritische Erfassung des Werkes Winters hinaus versucht, von den jeweiligen Entwicklungsstufen seiner liturgischen Reformarbeit Parallelen zur Entwicklung der Liturgiereform des 20. Jahrhunderts zu ziehen und die aus diesem Vergleich sich ergebenden Probleme zu benennen. Unter ‚Liturgiereform des 20. Jahrhunderts' wird dabei jener Prozeß der Umwandlung der Liturgie verstanden, der von der volksliturgischen Bewegung der frühen zwanziger Jahre und der liturgiewissenschaftlichen Arbeit jener Zeit ausgehend zur Neuformulierung einer Gottesdiensttheorie im Zweiten Vatikanischen Konzil und zur nachkonziliaren Reform aller liturgischen Vollzüge geführt hat.

Zugleich sollte bei diesem Vergleich der beiden Epochen versucht werden, die oft sehr pauschal vorgenommene Parallelisierung bzw. Unterschiedenheit zwischen der Aufklärungsepoche und heutiger

---

16 Denn so sehr die Liturgiewissenschaft „sich um die Gesamtheit der geschichtlichen Formen zu mühen hat, will sie letztlich der Interpretation und gegebenenfalls der Weiterbildung der in der eigenen Gegenwart geübten Liturgie dienen". J. A. *Jungmann*, Art. Liturgiewissenschaft: Sacramentum Mundi III 282.

Situation wenigstens auf dem Gebiet der Liturgie etwas genauer zu operationalisieren. Daß dies nur fragmentarisch und hypothetisch geschehen kann, ergibt sich sowohl aus der sehr beschränkten historischen Kenntnis des Verfassers die Aufklärungsepoche betreffend als auch aus der eigenen Verstricktheit in heutiges Leben, zu dessen Beurteilung aber Distanz notwendig ist. Die entsprechenden Reflexionen, die sich im Anschluß an die einzelnen Kapiteln in den Abschnitten ‚Zusammenfassung und Kritik' finden, wollen deshalb als Diskussionsbeitrag verstanden werden.

1 Leben und Werk Vitus Anton Winters

1.1 Leben

Alfred Ehrensperger erstellte in seinem 1971 erschienenen Buch[17] ein Mosaik der liturgischen Bestrebungen der Aufklärungszeit sowohl im protestantischen als auch im katholischen Raum. Zu allen wichtigen Fragen und Problemen liturgischer Erneuerung nennt er katholischerseits Vitus Anton Winter als wichtigsten Zeugen bei der Bestimmung des Verhältnisses von innerer und äußerer Religion[18] und von Belehrung und Erbauung[19], in den Ausführungen über die pädagogische Grundtendenz des öffentlichen Gottesdienstes der Aufklärung[20], bei der Diskussion um eine sachgerechte liturgische Sprache[21], bei der Forderung nach der Zweckmäßigkeit öffent-

---

17 A. *Ehrensperger*, Die Theorie des Gottesdienstes in der späten deutschen Aufklärung (1770–1815) (Studien zur Dogmengeschichte und systematischen Theologie 30). Zürich 1971. Dort findet sich auf Seite 17–24 eine erste allgemeine Information über das geistige Klima der Aufklärungsepoche. S. dazu auch E. *Troeltsch*, Die Aufklärung 338–374; G. *Otto*, Vernunft 9–45; W. *Trapp*, Vorgeschichte und Ursprung 14–19 und R. *Giessler*, Die geistliche Lieddichtung 11–41. — Besonders aufschlußreich ist natürlich die kurze ‚Selbstdarstellung' der Aufklärung und ihrer Intention durch Kant. S. I. *Kant*, Was ist Aufklärung? : Kant's Werk VIII 35–42. — Vgl. außerdem E. *Hegel*, Art. Aufklärung: Staatslexikon I 673–679; F. *Schalk* — Th. *Mahlmann*, Art. Aufklärung: Historisches Wörterbuch der Philosophie I 620–635; Cr. *Brinton*, Art. Enlightenment: Encyclopedia of Philosophy II 519–525 und Art. Aufklärung: Philosophisches Wörterbuch I 54–64.
18 A. *Ehrensperger*, Die Theorie 48.174f.
19 Ebd. 189 Anm. 244. 192f. 104 Anm. 300.
20 Ebd. 104 Anm. 299. 107 Anm. 317.
21 Ebd. 173.

licher gottesdienstlicher Veranstaltungen[22] und bei der Erstellung allgemeiner Grundsätze für eine Liturgiereform[23]. Aber auch bei ganz praktischen Fragen, wie die der Anpassung und Popularität des Gottesdienstes[24], der Abwechslung[25], der Anleitungen für reformerisches Vorgehen[26] erscheint Winter als wichtiger Exponent. Ebenso sieht ihn Ehrensperger in negativer Hinsicht als klassischen Zeugen, wenn er auf die Gefahr einer pelagianischen Grundhaltung in einer übertrieben lehrhaften Auffassung des Gottesdienstes hinweist[27].

Neben Werkmeister, Selmar und vor allem Sailer, dessen Kreis Winter am Ende seines Lebens sehr nahe stand[28], kommt bei Ehrensperger Winter mit seinen Überlegungen und Reformvorschlägen zur Liturgie am häufigsten zur Sprache. Aber auch andere Autoren, die die Periode der Aufklärung insgesamt und besonders in ihren Auswirkungen auf die Liturgie nicht so positiv beurteilen wie Ehrensperger[29], sehen Winter als wichtigsten Vertreter aller der — wenn auch meist extremen — Aufklärung zugeordneten Reformer[30]. Darum soll an ihm beispielhaft liturgische Reformarbeit in der katholischen Aufklärung nachgezeichnet werden[31].

---

22 Ebd. 58f.
23 Ebd. 179f.
24 Ebd. 201.
25 Ebd. 209.
26 Ebd. 284.
27 Ebd. 111 Anm. 338.
28 Vgl. G. *Maron*, Art. Winter Veit Anton: RGG³ VI 1733; J. M. *Sailer*, Rede zum Andenken und Ph. *Funk*, Von der Aufklärung zur Romantik 8f.
29 A. *Ehrensperger*, Die Theorie 291—298.
30 Vgl. Fr. X. *Schmid*, Liturgik I 18, der Winter zu jenen Reformern der Aufklärung zählt, die „im blind gefaßten Vorurtheile, es sey die gegenwärtige Liturgie gar keiner wissenschaftlichen Behandlung würdig, statt Liturgik zu lehren, größtentheils einen Plan zu einer neuen Liturgie entwarfen, und so die Absichten der Feinde der Kirche unterstützen, auch dem Kultus die Kraft- und Herzlosigkeit einer schon längst wieder erstorbenen Zeitphilosophie einzuimpfen". — S. auch O. *Rousseau*, Histoire 70: „De nombreux essais de simplifications da la liturgie furent proposés par des écrivains de compétence diverse. Le plus célèbre d'entre eux, Karl (sic!) Anton Winter... fit paraître des études sur l'amélioration de la liturgie ainsi que des essais de messes et de rituels allemands qui sont demeurés célèbres."

Die liturgischen Versuche Winters fallen so sehr aus dem Rahmen damaliger kirchlich-gesellschaftlicher Vorgegebenheiten, daß ihre Einordnung nur über ein Aufdecken jener Faktoren möglich wird, die ihn bestimmt haben[32]. Deswegen sollen im folgenden kurz die wichtigsten Stationen seines Lebens und die bedeutendsten, seine Persönlichkeit prägenden Impulse angeführt werden.

Grundlegend und sein weiteres Leben bestimmend ist zunächst die Tatsache, daß ihm ein außergewöhnlicher Bildungsgang ermöglicht wurde. Winter, der am 22. Mai 1754 auf dem Einödhof Zeilbach der Pfarrei Hoheneggelhofen bei Landshut als Sohn einfacher Bauersleute geboren wurde, besuchte den Schulunterricht in Hoheneggelhofen und den christlichen Unterricht im nahegelegenen Grinzkofen. In Grinzkofen wurde der dortige Kooperator auf den begabten Knaben aufmerksam und gab ihm eine erste Einführung in die lateinische Sprache. Nachdem Winter dieses Privileg nützte und fleißig und ausdauernd den Unterricht besuchte, ermöglichte ihm der Kooperator den Weg, ein Herr, das ist ein Geistlicher zu werden, indem er ihn im Jahre 1769 ans Jesuitengymnasium in Landshut schickte.

Dieses Gymnasium vermittelte nun die ersten Prägefaktoren für das spätere liturgische Schaffen Winters. Zunächst war es die Art, in der in jener Zeit von Jesuiten ein bestimmter Stil des Gymnasiums geschaffen wurde. Diese Schulen waren geprägt von einem starken Leistungsschema, was dem ungeheuren Ehrgeiz Winters, der unter seinesgleichen immer der Erste sein wollte, sehr entgegenkam[33]. Diese Eigenschaft drückt sich deutlich in seinem wissenschaftlichen Schaffen aus[34].

---

31 Daß Winter bei seinen Bemühungen um eine verbesserte Liturgie nicht allein steht, hat Ehrensperger zur Genüge nachgewiesen. Die vorliegende Arbeit beschränkt sich deswegen bewußt auf wenige Hinweise auf die wesentlichen Reformbestrebungen der Aufklärungszeit, aus denen ersichtlich werden sollte, wie sehr Winter eingebettet ist in eine umfassende — wenn auch auf gebildete Kreise beschränkte — Reformbewegung.
32 Zu den biographischen Angaben s. A. *Vierbach,* Die liturgischen Anschauungen 2—5; J. M. *Sailer,* Rede zum Andenken; die Artikel über Winter im RGG und LThK (s. Anm. 14) und die Pfarrchronik der Stadtpfarrei St. Jodok in Landshut.
33 Vgl. J. M. *Sailer, Rede zum Andenken* 25.
34 Bereits die Titel seiner wichtigsten liturgischen Schriften wollen das andeuten: *Erstes* deutsches, kritisches Meßbuch; *Erstes* deutsches, katholi-

Wichtiger aber als diese Förderung von individuellen, sich von anderen Lehrmeinungen absetzenden Aussagen, ist in diesen Gymnasien die erhöhte Aufmerksamkeit, die der deutschen Sprache gewidmet wurde[35]. Diese frühe Begegnung mit der Pflege der deutschen Sprache erklärt den späteren leidenschaftlichen Einsatz für die Verwendung der Muttersprache in der Liturgie und schuf außerdem die Möglichkeiten, daß Winter nicht nur theoretisch, sondern selbstschöpferisch Gebete und Meßformulare produzierte[36]. So vermittelte das Gymnasium eine Vertrautheit mit der Muttersprache, die für sein seelsorgliches und wissenschaftliches Bemühen fruchtbar wurde.

Ein zweiter Impuls zeigt sich in seiner Studentenzeit, die er im „Institut der gemeinsam lebenden Geistlichen zu Ingolstadt"[37], im Bartholomäerseminar verbrachte. Dieses Seminar verstand sich als Experiment, das das Studium der Priesterkandidaten im Gegensatz zu den Generalseminarien[38] unter Aspekte stellte, die Winters spätere Wirksamkeit beeinflußten. Zwei Grundzüge seines liturgischen Erneuerns sind in zwei Zielsetzungen dieser Seminare angelegt: der allumfassende Charakter und die Vorrangstellung der Bildungskonzeption in der Liturgie, weil in diesem Seminar der Versuch gemacht wurde, dem Theologiestudenten eine umfassende Bildung zu vermitteln — Winter besuchte daher neben denen aus Philosophie und Theologie noch juridische Vorlesungen und studierte fremde Sprachen —, und die Betonung des Gemeinschaftscharakters, insofern durch die gemeinsame Erziehung für das spätere Wirken der Semi-

---

sches Ritual; Versuche zur Verbesserung der katholischen Liturgie. *Erster Versuch*. (Unterstreichungen von mir!) — Vgl. J. M. *Sailer*, Rede zum Andenken 25.

35 S. J. B. *Sägmüller*, Wissenschaft und Glaube 10ff.42; ders., Unwissenschaftlichkeit und Unglaube 13—17. — Vgl. auch S. *Merkle*, Die katholische Beurteilung.
36 So versuchte sich Winter in der Zeit seiner Gymnasialstudien sogar in deutschen Gedichten. Vgl. J. M. *Sailer*, Rede zum Andenken 7.
37 Ebd. 8.
38 Die Ausbildung der Priester — vor allem der Weltpriester — lag in jener Zeit im allgemeinen sehr im Argen. Vgl. J. B. *Sägmüller*, Wissenschaft und Glaube 44—56, bes. 50f. — Auch S. *Merkle*, Die katholische Beurteilung 22f gibt zu, daß die „kurzlebigen Generalseminarien" weder richtig besetzt noch richtig geführt worden seien.

naristen „ein gemeinsames Band der *Liebe,* der *Theilnahme,* der *Ordnung*"[39] geschaffen werden sollte.

Ein dritter Impuls für seine liturgischen Erneuerungstendenzen waren sein Verständnis des Priesterberufes und seine Art, diesen auszuüben. Nachdem Winter 1778 zum Priester geweiht wurde und 1779 die cura animarum erhielt, war er abwechselnd als Volksprediger[40], als Privatgeistlicher[41] bei adeligen Familien und als Seelsorger[42] tätig. Der Wille zur Aneignung von Wissen und zur Erweiterung des eigenen Horizontes ließen Winter 1778 gern einer Berufung nach Rom folgen, wo er zwei Jahre als Katechet am Collegium Germanicum tätig war[43]. Er unternahm später eine große Reise durch Deutschland und Ungarn, auf der er durch den Besuch von Bibliotheken und wichtigen Kunstsammlungen sein Wissen erweiterte. Während seiner Reisen hatte Winter ständig Zeit und Interesse zur eigenen wissenschaftlichen Betätigung. So erwarb er sich in Rom den Doktorgrad aus Kirchengeschichte und Theologie und promovierte 1794 in Ingolstadt zum Doktor der Theologie. Winters viele Reisen und seine breit gestreuten Kontakte mit verschiedenen Gruppen und Schichten schufen in ihm eine geistige Offenheit und einen breiten Problemhorizont, der sich besonders in jener Zeit konkretisierte, in der er als Liturgiker tätig wurde. Nicht zu übersehen ist dabei seine Rückbindung an elitäre gebildete Kreise[44], wobei Winter sein Wirken immer als Volksbelehrung und Hilfestellung für das gemeine Volk verstand.

---

39 J. M. *Sailer,* Rede zum Andenken 8.
40 Gleich nach der Priesterweihe 1878 kam Winter für einige Zeit nach Maria Stein in Tirol. Er erwähnt diesen Ort in seiner „Katechetik" deswegen, weil er in Maria Stein im Beichtstuhl mit vielen Taubstummen zu tun hatte und deswegen deren Sprache lernte, die aus ganz einfachen Zeichen bestand. S. Katechetik 97f.
41 Winter war kurze Zeit bei zwei adeligen Familien in München als „Hofmeister" tätig.
42 Winter übernahm ab 1788 mehrere Seelsorgstellen, zuerst in der Dorfpfarre Laichling bei Eggmühl, dann in der Marktpfarre Kösching bei Ingolstadt und zum Schluß in der Stadtpfarre Ingolstadt selbst.
43 Vgl. J. M. *Sailer,* Rede zum Andenken 10.
44 Funk bezeichnet Winter deshalb auch als „Höfling und Streber". S. Ph. *Funk,* Von der Aufklärung zur Romantik 8.

Die wissenschaftlich systematische Ausformulierung seiner liturgischen Anschauungen erfolgte auf der Universität. Winter wurde nämlich aufgrund seiner Studien 1795 als Professor der Kirchengeschichte und Patrologie an die Universität Ingolstadt berufen. Bei der Neuorganisation der Universität 1799 wurden ihm die Fächer der Katechetik, der Liturgie und der angewandten Moral übertragen. Als 1799 beim Thronwechsel der Hof aus Landshut nach München verlegt wurde, bekam Landshut als Ersatz die Universität[45]. Daher finden wir Winter ab 1800 in Landshut, wo er 1801 die freigewordene Pfarre St. Jodok übernahm. In diese Zeit fällt sein eigentliches wissenschaftliches Arbeiten, das sich in einer Reihe von Veröffentlichungen niederschlug. Im Studienjahr 1811/12 stand er der Universität Landshut als Rektor vor[46]. Am 27. Februar 1814 starb Winter überraschend an den Folgen eines organischen Leidens.

1.2 Werk

1.2.1 Die geschichtlichen Werke

Unter den wissenschaftlichen Arbeiten Winters nehmen seine historischen Schriften einen vorrangigen Platz ein. Ein Umstand, der nicht verwundert, da die Aufklärungsepoche allgemein ein starkes Interesse für historisches Forschen entwickelte[47]. Grundgelegt ist diese Entwicklung im Erwachen des geschichtlichen Bewußtseins im Humanismus, das zur Einführung des Studiums der Universalhistorie an den Gymnasien und Universitäten führte, wobei sich — im protestantischen Bereich in der ersten, im katholischen in der zweiten Hälfte des 18. Jahrhunderts — die Kirchengeschichte als selbständige theologische Disziplin an den Universitäten etablierte[48]. Die Hinwendung zum Menschen (anthropologische Wende) — Winter zitiert Pope: Das Hauptstudium des Menschen ist der Mensch selbst[49]

---

45 Vgl. Th. *Herzog*, Landshut im XIX. Jahrhundert 15f.
46 Vgl. Königlich-Baierisches Landshuter Wochenblatt. 48. Stück.
47 Vgl. E. C. *Scherer*, Geschichte und Kirchengeschichte.
48 Vgl. ebd. — S. auch J. B. *Sägmüller*, Wissenschaft und Glaube 26—33 und ders., Unwissenschaftlichkeit und Unglaube 32—40.
49 Aelteste Kirchengeschichte 8. — Vgl. E. *Cassirer*, Die Philosophie der Aufklärung 3f: „Popes Wort ‚the proper study of mankind is man' hat für dieses Grundgefühl der Epoche einen kurzen und prägnanten Ausdruck geschaffen."

— ließ erneut das Interesse an der Geschichte dieses Menschen und seiner kulturellen und geistigen Leistungen erwachen. Mit Hilfe des geschichtlichen Studiums wollte man die gegenwärtige Situation erhellen[50]. Dementsprechend versteht Winter auch die Kirchengeschichte als eine „reichströmende Quelle zur *Menschen=Kenntniß*"[51]. Sie gibt Einblick in das Streben des menschlichen Geistes, und zwar in das kühnste Streben, den „Auffluge zur Gottheit"[52]. Die Kirchengeschichte gibt Zeugnis vom Erfolg und Scheitern dieses Bemühens. Dabei interessiert sich Winter nicht so sehr für die Erforschung fremder Kulturen, religiöser Sitten und Gebräuche, sondern es geht ihm um die Erhellung der eigenen Geschichte. Darum beschäftigen sich seine historischen Untersuchungen ausschließlich mit der baierischen Profan- und Kirchengeschichte, insbesondere mit der agilolfingischen Periode und der Reformationszeit, zwei Epochen, die durch besondere Konfliktsituationen gekennzeichnet sind. In der voragilolfingischen und agilolfingischen Periode vollzog sich die Christianisierung der Provinzen Vindelicien, Norikum und Rhätien, die Reformationszeit brachte die Begegnung mit einer neuen Lehre. Durch die geschichtliche Aufhellung der damit in Gang gebrachten Prozesse sollten beispielhaft Vorurteile abgebaut, herkömmliche Betrachtungsweisen kritisch befragt und für die Bewältigung gegenwärtiger Fragen und Probleme herangezogen werden[53].

Geschichte ist nach Winter „*eine glaubwürdige, pragmatische und ordentliche Erzählung merkwürdiger Begebenheiten*"[54]. Geschichtsschreibung ist somit ein glaubwürdiges, pragmatisches und ordentliches Aufzeichnen von Begebenheiten, die wegen ihrer Wirkung des Aufzeichnens wert sind, und verlangt darum ein empirisches, genetisch-pragmatisches Vorgehen[55].

---

50 Geschichte und Aufklärung (im Sinne von erhellen — englisch enlightenment, französisch les lumiéres) gehören wesentlich zusammen. Die Geschichte bekommt „in den verschiedenen Geltungsgebieten eine den Naturwissenschaften analoge Bedeutung". F. *Schalk* — Th. *Mahlmann*, Art. Aufklärung: Historisches Wörterbuch der Philosophie I 626.
51 Aelteste Kirchengeschichte 8.
52 Ebd.
53 Vgl. F. X. *Haimerl,* Die methodischen Grundsätze 148.
54 Sammlung der historischen Schriften II 4.
55 Vgl. F. X. *Haimerl,* Die methodischen Grundsätze 150.

Methodisch geht Winter in seinen historischen Forschungen von einem intensiven Quellenstudium aus[56]. Auf der Suche nach der Wahrheit, die er auch in der Geschichtsforschung für das „Erste und Heiligste"[57] hält, ist das „Hinaufsteigen bis zur Urquelle"[58] unerläßlich. Ob es sich dabei um geltende Gesetze, z. B. gegenüber den Protestanten, oder um als reine historische Wahrheit verteidigte Urteile, z. B. über den apostolischen Ursprung der Kirche zu Lorch, handelt, immer geht geschichtliches Forschen vom Sein zum Werden, von den Früchten bis zum Keime[59]. Der Wert eines geschichtlichen Urteils wird daran gemessen, ob es aus den Quellen oder den Dokumenten gemäß erstellt wurde. Daher kam dem kritischen Quellen- und Dokumentenstudium eine besondere Bedeutung zu. Denn Dokumente sind „Materialien ... von ungleichem Werthe, daß man sowohl bei der Auswahl als bei dem Gebrauche derselben immer die Fakel der Kritik in der Hand halten darf, wenn man nicht auf Sand bauen will"[60]. Mit den „Waffen ächt historischer Kritik"[61], wobei Winter unter historischer Kritik „die Wissenschaft über die Authorität des Zeugen und die Authentizität und den ächten Sinn des Zeugnisses"[62] versteht, hat er Dokumente auf ihre Echtheit untersucht, herkömmliche Beurteilungen in Zweifel gezogen und vergessene Dokumente gerettet, indem er die Beurteilungskriterien nicht von außen herantrug, sondern aus den Quellen selbst eruierte[63]. In diesem intensiven Quellenstudium und in dieser Quellenkritik unterscheidet sich Winter von allen anderen katholischen Geschichtsschreibern der Aufklärungszeit[64].

Neben dem Quellenstudium bemühte sich Winter um eine einheitliche und geordnete Darstellung der durch die Kritik geprüften Dokumente. Dokumente sind noch nicht die Geschichte selbst,

---

56 Vgl. ebd. 152f.
57 Vorarbeiten I Vorrede VIII; vgl. auch Geschichte der Schicksale I Vorrede XIX. XXI.
58 Vorarbeiten II 1. Abhandlung, Vorrede.
59 Ebd.
60 Vorarbeiten I 13.
61 J. M. *Sailer,* Rede zum Andenken 14.
62 Kritische Geschichte 33.
63 Vgl. Vorarbeiten II 1. Abhandlung 29.
64 Vgl. F. X. *Haimerl,* Die methodischen Grundsätze 163.

sondern Materialien, die erst durch ein einheitliches Prinzip einen inneren Zusammenhang bekommen und so zur sprechenden Geschichte werden[65]. Das leitende Prinzip, eine durchgehende Idee, der Zusammenhang sind Hauptkriterien für ein wissenschaftliches Vorgehen.

In seiner Patrologie bestimmte Winter das Prinzip der Einheit a) als „Einheit der Schrift oder des Zeugnisses mit dem Verfasser" (geschichtlicher Aspekt), b) als „Einheit der bezeugten Tatsache mit dem Zeugen" (dogmatischer Aspekt) und c) als „Einheit des Sinnes des Lesers mit dem des Verfassers" (hermeneutischer Aspekt)[66].

Winter war also nicht nur ein Geschichtsforscher, sondern auch ein Geschichtsschreiber[67]. Er wollte die einzelnen Teile des Quellenstudiums, die geschichtlichen Materialien zu einem Ganzen fügen, zu einem Gebäude zusammenbringen. Auch darin unterscheidet er sich von den anderen katholischen Geschichtsschreibern der Aufklärung, die vielfach über die Rolle des Sammlers nicht hinauskamen[68].

Ein drittes Prinzip, das sein geschichtliches Arbeiten bestimmte, ist das der Unparteilichkeit[69]. Deswegen kommen in allen seinen Schriften die Gegner ausführlich zu Wort und werden sachlich widerlegt[70]. Vor allem bei der Beschreibung der Schicksale der protestantischen Lehre in Bayern war sich Winter der Gefahr bewußt, von einem konfessionellen Standpunkt aus parteiisch zu urteilen. Aber gerade bei der Beurteilung dieser Periode weist sich Winter

---

65 Vgl. Vorarbeiten I 13f und Geschichte der Schicksale I Vorrede XVIIf.
66 Vgl. Kritische Geschichte 41.
67 Vgl. J. M. *Sailer*, Rede zum Andenken 12f.
68 „Winter zieht die primären Quellen heran und zitiert sie nicht nur, sondern verarbeitet sie wirklich." F. X. *Haimerl*, Die methodischen Grundsätze 152.
69 Vgl. Geschichte der Schicksale I Vorrede XIXff; vgl. auch J. M. *Sailer*, Rede zum Andenken 15.
70 Vgl. F. X. *Haimerl*, Die methodischen Grundsätze 154—157. — Anders verhält es sich mit Winters Rezensionen und Privatfehden mit Salat und Selmar — vgl. die in der „Sammlung der historischen Schriften" enthaltenen Rezensionen; vgl. auch Ph. *Funk*, Von der Aufklärung zur Romantik 8 Anm. 3 —, die in ihrem Stil und Ton etwas von der Art Winters verraten, wie sie in der Pfarrchronik der Stadtpfarrei St. Jodok in Landshut beschrieben ist: Winter war „ein heftiger Charakter".

als echter Aufklärer aus, indem er die Geschichte nicht nötigt, „ein für seine religiöse Gesellschaft vorteilhaftes Zeugniß abzulegen"[71].

Die drei aus der Beschäftigung mit der Geschichte erwachsenen Prinzipien — Quellenstudium, Einheit der Darstellung und Unparteilichkeit — bilden die Grundpfeiler des wissenschaftlichen Forschens Winters. Winters geschichtliche Forschungen entstanden aus dem Anliegen heraus, die gegenwärtige Situation des kirchlichen und des staatlichen Lebens, die in enger Verbindung standen, und die daraus sich ergebenden Probleme und Streitfragen zu erhellen. Durch Zurückgehen auf die Ursprünge, im Abbauen des Schuttes, im Reinigen der verstaubten Quellen durch die kritische Forschung, im Aufzeigen, wie es *eigentlich* geschehen ist, wollte Winter beitragen zum Verständnis der in der Aufklärungszeit sich neu stellenden Lebensprobleme. Winter setzte seine historische Arbeit ihrer Bedeutsamkeit wegen auch nach dem Wechsel der Professur (1799) fort.

1.2.2 Die liturgischen Werke

Da Winter neben seiner wissenschaftlichen Tätigkeit als Professor der Kirchengeschichte und Patrologie immer in der Seelsorge wirkte, wurde seine Aufmerksamkeit mit Notwendigkeit auf die Liturgie gelenkt. Die Liturgie ist ja ein zentraler Vollzug im kirchlichen Leben. In ihr inkarniert sich Kirche auf intensivste und radikalste Art. Darum konkretisieren sich in ihr auch am schärfsten die jeweiligen Probleme der Kirche in einer bestimmten Geschichtsperiode. So wendet sich Winter nach der Übernahme des Lehrstuhls für Liturgik und Katechetik auch in seiner wissenschaftlichen Tätigkeit dem Studium der Liturgie zu. Seine erste sich mit liturgischen Fragen befassende Schrift erschien 1802 und handelte über die große Anzahl der Feiertage und von deren notwendigen Reduzierung[72]. Nach dieser sich an einem liturgischen Einzelproblem

---

71 Geschichte der Schicksale I Vorrede XIX.
72 Dankadresse an Max Joseph IV. den Weisen wegen Abschaffung der Feyertäge oder historisch-kritische Abhandlung über die Vermehrung, und Verminderung der Feyertäge geschrieben im ersten Jahre des 19ten Jahrhunderts. o. O. 1802. Erschienen ist dieser Beitrag als erste Abhandlung in V. A. *Winter*, Sammlung der kleineren liturgischen Schriften. Landshut 1814.

orientierenden Abhandlung erschien 1804 sein Versuch zur Verbesserung der katholischen Liturgie[73]. Die Anonymität dieser Schrift beweist die Gefährlichkeit des Unterfangens, die Liturgie der Kritik zu unterziehen. Die Abhandlung ist nicht mehr an einem liturgischen Einzelproblem orientiert, sondern betrachtet die Liturgie als Ganzes, als wesentlichen Ausdruck kirchlichen Lebens. Kritik und Vorschläge zu einer Verbesserung der Liturgie geschehen in diesem Werk bereits nach festen Grundsätzen, die aus definierten Begriffen von Gott, Religion und öffentlicher Gottesverehrung abgeleitet werden und die 1809 in Winters Theorie der öffentlichen Gottesverehrung[74] eine systematische Darstellung erfahren. Die dort erarbeiteten Grundsätze hat Winter dann auf ihre Brauchbarkeit hin überprüft, indem er sie auf das Missale[75] und Rituale[76] anwandte, wobei er einem theoretischen Entwurf daraus resultierende praktische Formulare[77] beifügte. Außerdem verfaßte Winter einen kurzen Beitrag über die Frage des Opfers im Gottesdienst[78]. So umfassen die liturgischen Arbeiten Winters die zentralen Vollzüge liturgischen Tuns und sind nicht auf periphere Fragen beschränkt, noch geben sie sich mit theoretischen Erörterungen und radikalen Postulaten zufrieden. Die Dimensionen dieses liturgischen Reformwerkes zu erhellen, wird im folgenden unsere Aufgabe sein.

---

[73] Versuche zur Verbesserung der Katholischen Liturgie. Erster Versuch. Prüfung des Werthes und Unwerthes unserer liturgischen Bücher. München 1804 (anaonym). Dieser Versuch ist als zweiter Beitrag in V. A. *Winter*, Sammlung der kleineren liturgischen Schriften. Landshut 1814 abgedruckt.
[74] V. A. *Winter*, Liturgie was sie sein soll unter Hinblick auf das, was sie im Christenthume ist, oder Theorie der öffentlichen Gottesverehrung vermischt mit Empyrie. München 1809.
[75] V. A. *Winter*, Erstes deutsches kritisches Meßbuch. München 1810.
[76] V. A. *Winter*, Erstes deutsches, kritisches, katholisches Ritual mit stetem Hinblick auf die Agenden der Protestanten, oder Prüfung des katholischen Rituals und der Agenden der Protestanten. Landshut 1811.
[77] V. A. *Winter*, Deutsches, katholisches, ausübendes Ritual. 1. und 2. Teil. Frankfurt a. Main 1813.
[78] V. A. *Winter*, Das Opfern beym Gottesdienst der christlichen Vorwelt und der Katholiken in unserm Zeitalter: Liturgisches Journal 8 (1809) 125—158.

2 Der Funke:
Dankadresse an Max Joseph IV.

Der konkrete Punkt, an dem Winters historische Untersuchungen in der Liturgie und damit seine Kritik ansetzen, ist die Anzahl der Feiertage. Daß dies nicht nur ein Problem für Winter war, beweist die große Anzahl der Beiträge, die darüber erschienen sind[79]. Die große Zahl der Feiertage war besonders für den Staat ein Problem. Es erhoben sich bereits sehr früh sowohl in Frankreich als auch in Deutschland[80] Stimmen, die eine Verminderung der Feiertage forderten, sodaß schließlich der römische Hof unter Benedikt XIV und Klemens XIV konkrete Schritte unternahm. Winter weist auf eine Verordnung Klemens XIV im Jahre 1771 hin, in der jener nicht nur verschiedene Feste abwertete, sondern auch den Gläubigen die Pflicht erließ, an diesen Tagen die Messe zu hören[81]. Auch im Staate Bayern tobte der Streit um die Feiertage. Das Breve von Papst Klemens XIV vom 16. Mai 1772 an Maximilian III hob in Bayern viele Feiertage auf,

---

79 Hingewiesen sei auf Selmar, der 1804 anonym ein Buch über den „Ursprung und die erste Beschaffenheit der Feste, Fasten und Bittgänge in der katholischen Kirche" herausgab – s. dazu A. *Vierbach,* Die liturgischen Anschauungen 29 –, und auf Werkmeister, der die vielen Heiligenfeste als störend empfindet – vgl. W. *Trapp,* Vorgeschichte und Ursprung 35. – Vgl. auch J. B. *Sägmüller,* Unwissenschaftlichkeit und Unglaube 87; E. *Eisentraut,* Die Feier der Sonn- und Festtage seit dem letzten Jahrhundert des Mittelalters. Theol. Diss. Würzburg 1914; A. *Rösch,* Das religiöse Leben 80–83; J. *Gaß,* Les fêtes des précepte et le décret épiscopale de 1770: Bull. ecclés. du dioc. de Strasbourg 44 (1925) 188–190; J. *Linneborn,* Die kath. Feiertage in Preußen: Theologie und Glaube 23 (1931) 141–164; ders., Aus dem Feiertagsrecht in Preußen: ebd. 315–332 und B. *Goy,* Aufklärung und Volksfrömmigkeit 53–82.
80 Vgl. Dankadresse 64ff.
81 Ebd. 67.

„und zwar so, daß die Gläubigen nicht nur die Erlaubniß erhalten, an diesen Tägen zu arbeiten; sondern auch von der Schuldigkeit Messe zu hören losgesprochen werden"[82]. Die Erlässe trafen aber im Volk und bei den Priestern auf Ablehnung. Winter meint, daß bei den einen der Aberglaube und bei den anderen der Eigennutz dafür verantwortlich seien[83]. Das Generalmandat vom 22. August 1786 machte deswegen sogar einen Schritt zurück, indem es niemand am Sonntag zur Arbeit zwang, den Gottesdienst wieder erlaubte, Kreuzgang und Prozessionen auch an Werktagen gestattete[84]. Unter Max Joseph IV setzte sich aber doch jene Partei durch, die für eine Reduzierung der Feiertage war, und so bestimmte die Generalverordnung vom 4. Dezember 1801, „daß alle von Pabst Klemens XIV abgewürdigten Feste auch ferner abgewürdigt bleiben sollen, so wie nicht minder alle Kirchenweihen, Patrocinen-Feste usw. an Werktägen"[85]. Alles pompöse Geschehen in und ausserhalb der Kirchen — wie Hochämter, großes Geläute usw. — mußten aufhören. Von den Bittgängen am Werktag waren nur mehr die durch die Kirche selbst angeordneten gestattet und es „wird nicht blos die Arbeit befohlen, wie unter Max Joseph III.; sondern es wird auch die Haltung des Gottesdienstes streng verbothen"[86].

2.1 Entstehung der Feiertage

Winters Ansatz entsprechend bietet der erste Abschnitt seiner „Dankadresse"[87] eine kirchengeschichtliche Untersuchung über die Entstehung der Feiertage im allgemeinen und über die Entstehung einzelner Feste und Feiertage im besonderen. Die Analyse erbringt, daß es im ersten Zeitalter des Christentums mit Ausnahme des Sonntags überhaupt keine Feiertage gegeben hat. Das wird durch den

---

82 Ebd. 69.
83 Ebd. 70.
84 Ebd. 72.
85 Ebd. 74.
86 Ebd. 75.
87 S. Anm. 72.

Verweis auf das Urchristentum[88] und mit Zitaten aus Justin und Plinius bewiesen, wobei Winter in einer diffizilen Auseinandersetzung Boemer widerlegt, der jenen „bestimmten Tage" des Plinius für den Sabbat hält, da es sich in diesem Brief um Judenchristen handle. Winter stellt dagegen fest, daß es Heidenchristen wären, da Plinius im selben Brief erwähnt, daß sie ehedem den Kaiser angebetet hatten[89]. Im Gegensatz zum jetzt arbeitsfreien und deshalb zum Problem gewordenen Sonntag war die Handarbeit bis Konstantin am Sonntag nicht verboten. „Eine solche Strenge der Sonntags-Feyer war auch den ersten Christen, welche wußten, daß die innerliche Religion alles, und ohne dieser alles nichts wäre, leicht entbehrlich."[90] Sogar unter Konstantin und auch nach ihm durfte die Feldarbeit an Sonntagen fortgesetzt werden[91]. Und von einem Gebot, am Sonntag der Messe beizuwohnen, finden sich vor dem vierten Jahrhundert keine sicheren Spuren[92]. So erscheint der Sonntag zur Zeit des Urchristentums als der einzige zum feierlichen Gottesdienst bestimmte Feiertag, wobei von Arbeitsruhe und Sonntagsgebot noch keine Rede ist.

Winter möchte nun die in den ersten Jahrhunderten entstandennen Feste des Christentums nicht ausdrücklich diskutieren. „Nur dieß will ich im Vorbeygehen berühren, daß sich in ihre Begehung oft heydnische, und abergläubische Zeremonien mischten, ja wohl selbst die Einführung derselben zunächst veranlaßten."[93] Er greift nur jenen Punkt heraus, der seine kritische These noch weiter stützen kann, nämlich die Tatsache, daß bereits in dieser ersten Periode heidnische Bräuche zum Bedeutungsgewinn der Festtage beitragen und daß damit die Autorität dieser Festtage kritisierbar wird, weil sie nicht in der Offenbarung verankert erscheinen, nicht Jesus als Stifter haben, sondern Menschenwerk sind. So verweist Winter z. B.

---

88 Vgl. Dankadresse 10.
89 Ebd. 12.
90 Ebd. 13. — Bereits hier tritt die Unterscheidung zwischen äußerer und innerer Religion auf, die in der Religionsdefinition Winters und der gesamten Aufklärungsliturgik eine entscheidene Rolle spielt. Zur Begriffsanalyse s. u. Abschnitt 4.2. und 4.3.
91 Vgl. Dankadresse 14ff.
92 Ebd. 16f.
93 Ebd. 18.

auf den Zusammenhang zwischen Weihnachten und dem „Geburtsfest des Unüberwindlichen, oder der zurückkehrenden Sonne", das die Römer am 25. Dezember feierten[94], und auf den Zusammenhang zwischen Ostern und germanischem Brauchtum[95]. Bei den später eingeführten Festen nennt er das Fest der Reinigung Mariens, das Fest Allerheiligen, Allerseelen und Fronleichnam, in die heidnisches Brauchtum eingeflossen ist[96].

Die Zahl der Fest- und Feiertage ist somit kontinuierlich gewachsen. Das Feiertagsregister bei Origenes kennt nur Sonntage, Ostern und Pfingsten, das vom „Kirchenrath zu Mainz" — gemeint ist die dort 813 abgehaltene Provinzsynode — weist bereits eine große Zahl von Festen auf[97]. Als Ergebnis seiner Untersuchung stellt Winter fest, daß nach Beaumelle „der Katholik das Jahr hindurch 120 Ruhtäge"[98] hat.

2.2 Ursachen für die Einsetzung und Vermehrung der Feiertage

Die Geschichte der Kirche bietet für Winter nicht nur in ihren Anfängen das Idealbild einer noch nicht überlasteten und — volkswirtschaftlich gesehen — gesunden Feiertagsordnung, sondern sie enthält in ihrem weiteren Verlauf auch die Ursachen für die Einsetzung und Vermehrung der Fest- und Feiertage. An erster Stelle stehen dabei die religiösen Ursachen. Unter diesen nimmt die Veredelung der Menschheit einen vorrangigen Platz ein. „Gehen wir in das Zeitalter der Apostel zurück, so war gewiß der Zweck der religiösen Versammlungen kein anderer als Veredlung der Menschheit. Der Christ sollte über das Daseyn eines Gottes, über seine Vollkommenheiten, über den Zweck des Menschen, über seine Pflichten, über den wahren Werth der Dinge, welche ihn umgeben, aufgeklärt werden..."[99] Eine solche „Aufklärung" war im Urchristentum nicht nur auf den Verstand beschränkt, sondern betraf auch das Gemüt[100]

---

94 Ebd.
95 Vgl. ebd. 18ff.
96 Ebd. 21–27.
97 Ebd. 27f.
98 Ebd. 30.
99 Ebd. 31f.
100 Winter spricht hier mit dem Verhältnis von Belehrung und Erbauung eine weitere Grundfrage aufklärerischer Liturgie an.

und hatte das Ziel, „die Erkenntniß der moralischen Wahrheit fruchtbar zu machen"[101]. Diese Intention behielten die religiösen Versammlungen auch noch im zweiten Jahrhundert.

Als zweite Ursache innerhalb des religiösen Bereichs nennt Winter die Anhänglichkeit an die alte Religion, die sowohl bei den Juden aus ihrer Bindung an das Gesetz Mose als auch bei den Heiden aus ihrem Verwachsensein mit den Festen und Gebräuchen ihrer Vorzeit zur Vermehrung der Festtage führte[102]. Weitere religiöse Ursachen sind die Heiligsprechungen, zuerst Mariens, dann ihres Sohnes, schließlich ungezählter Heiliger[103], historisch-religiöse Irrtümer[104], und schließlich Aberglauben, der sich in ungezählten Erscheinungen und deren Feier niederschlug[105].

Neben den religiösen macht Winter auch profane Ursachen für den Mißstand der zu großen Zahl von Feiertagen verantwortlich[106]. Dazu gehören das Faustrecht, da nur der Feiertag frei von Fehde und Faustrecht war und sogar der Krieg am Feiertag ruhte, die Trägheit als übermäßige Liebe zur Arbeitsruhe, die Eitelkeit, besonders aber der Eigennutz der hohen und niederen Geistlichkeit, für die die Feiertage und Jubeljahre ein großes Geschäft waren[107].

---

101 Dankadresse 32.
102 Ebd. 34f.
103 Ebd. 36f. — Interessant ist, daß Winter die Heiligsprechung Mariens vor der Jesu gelegen sein läßt, um damit anschaulich die Fragwürdigkeit der Marienfrömmigkeit herauszustellen.
104 So wurde z. B. aus historischer Unkenntnis zweimal das Fest Petri Stuhlfeier begangen, einmal seine Inthronisation in Rom und einmal in Antiochien. Vgl. Dankadresse 37ff.
105 Vgl. ebd. 39f.
106 Eine bemerkenswerte Differenz zu allen historisch-kritischen Unternehmungen zu Beginn der Liturgiereform des zwanzigsten Jahrhunderts besteht darin, daß Winter neben kirchlich-liturgischen stets auch die kulturell-gesellschaftlichen Fragestellungen berücksichtigt und daß er die gegenseitige Durchdringung und Abhängigkeit dieser Bereiche als selbstverständlich annimmt. — Vgl. auch A. L. *Veit,* Emmerich Joseph von Breidbach 348—369, der ein Beispiel für die enge Verknüpfung von staatlicher und kirchlicher Gesetzgebung anführt. S. auch H. *Hollerweger,* Die Gottesdienstreform.
107 Vgl. Dankadresse 40—47. — Die „priesterliche Habsucht" ist ein Mißstand, der öfters scharf angeprangert wird. Zoepfl schreibt, daß sie Peuger neben der Wundersucht und der Unkenntnis der Naturgesetze zu den

2.3 Folgen der gehäuften Feiertage

Die so zustandegekommene Häufung der Feiertage hat schädliche Folgen zunächst in ökonomischer Sicht[108]: es werden Arbeitsstunden vergeudet, viele Fabriken haben Verluste, Waren werden deshalb teurer, die Feldbebauung wird vernachlässigt, es entsteht somit ein Schaden in bezug auf die Gesamtbevölkerung[109]. Ähnlich negativ wie in wirtschaftlicher Hinsicht wirkt sich die allzu große Zahl der Feiertage in moralischer Hinsicht aus. Diese etwas überraschende Folgerung beweist Winter durch Vernunftargumente aus der damaligen Praxis. So wird es als Todsünde betrachtet, wenn man den Gottesdienst nicht besucht, das Versäumnis von Predigt und Christenlehre wird dagegen nicht geahndet[110]. Das latreutische Element steht im Vordergrund, die moralische Zielsetzung tritt zurück. „Hält er das Kirchengehen, und Beywohnen der Messe allein, oder doch für die Hauptsache der Religion, so ist es natürliche Folge, daß er die Sittengesetze, welche ihm die Vernunft vorhält, als Nebendinge der Religion ansieht, sich um die Erkenntniß und Ausübung derselben wenig, oder gar nicht bekümmert..."[111] Demgegenüber betont Winter bereits hier, daß der äußere Gottesdienst „nur Mittel, und zwar nur zufälliges Mittel"[112] ist, die innere, wahre Gottesverehrung zu fördern. Zudem leisten die vielen Feiertage dem Müßiggang Vorschub, der nach dem Sprichwort aller Laster Anfang ist. Die Erfahrung zeigt, daß die Unterhaltung des gemeinen Mannes am Feiertag im Trinken und Spielen besteht, die meist in Streit, Betrug, List ausarten[113].

Hauptursachen rechnet, die das damalige Frömmigkeitswesen verdarben. Vgl. Fr. *Zoepfl*, Dr. Benedikt Peuger 47.49f.
108 Daß Winter zunächst die wirtschaftlichen Verhältnisse sieht, ist bezeichnend für seine Nähe zur Oberschicht der Aufklärungszeit, welche die Religion sehr stark vom Nützlichkeitsstandpunkt aus betrachtet.
109 Vgl. Dankadresse 49—55.
110 Vgl. ebd. 59.
111 Ebd. 60.
112 Ebd. 59.
113 Ebd. 61ff.

2.4 Plädoyer für die Reduzierung

Die aus der geschichtlichen Analyse gewonnenen Erkenntnisse sollen zeigen, daß die staatspolitischen Maßnahmen in Bayern bezüglich der Feiertage uneingeschränkt zu begrüßen sind. Das Wohl des Staates erfordert, daß ihre Zahl eingeschränkt wird. Damit diese Maßnahmen beim Volk Verständnis finden, ist es historisch-kritisch zu belehren oder — wenn sie trotzdem nicht befolgt werden — ist mit strengen Strafen vorzugehen[114].

2.5 Zusammenfassung und Kritik

2.5.1 Vergleich

Bei der Darstellung der Ausgangssituation der liturgischen Reform bei Winter fällt unmittelbar eine Parallele zur Ausgangssituation der liturgischen Erneuerung unseres Jahrhunderts auf. Denn diese Ausgangssituation ist beidemale ein Unbehagen an konkreten liturgischen Vollzügen, an konkreter Praxis also. Nicht theoretische Überlegungen, sondern praktische Probleme führen beidemale — in der Aufklärung und in den ersten Jahrzehnten unseres Jahrhunderts — zu einer Infragestellung des festgefügten liturgischen Gebäudes. Diese Ausgangssituation gleicht sich auch darin, daß beidemale ein Einzelaspekt liturgischen Vollzugs — damals die Anzahl der Feiertage, am Beginn unseres Jahrhunderts vor allem der Ritus der Messe[115] —

---

114 Vgl. ebd. 76—80.
115 Ohne auf die komplexe Entstehungsgeschichte der liturgischen Erneuerung unseres Jahrhunderts näher eingehen zu können — vgl. Literaturangaben darüber in Lex Questions Liturgiques et Paroissiales, Premiere Table décennale (1910—1925) 59f und ebd. Deuxième Table générale (1926—1959) 57—64; s. außerdem Jahrbuch für Liturgiewissenschaft 9 (1929) 333—337; ebd. 10 (1930) 417—422 und ebd. 11 (1931) 446ff —, kann festgestellt werden, daß sowohl die „volksliturgische" Bewegung, wie sie vor allem Pius Parsch propagierte, als auch die mehr liturgiewissenschaftlich ausgerichteten Gruppen von Mont César, Beuron und Maria Laach, als oberstes Ziel ihrer Reformbestrebungen die Erneuerung der aktiven Teilnahme des Volkes in der Messe sahen. „Die Messe muß wieder in den Mittelpunkt des religiösen Lebens und der Seelsorge gestellt werden." P. *Parsch*, Volksliturgie 190. Oder : „Der *erste* Grundsatz des

kritisiert werden und daß deren Veränderung gefordert wird. Gleich ist damit auch, daß eine partikuläre Kritik zu einem gesamtliturgischen Reformversuch geführt hat, ohne daß sich die Reformer von Anfang an der Tragweite ihrer Maßnahmen bewußt waren.

Vor dem Hintergrund dieser Ähnlichkeiten taucht als wichtigstes Unterscheidungsmerkmal auf, daß Winter bei einer für den Staat und für die Lebensführung des Individuums unmittelbar bedeutsamen Fragestellung angesetzt hat, während die liturgische Erneuerung unseres Jahrhunderts bei einem der Liturgie internen, die Gestaltung der Messe betreffenden Punkt ansetzt, also bei einer Problemstellung, die stärker dem innerkirchlichen Leben der Gläubigen verhaftet ist und die Lebensführung und die gesellschaftliche Ebene nur mittelbar berührt.

2.5.2 *Problemstellung*

Die Infragestellung eines traditionell fixierten, bis dahin unhinterfragten liturgischen Vollzugs ist sicher legitim und notwendig, wenn gesellschaftlich-kirchliche Bedürfnisse es erfordern. Die Lebendig-

---

volksliturgischen Apostolates Klosterneuburg ist *aktive Teilnahme* an der Liturgie... Mit dem Prinzip der aktiven Teilnahme hängt innig zusammen das *Sprachenproblem*... Ein *dritter* Grundgedanke unserer Eigenart ist die *liturgische Gemeinde.*" Ders., Liturgische Erneuerung 16f. Damals wünschte man eine „echte, d. h. aktive Teilnahme an der heiligen Opferfeier (man wollte nicht nur in der Messe beten, sondern die Messe beten) und bestand daher auf der stärkeren Betonung der heiligen Kommunion innerhalb der heiligen Messe als Opfermahl". B. *Ebel*, Ausgangspunkte und Anliegen der religiösen liturgischen Erneuerung in ihren Anfängen: Th. *Bogler* (Hg.), Liturgische Bewegung 25—40, Zitat 38. — Die liturgische Bewegung hatte somit eine eminent praktisch-pastorale Ausrichtung. Vgl. dazu auch W. *Trapp*, Gedanken über die Bedeutung der liturgischen Bewegung. S. auch J. *Kramp*, Liturgische Bestrebungen. — Zur liturgischen Bewegung allgemein s. auch W. *Birnbaum*, Das Kultusproblem I; F. *Kolbe*, Die liturgische Bewegung 31—59; Th. *Maas-Ewerd*, Liturgie und Pfarrei 27—56 und B. *Neunheuser*, Die klassische liturgische Bewegung 401—407. — Es gab auch in der evangelischen Kirche in jener Zeit ähnliche Tendenzen. Vgl. W. *Birnbaum*, Das Kultusproblem II 20—45. Die „hochkirchliche Bewegung" z. B. forderte eine reichere liturgische Ausgestaltung des Gottesdienstes. S. dazu auch G. *Mensching*, Die liturgische Bewegung, bes. 10ff.

keit der Kirche verlangt geradezu solche Infragestellungen[116].
Trotzdem bleibt das Problem bestehen, daß bereits die partikuläre
Infragestellung die gesamte Autorität der Tradition angreift. Denn
eine solche Infragestellung eines partikulären liturgischen Vollzugs
ist viel weitreichender, als es zunächst den Anschein hat[117]. Es ist
daher entscheidend, wie eine solche Kritik eines liturgischen Einzelphänomens inhaltlich und methodisch angegangen wird.

Der Inhalt handelt bei Winter über die Anzahl der Feiertage. Die
Art und Weise, in der er sich damit beschäftigt, läßt klar erkennen,
daß er von der Notwendigkeit einer radikalen Reduzierung der Anzahl der Feiertage schon überzeugt war, bevor er die „Dankadresse"
zu schreiben begann. Das ist insoferne auffallend, als der Ansatz bei
der Reflexion über die Anzahl der Feiertage zunächst nur das Bewußtsein impliziert, daß deren Zahl vom religiösen Gefühl und von
der religiösen Betroffenheit her nicht mehr genügend gedeckt ist.
Nun kann diesem Problem, eine Anzahl vom religiösen Gefühl nicht
mehr gedeckter Feiertage vorzufinden, nicht nur durch deren Abschaffung, sondern auch durch deren innere Erneuerung begegnet
werden. Die Frage, ob es der konkreten Situation des Menschen eher
entspricht, das Problem der gehäuften Feiertage durch Abschaffung
oder durch eine Verlebendigung ihres Inhalts zu lösen, kann also
nur entschieden werden, wenn beide Möglichkeiten gesehen und beachtet werden. Das bedeutet, daß nur dann, wenn die Fragestellung
primär lautet: Wie können die sinnlos gewordenen Formen bei vielen der Feiertage wieder mit religiösem Erleben gefüllt werden? die
Chance besteht, in der Frage nach der Reduzierung der Feiertage
die dem Anliegen der Feiertage entsprechende Antwort zu finden.

---

116 S. J. A. *Jungmann*, Gewordene Liturgie V: „Kirche und Christentum sind historische Größen, sind bei aller Übergeschichtlichkeit, die ihrem Wesenskern verliehen ist, in das Werden und in den Wandel der Geschichte hereingebannt..." – Vgl. auch H. B. *Meyer*, Beharrung und Wandel im Gottesdienst: Liturgiereform im Streit der Meinungen 83–110 und *ders.*, Wandel und Verbindlichkeit liturgischer Formen: Concilium 5 (1969) 91–96.

117 So sehen Horkheimer und Adorno als eine der wesentlichsten Dimensionen aufklärerischen Denkens und Handelns dessen Totalitätscharakter. „Aufklärung ist totalitär." M. *Horkheimer* – Th. W. *Adorno*, Dialektik der Aufklärung 12.

Die Reduzierung der Feiertage muß also in Funktion gesehen werden zur Suche nach deren Verlebendigung und deren immanenten Bedeutsamkeit.

Winter wird diesem Anspruch nicht gerecht, weil bei ihm ein moralisches, fast könnte man sagen staatspolitisches Interesse im Vordergrund steht. Er setzt bei der Kritik des latreutischen Elementes an. Die Frage nach dessen Bedeutung und damit Pflege ist ihm verstellt. Ob in der Forderung nach der Aufgabe sinnlos gewordener Formen — zu große Zahl der Feiertage — aus moralischen Gründen ein Ansatzpunkt für Liturgiereform gewonnen werden kann, der auch dem ganzmenschlichen Bedürfnis nach Transzendenzerfahrung genügend Rechnung trägt? In diesem Zusammenhang ist es sekundär, in welchem Ausmaß in der Aufklärungszeit eine illegitime Auswucherung der Feiertage bestanden hat. Denn hinter ihrer Einführung und Gestaltung stand ein religiöses Erleben, das Winter in seinem Ansatz zur Liturgiereform in keiner Weise reflektiert. Winter fragt nicht danach, wo der Grund für diese Entleerung der vorhandenen Feiertagspraxis im Leben des Einzelnen und der Gemeinschaft liegt. Ihm geht es lediglich um die Reduzierung der Feiertage. Die Motivation dafür entnimmt er der Moral. Christologie und Soteriologie werden damit instrumentalisiert. Im Ansatzpunkt handelt Winter — obwohl als Theologe tätig — als Staatsbürger. Das konnte nicht ohne Folgen bleiben.

Demgegenüber ist vom Inhalt her die Fragestellung der Liturgiereform des 20. Jahrhunderts im Vorteil. Denn augenscheinlich will sie im Ansatzpunkt nichts abschaffen, sondern so verändern, daß im Zeichen das Bezeichnete — Christus und Gott — deutlicher zum Ausdruck kommt; daß religiöse Erfahrung neu ermöglicht wird, daß erstarrte Formen verlebendigt werden. Nicht der Liturgie fremde Elemente — Moral oder staatpolitische Raison — bilden die Motivation für eine Reform der Liturgie, sondern die Suche nach Gott, nach der aktiven Teilhabe an der Erlösungstat und der Begegnung mit Christus[118].

---

118 Vgl. B. *Thiel,* Die liturgische Bewegung. Dort vergleicht Thiel die liturgische Bewegung der Aufklärungszeit mit der der Zwanzigerjahre unseres Jahrhunderts. Die beiden Bewegungen werden folgenderweise qualifiziert: Die Aufklärungsliturgie ist subjektivistisch, zweckorientiert, symbolfeindlich, antirömisch, modern, radikal und will Liturgie für das Volk

Dankadresse an Max Joseph IV.

Die Art und Weise, in der dieses Anliegen der modernen Liturgiereform angegangen wird, steht der Methode nach in auffälliger Nähe zu der Winters. Beidemale wird als Mittel die historische Rückfrage zur Legitimierung des Ansatzes von Veränderung verwendet. Beidemale wird der Urzustand der Liturgie in der Weise glorifiziert, daß durch dessen Reproduktion in der Gegenwart Hoffnungen geweckt werden, die jedenfalls — wie sich nachhinein zeigt — nicht erfüllbar waren. Beidemale wird also eruptiv eine verändernde Kraft dadurch erzeugt, daß eine Utopie — Rückkehr zu den Ursprüngen — vorgestellt wird, deren Realitätsbezug zweifelhaft ist.

Heutige Liturgiereform muß um dieses Erbe wissen, gerade deshalb, weil sie sich längst und radikal davon distanziert hat. Es steht fest, daß auch am Beginn der Liturgiereform des 20. Jahrhunderts eine Methode verwendet wurde, die bei Winter dazu geführt hat, daß alle seine Bemühungen und Versuche 150 Jahre lang wirkungslos blieben und fast vergessen wurden. Diese ursprünglich angewandte Methode erscheint gerade deshalb so absurd, weil sie sich in der nachkonziliaren liturgischen Reformarbeit selbst ad absurdum geführt hat. Die erwartete Verlebendigung liturgischen Lebens kam nicht; der Rückgang zu den Ursprüngen erwies sich als unmöglich — aber trotzdem als ein Geschehen, das Veränderung bewirkte, und zwar Veränderung liturgischen Lebens, die nicht mehr rückgängig gemacht werden kann. Ansatzhaft zeigt sich damit bereits die doppelte Funktion einer Auseinandersetzung mit Winter.

---

sein. Die erneuerte Liturgie der Zwanzigerjahre ist demgegenüber objektivistisch, zwecklos, symbolorientiert, zentralistisch, traditionell, organisch wachsend und will das Volk für die Liturgie gewinnen. — Vgl. dazu auch W. *Trapp,* Der Ursprung der liturgischen Bewegung 4: „In der Aufklärung war es das rein sittlich-moralische Element, das im Vordergrund stand, in der heutigen Zeit das religiös-gottesdienstliche; dort anthropozentrisch, hier theozentrisch... So ist trotz mancher äußerer Ähnlichkeiten die grundlegende Verschiedenheit der damaligen Best(r)ebungen gegenüber den heutigen nicht zu verkennen. Die Einstellung war damals vorwiegend anthropozentrisch, ethizistisch, subjektivistisch, die heutige, teilweise im geraden Gegensatz dazu theozentrisch, rückt das Gnadenmoment und die seinsmäßige Verbundenheit mit Gott gegenüber vorwiegend sittlich eingestellter Auffassung in den Vordergrund, betont das Objektive gegenüber dem Subjektiven."

2.5.3 Impulse

Einerseits kann aufgrund der Beschäftigung mit Winters Ansatz einer Liturgiereform auf die Gefahr und die Einseitigkeit heutiger Liturgiereform aufmerksam gemacht werden. Auch wenn Christologie und Soteriologie in ihrer Bedeutsamkeit besser gesehen sind als bei Winter, belastet der Zwang zur Utopie, aus dem die Kraft und die Motivation zur Veränderung gewonnen wurde, die Bemühungen um eine Verlebendigung des Glaubens innerhalb der Liturgie dadurch, daß nicht die gegenwärtige Geistbegabung und Gotteserfahrung, nicht die Begegnung mit dem auferstandenen Herrn Maßstab und Kriterium für die Veränderung liturgischer Vollzüge dem Ansatzpunkt nach wurden, sondern eine soziologisch und geschichtlich nicht realisierbare Hypothese. Diese Hypothese lautet — und hier ist kein Unterschied zu Winter festzustellen —: Die Liturgie, die die Urgemeinde gefeiert hat, ist nicht nur ein Ideal, das provokativ und normativ ist, sondern eine reproduzierbare Größe. Gemeinschaftserfahrung und liebliche Idylle werden als kirchlich zentraler Vollzug gefordert.

Andererseits wird im Vergleich mit Winter die Chance geboten, die Ursachen der Resignation innerhalb der liturgischen Reformarbeit heute zu entdecken und damit zu beheben, indem eben das Andersartige des Ansatzes der Liturgiereform des 20. Jahrhunderts gegenüber der Aufklärung bewußt gemacht wird. Denn bereits im Ansatzpunkt wird die Positivität und Zukunftsträchtigkeit der liturgischen Reform des 20. Jahrhunderts sichtbar, weil dieser Ansatz sich dem Inhalt nach wesentlich von dem der Aufklärungszeit unterscheidet: nicht pädagogisch-moralische oder politische Gründe sind das auslösende Moment der liturgischen Reform, sondern das Anliegen der Christologie selbst.

3 Liturgiekritik:
Versuche zur Verbesserung der Katholischen Liturgie

Die Kritik an der Anzahl der Feiertage beinhaltet ansatzhaft eine Infragestellung der kirchlichen Autorität allgemein und öffnet damit auch die zentralen kirchlichen Ordnungen und Vollzüge der Kritik. Die Feiertage sind ja nur ein kleiner Teil des großen Gebäudes des kirchlich-liturgischen Lebens. Winter weitet dann auch in seiner zweiten Schrift „Versuche zur Verbesserung der Katholischen Liturgie. Erster Versuch. Prüfung des Werthes und Unwerthes unserer liturgischen Bücher. München 1804" (anonym) seine historisch-kritischen Untersuchungen auf die gesamte Liturgie aus. Anhand einer Analyse der liturgischen Bücher von Christus bis ins neunzehnte Jahrhundert soll gezeigt werden, daß sich der christliche Gottesdienst immer mehr vom ursprünglichen Ideal entfernt hat.

3.1 Augenblicklicher Zustand der Liturgie

Zunächst fällt auf, daß Winter seine Liturgiekritik mit einer für ihn zentralen Beobachtung auf dem Schulsektor einleitet. Ausgehend von der selbstverständlichen Notwendigkeit der Bildung und Aufklärung aller Menschen stellt er fest, daß für die Verbesserung der niederen Schulen in Bayern bereits sehr viel geschehen ist[119], aber

---

[119] Daß sich die Aufklärung besonders um die Erziehung verdient gemacht hat, ist bekannt. „Kein früheres Zeitalter hatte sich so viel und so anhaltend mit dem Problem der Erziehung und des Unterrichts beschäftigt wie das der Aufklärung." S. *Merkle*, Ausgewählte Reden und Aufsätze 427. – Vgl. auch A. *Ehrensperger*, Die Theorie 95–98.

für die „große Schule der Nation"[120] beinahe nichts. Diese große Schule der Nation ist der äußere Gottesdienst. Er ist die „Erziehungsanstalt des großen Haufens"[121], die einzige Bildungsstätte der Erwachsenen und hat daher — soll dort eine sachgerechte Aufklärung geschehen — den Anforderungen der Vernunft und der menschlichen Gesellschaft zu entsprechen[122]. Betrachtet man unter diesen Bedingungen den äußeren Gottesdienst, so springen seine Gebrechen und Unzulänglichkeiten sofort ins Auge. Grobe Verstöße gegen „Kritik, Psychologie, und selbst gegen Theologie"[123] sind in allen Zweigen des äußeren Gottesdienstes festzustellen. Winter weist auf die mit Bildern, Statuen und Verzierungen überladenen Kirchen hin, die gegen Vernunft, ästhetisches Empfinden und Glaubenswahrheiten verstoßen[124]. Das radikalste Zeichen der Unzulänglichkeit der Bildungsfunktion des äußeren Gottesdienstes ist die lateinische Sprache. „Ist mehr nöthig, als das *deutsche Volk* zum *lateinischen Gottesdienste* hinzustellen, um den Widerspruch recht fühlbar zu machen?"[125] Eine dem Volk fremde Sprache kann unmöglich eine

---

120 Versuche III.
121 Ebd. V. — Winter teilt in inneren und äußeren Gottesdienst ein, wie er auch eine innere und äußere Religion unterscheidet. Der innere Gottesdienst besteht in der Verehrung Gottes „in Geist und Wahrheit" und drückt sich in einem „reinmoralischen" Leben aus. Der äußere Gottesdienst hat aufgrund der *leib*-geistigen Verfassung des Menschen wesentliche Vermittlungsfunktion für den inneren Gottesdienst. Die von Winter in seinen „Versuchen" verwendeten Begriffe wie äußerer und innerer Gottesdienst, äußere und innere Religion, Belehrung und Erbauung usw. werden in seiner „Theorie" eingehender reflektiert und genauer definiert. Der Methode der vorliegenden Arbeit entsprechend — dem Denkprozeß in Winters liturgischer Reformarbeit historisch-genetisch nachzugehen — wird deshalb zu den wichtigsten Begriffen, die Winter in den „Versuchen" verwendet, eine kurze Beschreibung gegeben. Im übrigen aber sei auf die Begriffsanalysen in Kap. 4—6 hingewiesen.
122 „Ohne zweckmäßigen Cultus bleibe volle Aufklärung des großen Haufens noch Jahrhunderte ein frommer Wunsch, und die Menschheit noch weit hinter dem zurück, was sie sein könnte und sollte." Versuche V.
123 Ebd. VIII.
124 Ebd.
125 Ebd. — Hier stößt Winter auf ein zentrales Problem der Aufklärungsliturgik: die Sprache. Wie sehr sich die Reformliturgiker der Aufklärung um eine sachgerechte sprachliche Gestaltung der Liturgie bemüht haben,

Vermittlungsfunktion für Bildung und Aufklärung übernehmen. Die wenigen hier nur in Auswahl angeführten negativen Beispiele zeigen Winter, daß sich Liturgie und Gottesdienst in einem defizienten Zustand befinden.

Im Gegensatz zu den Protestanten, die wenigstens hinsichtlich der deutschen Sprache schon weiter sind, haben die Katholiken nach Winter in ihren Reformen auf den äußeren Gottesdienst „vergessen"[126]. Männer wie Muratori, Bona, Zaccaria, Le Brun, Mabillon haben zwar viel gesammelt, Textausgaben besorgt, die Liturgiegeschichte erforscht, aber das positive Anliegen der Aktualisierung der Liturgie nicht gesehen. Erst Werkmeister[127] und Blau[128] versuchten, den katholischen Gottesdienst den Erfordernissen der Aufklärung entsprechend zu verbessern. Sie mußten aber ihr Licht wegen des Vorwurfes der Ketzerei bald verstecken[129].

Winter möchte nun durch eine kirchengeschichtliche Untersuchung den Gebrechen der katholischen Liturgie nachgehen, ihre Entstehung orten, das Zwecklose und das Zweckwidrige aus der Liturgie entfernen und die dadurch entstandenen Lücken „mit wahrer Geistesnahrung"[130] füllen. Das diesem methodischen Vorgehen zugrundeliegende Geschichtsverständnis geht davon aus, daß die augenblickliche Situation der Liturgie deswegen so desolat ist, weil der ursprüngliche Zustand im Laufe der Zeit verlassen wur-

---

zeigt A. *Ehrensperger*, Die Theorie 143—177. — Vgl. auch W. *Trapp*, Vorgeschichte und Ursprung 22. 28ff.44 und E. *Keller*, Die Konstanzer Liturgiereform 150—164.

126 Versuche VI.
127 B. M. L. *Werkmeister*, Beiträge zur Verbesserung der katholischen Liturgie in Deutschland. Ulm 1789. — S. A. *Vierbach*, Die liturgischen Anschauungen 19—22; J. B. *Sägmüller*, Die kirchliche Aufklärung 20—80 und A. *Hagen*, Die kirchliche Aufklärung 9—212.
128 (F. A. *Blau* — A. J. *Dorsch*), Beiträge zur Verbesserung des äußeren Gottesdienstes in der katholischen Kirche. Bd. I. 1. Stück. Frankfurt 1789 (anonym). — S. A. *Vierbach*, Die liturgischen Anschauungen 19.
129 Vgl. Versuche VII.
130 Ebd. X. — In diesem „Reinigungsprozeß" sehen viele Autoren ein wesentliches Verdienst der Aufklärungsliturgie. Vgl. A. L. *Mayer*, Liturgie, Aufklärung und Klassizismus 97—111; W. *Trapp*, Vorgeschichte und Ursprung 35ff; H. *Hollerweger*, Die Gottesdienstreform 445.449; vgl. auch F. X. *Haimerl*, Probleme 39ff.

de. Dieser „Idealzustand" ist — in einem Bild gesprochen — theoretisch und praktisch „durch Abledigung von dem Roste der spätern Jahrhunderte"[131] wieder anzustreben.

3.2 Die Anfänge der Liturgie

Winter teilt den Zeitraum, in dem er die öffentlich verwendeten liturgischen Bücher analysiert, in drei Perioden ein: „von Christus bis zum Jahre 336, oder den römischen Bischof Marcus — von Marcus bis auf die Reformation — von der Reformation bis auf unsere Tage"[132]. Winter kommt zu dieser Einteilung, weil in jedem der angegebenen Zeiträume ein bestimmtes Genus liturgischer Bücher das kirchliche Leben prägt. Die Unterlagen für die erste Periode der Liturgiegeschichte nimmt er aus einem Lehrbuch Krazers[133], das er auch einige Jahre seinen Vorlesungen zugrunde legte.

Seiner Methode entsprechend beginnt Winter bei den Anfängen des Christentums und versucht, die dort verwendeten liturgischen Bücher historisch-kritisch auf ihre Echtheit zu prüfen. Unter liturgischen Büchern des Christentums versteht Winter dabei „diejenigen, welche uns über die Anstalten des äußeren Gottesdienstes zur Bildung des Verstandes und Herzens der Christen über ihre religiösen Versammlungen zu diesem Zweck, den dazu bestimmten Zeiten und Orten usw. Aufschluß geben"[134]. Echt oder unecht sind nun Schriften „je nachdem sie dem Verfasser, deren Namen sie auf der Stirne tragen, zukommen, oder nicht"[135]. Winter prüft zunächst die sogenannten Liturgien der Apostel „Peter, Matthäus, und Lucas", Liturgien also, die Aposteln zugeschrieben werden. Die darin verwendeten Termini wie Patriarch, Erzbischof, Mönche, Consubstantialis, Gottesgebärerin, Teile wie das Dreimalheilig und die angesprochenen Personen[136] beweisen, daß diese Liturgien aus späterer Zeit da-

---

131 Versuche XI.
132 Ebd. X.
133 A. *Krazer*, De apostolicis; vgl. auch A. *Vierbach*, Die liturgischen Anschauungen 26.
134 Versuche 1.
135 Ebd.
136 In der Petrusliturgie z. B. „fit memoria Xysti, Cornelii, Cypriani, Laurentii, Chrysogoni, Cosmae et Damianae, qui longe post Petrum vixerunt Apostolum". A. *Krazer*, De apostolicis 10.

tieren und fälschlicherweise Aposteln unterschoben wurden. Ähnlich verhält es sich auch mit der Jakobusliturgie, die zwar „mehr Schein, aber nicht mehr Wahrheit"[137] hat. Dafür liefern Wörter wie homousion und Gottesgebärerin eindeutige Hinweise[138]. Auch die Liturgien des Clemens von Rom, des Dionysios Areopagita und des Ignaz von Antiochien verschwinden alle als „Irrlichter", „seitdem sich die Dämmerung des Lichtes der Kritik in dem religiösen Horizonte zeigte"[139].

Der historische Wert der genannten Liturgien ist also sehr gering. Sie sind alle in späterer Zeit entstanden und geben damit nicht das reine und echte an Jesus anschließende Bild der Liturgie wieder. Auch der liturgische Wert dieser Liturgien ist sehr gering, weil sie nicht dem Zweck des äußeren Gottesdienstes, nämlich Mittel zum inneren zu sein, gerecht werden. Die Jakobusliturgie ist ein eindeutiges Beispiel dafür. Weil in ihr nämlich Begriffe wie Consubstantialis und Gottesgebärerin Aufnahme fanden, erscheint sie als „eine Kriegserklärung gegen die Arianer, Macedonianer, und Nestorianer"[140]. Das Gebet wird zum Polemisieren mißbraucht, Religion „zur Sache des grübelnden Verstandes" umgeschaffen und statt des „lebhaften Gefühles" der Pflichten befriedigt man sich mit den „bloßen frostigen Gedanken"[141]. Winter wirft also diesen Liturgien genau das vor, was man später gegen die Aufklärungsliturgie ins Feld führt: daß sie nämlich zu rationalistisch seien und Gefühl und Erbauung außer acht lassen. Sie können daher nicht als eigentlich liturgische Schriften, „welche das Gepräge der vollen Aechtheit tragen"[142], angesehen werden.

Solche Schriften sucht man nach Winter überhaupt vergebens im ersten christlichen Zeitalter. Es gibt aus dieser Zeit nur uneigentliche liturgische Schriften, die also nicht thematisch, sondern nur beiläufig Nachrichten über den äußeren Gottesdienst vermitteln. Und dazu zählt Winter vor allem die Heilige Schrift selbst, die in ihrer Echtheit in all seinen Schriften nie angezweifelt wird. Die Hei-

---

137 Versuche 5.
138 Vgl. A. *Krazer*, De apostolicis 12ff.
139 Versuche 8.
140 Ebd. 14.
141 Ebd.
142 Ebd. 15.

lige Schrift ist die erste und wichtigste Erkenntnisquelle des christlichen äußeren Gottesdienstes im ersten Jahrhundert[143]. In ihr findet Winter bereits in einer großartigen Synthese verbunden, was er als das Wesen des äußeren Gottesdienstes sieht, nämlich Belehrung und Erbauung zu sein[144]. Jesus ist nämlich das Vorbild, dem in seiner Verkündigung die Synthese von Belehrung und Erbauung unübertrefflich gelungen ist. „So ließ der weise Stifter bald Belehrung auf Erbauung, bald diese auf jene folgen, wußte eines in das andere zu verweben, um die Menschheit ihrer hohen Bestimmung auf der Bahn der Geistes- und Herzenscultur näher zu rücken."[145] Die Zeremonie der Taufe mit dem vorausgeschickten Befehl zu lehren oder das Abendmahl mit den vorausgehenden Reden sind hervorragende Beispiele dafür, wie organisch bei Jesus Belehrung und Erbauung ineinanderfließen. Ebenso sind seine belehrenden Reden vor dem Volk und vor einzelnen Gruppen immer begleitet von erbauenden Bildern und Symbolen. Jesus ist also das Vorbild für die Gestaltung eines gelungenen äußeren Gottesdienstes, der in einer harmonischen Verbindung von Belehrung und Erbauung besteht[146]. So wie die Evangelien geben auch die Apostelgeschichte und die Briefe der Apostel Zeugnis von einfachen Riten, denen Belehrung vorausgeht. Winter nennt die Taufzeremonien, die Auflegung der Hände, das Brotbrechen. Ihre geringe Anzahl und ihre Einfachheit stellt Winter der Liturgie seiner Zeit gegenüber, die oft durch eine „Uiberladung mit sinnlichen Bildern"[147] gekennzeichnet ist.

Die Heilige Schrift ist somit ein indirektes Zeugnis für den äusseren Gottesdienst im ersten christlichen Jahrhundert. Dieser Gottesdienst ist — wie die christliche Religion im Anfangsstadium überhaupt — geprägt von der Intention, den „reinen moralischen Le-

---

143 Vgl. ebd. 16—19.
144 Das Postulat der Belehrungs- und Erbauungsfunktion des äußeren Gottesdienstes wird von Winter in diesem Zusammenhang nur kurz angedeutet. Systematisch dargelegt wird es erst in seiner Theorie der öffentlichen Gottesverehrung. S. u. Kap. 4.
145 Versuche 19.
146 Vgl. auch A. *Ehrensperger*, Die Theorie 35—39 und H. *Hollerweger*, Die Gottesdienstreform 447.
147 Versuche 22.

benswandel zu fördern"[148]. Dieser Intention sind der belehrende und der erbauende Gottesdienst zugeordnet. Er wird ihr durch einfache und verständliche Riten und Bilder gerecht.

Auch die Zeugnisse aus dem zweiten Jahrhundert, von denen Winter Plinius, Justin und Tertullian anführt, atmen noch den Geist der Einfachheit und der Besinnung auf das Wesentliche[149]. Der äußere Gottesdienst bestand nach ihnen „1) in Lesung der heiligen Schrift 2) in einer Anrede, 3) im gemeinschaftlichen Gebete und Gesange, 4) in Segnung des Brodes und Weines, und Austheilung davon, 5) in Zusammenschießung eines mildthätigen Beitrages für die leidende Menschheit"[150].

Winter stellt für die ersten zwei Jahrhunderte fest, daß eigentliche Zeugnisse für die Liturgie fehlen. Die dieser Zeit zugeschriebenen liturgischen Bücher sind später entstanden. Daher sind nur uneigentliche Zeugnisse für die Rekonstruktion der liturgischen Gebräuche jener Zeit heranzuziehen: die Heilige Schrift und Schriftsteller des zweiten christlichen Jahrhunderts. Diese bezeugen sowohl die Ausrichtung des äußeren Gottesdienstes auf Vermittlung eines rein moralischen Lebenswandels als auch die gelungene Synthese von einfacher Belehrung und Erbauung[151].

3.3 Die Zeit der Sakramentare

Die zweite Periode, die Winter liturgiegeschichtlich analysiert, reicht vom Jahre 336 bis zur Reformation[152]. Die wichtigsten Bücher jener Zeit, in denen sich das offizielle liturgische Leben der Kirche niederschlägt, sind die Sakramentare. Die drei bedeutendsten davon, „welche insgemein Leo I, Gelas I, und Gregor I zugeschrieben werden"[153], untersucht Winter daraufhin, inwieweit sie historisch echt sind und

---

148 Ebd.
149 Ebd. 23ff; vgl. auch A. *Krazer,* De apostolicis 5f.8.
150 Versuche 26; vgl. auch A. *Krazer,* De apostolicis 6.
151 „Theoretisches und practisches Christenthum, äußere und innere Religion boten sich hier die Hände..." Versuche 27.
152 Vgl. A. *Vierbach,* Die liturgischen Anschauungen 66—70.
153 Versuche 29.

welchen Einblick sie in die Entwicklung der Liturgie geben. Winter hält sich auch hier wieder an das bei Krazer[154] angeführte Material.

3.3.1 Die historische Echtheit der drei Sakramentare

Ausgehend von der damals in wissenschaftlichen Kreisen allgemein verbreiteten Überzeugung, daß das Sakramentar Leo I jenem von Gelasius I und Gregor I zugrunde liege, diskutiert Winter zunächst die Verfasserfrage sowie Abkunfts- und Datierungsprobleme des sogenannten „leoninischen Sacramentariums"[155]. Der von Blanchini 1735 in Verona entdeckte Codex[156] wurde Papst Leo I als Verfasser zugeschrieben. Die wissenschaftlich geführte Diskussion über die Verfasserschaft des Codex bei Orsi, Mercati, Amort, Muratori, Ballerini, die zu keinem einheitlichen Ergebnis kamen, deutet Winter nur an[157]. Bei näherer Betrachtung der in diesem Sakramentar vorkommenden „Kirchhöfe", Orte, Gebete „ist in jedem Fall gewiß, daß dieß Sacramentarium in der römischen Kirche gebraucht wurde"[158]. In einem komplizierten Beweis vertritt nun Winter die Meinung, daß das „leoninische Sacramentarium" wahrscheinlich unter dem Papste Marcus kompiliert wurde[159]. Er datiert es deshalb so früh, um einerseits zu zeigen, wie die alte römische Liturgie im Vergleich zu den späteren Sakramentaren noch einfach und rein war und wie andererseits bald der Aberglaube in die Liturgie eindrang[160]. Winter geht von den drei Orationen aus, die sich am Schluß der fünf Requiemmessen im Monat Oktober finden. Zwei dieser Orationen nennen den Papst Silvester, die dritte Simplicius,

---

154 Vgl. A. *Krazer,* De apostolicis 37–53. — Winters Interpretation ist aber eigenständig, in manchen Punkten sogar eigenwillig. Daß seine Quellenkenntnis — dem damaligen Forschungsstand entsprechend — fundiert war, soll im folgenden durch einige Hinweise auf modernere Untersuchungen gezeigt werden.
155 Vgl. Versuche 30.
156 Vgl. ebd.; s. auch C. *Vogel,* Introduction 31.
157 Vgl. Versuche 30.
158 Ebd. 31. — Dies wurde durch spätere Studien bestätigt. Vgl. A. *Stuiber,* Libelli Sacramentorum Romani 43–54 und C. *Vogel,* Introduction 32.
159 Vgl. Versuche 31–53.
160 Vgl. A. *Vierbach,* Die liturgischen Anschauungen 66.

der viel später lebte. Gegen Muratoris Meinung, daß der Schreiber irrtümlich drei Gebete für Silvester und eine Messe für Simplicius miteinander verbunden und so „zwo Messen von ganz verschiedener Art in eine zusammengeschmolzen"[161] hätte, glaubt Winter, daß wahrscheinlich ein Abschreibfehler vorliegt und Silvester in Simplicius umgewandelt wurde. Und nachdem das vorliegende Sakramentar weder das Werk Leo I ist, weil in ihm „nicht einmal der Einweihungstag Leo I richtig angegeben wird, welcher nicht in die Fasten fiel..."[162], und auch nicht als Werk des Papstes Gelasius angesehen werden kann, wie es unter anderem Orsi und Morcati tun, weil viele Aussagen mit dem Zeitalter des Gelasius im Widerspruch stehen, noch sonst eines römischen Bischofs, scheint dieses „Sacramentarium... unter dem Pabste Marcus im Jahre 336 gesammelt worden zu seyn"[163]. Für das hohe Alter spricht außerdem die Tatsache, daß die Vulgata noch nicht verwendet wurde[164].

Weniger ausführlich behandelt Winter das von Tommasi 1680 entdeckte „Sacramentarium von Gelas I", für dessen Echtheit äussere und innere Merkmale sprechen. Von einigen Einschüben abgesehen, ist seiner Meinung nach die „Echtheit zwischen dem Inhalt und dem Geist des Zeitalters"[165] gewahrt und deswegen das Sakra-

---

161 Versuche 34f.
162 Ebd. 40.
163 Ebd. 47.
164 Vgl. ebd. 52. — Spätere Untersuchungen setzen die Abfassungszeit im allgemeinen später an. Vgl. A. *Stuiber*, Libelli Sacramentorum Romani 54—65, der besonders dogmengeschichtliche Anhaltspunkte für die Datierungsfrage erwähnt; E. *Bourque*, Étude I 146, der für „le prétendu Sacramentaire Léonien" als Terminus ante quem den Beginn oder das 1. Viertel des VII. Jahrhunderts feststellt; oder ganz extrem die Meinung L. *Duchesne*, Origines 148, der das leoninische Sakramentar als „une compilation privée" sieht, „dans laquelle on a entassé, sans beaucoup d'ordre, des pièces très diverses d'âges et de facture." D. M. *Hope*, The Leonine Sacramentary 118 stellt abschließend fest: „From the present discussion, the most likely date for the compilation of the Sacramentary seems the end of the sixth century; apart from this no more definite date can be given." — Vgl. auch C. *Vogel*, Introduction 32—39.
165 Versuche 56.

mentar mit Recht Gelasius zuzuschreiben. Winter geht auch hier nicht auf die „verzwickte Überlieferungsgeschichte"[166] der einzelnen Textgruppen dieser Handschrift ein[167].

Ähnlich verfährt Winter mit dem „Sacramentarium von Gregor I.", dem das „Gelasianische" zugrundeliegt und das Gregor I zuzuschreiben ist[168].

Die genannten, unter allen liturgischen Büchern dieser zweiten Periode hervorragenden Sakramentare sind — das ergibt die Analyse nach Winter — historisch zuverlässige und für die Entwicklung der Liturgie aufschlußreiche Quellen.

3.3.2 Der liturgische Wert der Sakramentare

Der Grundtendenz seiner Schrift entsprechend, nämlich die Hindernisse im äußeren Gottesdienst „in Beförderungsmittel des reinen moralischen Lebenswandels, welches sie ursprünglich waren — ihrer Natur gemäß sein sollen, umzuschaffen..."[169], vergleicht Winter nun die drei Sakramentare miteinander, um die einzelnen Schritte des Wachsens der Formen neuer religiöser Verehrung aufzuzeigen. Nur in einem Vergleich kann Zweckmäßiges vom Zweckwidrigen unterschieden werden. Winter will dabei zwar nicht „die oft berührten Gegenstände der religiösen Verehrung aus dem äusseren Cultus... verdrängen", da er überzeugt ist, „daß man selben eine Richtung geben kann, welche zu unserer Belehrung und Erbauung gleich vorteilhaft ist..."[170]. Aber „wenn man beherziget, daß wahre Religion auch ohne diese Gegenstände bestehen kann —

---

166 K. *Mohlberg*, Das fränkische Sacramentarium XXVII.
167 Vgl. E. *Bourque*, Étude I 171—298; H. A. *Wilson*, The Gelasian Sacramentary; K. *Mohlberg* (Hg.), Liber sacramentorum; C. *Vogel*, Introduction 48—57 und A. *Chavasse*, Le Sacramentaire Gélasien.
168 Vgl. Versuche 61f. — Eine ausführliche Analyse des „gregorianischen" Sakramentars zeigt das komplexe Ineinander von Traditionssträngen, die zu entflechten sehr schwierig ist. Vgl. C. *Vogel*, Introduction 67—87 und J. *Deshusses*, Le Sacramentaire Grégorien.
169 Versuche 67f.
170 Ebd. 67.

wirklich mehrere Jahrhunderte in ihrer jugendlichen Blüthe und Reinheit bestand . . . "[171], so wäre es besser, wenn sie nicht beständen.

Hier klingt bereits das Ideal einer rein geistigen Gottesverehrung und eines dementsprechenden rein moralischen Lebenswandels an: die Utopie des anzustrebenden Zustandes einer aufgeklärten Liturgie. Da aber die äußere und die innere Gottesverehrung – wie die Praxis zeigt – auf die Gegenstände der religiösen Verehrung vorläufig nicht verzichten kann[172], müssen sie wenigstens verbessert werden. Ein erster Schritt besteht im Aufzeigen defizienter Formen.

Bei einem Vergleich der drei Sakramentare fällt Winter auf, daß – im Gegensatz zur vorhergehenden Periode – die Marienverehrung einen großen Platz einnimmt. Winter kritisiert ziemlich emotional „die überspannten Begriffe von ihrer Heiligkeit"[173], den „überspannten Begriff(en) von der hohen Würde der Mutter Gottes" und die Marienverehrung allgemein, die um diese Zeit in die Liturgie eingeführt wurde und dann „keine Gränzen mehr kannte"[174]. Ähnlich verhält es sich mit der Verehrung der Märtyrer, die früher als die Marienverehrung entstanden ist. Zuerst richtete man nicht das Gebet an Märtyrer, sondern betete – wie die Apostolischen Canones beweisen – für sie. In den „vorliegenden Sacramentarien bat man nicht mehr für sie, sondern zu ihnen, oder wenn man sich auch an Gott wandte, so geschah dieß nicht unmittelbar, sondern meistens mittelbar . . ."[175]. Alle drei Sakramentare weisen in diese Richtung, wobei vom ältesten zu den jüngeren Sakramentaren ein Gefälle in die Richtung wachsenden Aberglaubens und zunehmender Fehlformen unverkennbar ist. Die Verehrung der Reliquien zeigt das besonders deut-

---

171 Ebd.
172 Vgl. A. *Krazer*, De apostolicis 2: „Licet caeremoniae nullam secundum se perfectionem, nullam sanctitatem contineant, sunt tamen actus externi Religionis, quibus quasi signis excitatur animus ad rerum sacram venerationem, mens ad superiora elevatur, nutritur pietas, fovetur charitas, crescit fides, devotio roboratur, instruuntur simpliciores, Dei cultus ornatur; conservatur Religio, et veri fideles a pseudo-christianis et heterodoxis discernuntur."
173 Versuche.
174 Ebd. 69.
175 Ebd. 70.

lich. Im „leoninischen Sacramentarium" ist davon noch keine Rede, während sie im „Gelasianum" und „Gregorianum" bereits überhand nimmt[176].

Bezüglich der Verehrung der Bekenner verläuft die Entwicklung ähnlich. Das „leoninische Sacramentarium" kennt noch keine Messen für Bekenner. Das „Gelasianum" enthält bereits Messen für Märtyrer und das „Gregorianum" für Märtyrer und Bekenner. „Aber bald setzte man den eigentlichen Bekennern auch die uneigentlichen, welche durch Tugenden über andere Sterbliche hervorzuragen schienen, an die Seite."[177] Damit war nach Winter eine Grenzlinie überschritten und den Bekennern der zweiten Gruppe die Tür zur Liturgie geöffnet.

Eine andere Frömmigkeitsform, die zwar schon vor der Zeit der Sakramentare entstand, deren schnelles Wachstum aber in den Sakramentaren sichtbar wird, ist das Gebet für die Verstorbenen. Auch hier zeigt sich von einem Sakramentar zum anderen eine stufenweise Vermehrung. Das Wuchern dieser Praxis hält Winter für besonders gefährlich. „Wenn die Lehre von der Fürbitte der Lebendigen für Todte nicht beschränkt, und auf reine Grundsätze zurückgeführt wird, so kann sie keine andere, als zerstörende Folgen für die Moralität haben."[178] Winter möchte damit nicht das Dogma des Weiterlebens nach dem Tode angreifen, sondern seine Rüge gilt den Übertreibungen, zu welchen „in beiden letzteren Sacramentarien der Same ausgestreut wird"[179].

Die Grenze zum Aberglauben ist dann in den verschiedensten Segnungen und deren Mißbrauch, in der Idee vom großen Reiche des Teufels usw. endgültig überschritten. Als Beispiele führt Winter die Segnung des Ungewitters im Gelasianum und den Mißbrauch mit dem Weihwasser an. Lakonisch stellt er fest, daß sich die Furcht vor dem großen Reiche des Satan bis heute erhalten habe[180].

---

176 Vgl. ebd. 71.
177 Ebd. 74.
178 Ebd. 75f.
179 Ebd. — Die Beteuerung, daß Winter keine dogmatische Interessen hat, kehrt in seinen Schriften immer wieder. Ob diese Position für einen Liturgiker möglich ist, wird im Schlußabschnitt dieser Arbeit noch kurz reflektiert werden. Auf jeden Fall wird bereits in der Aufklärungsliturgik in etwa das „positivistische Problem" sichtbar.
180 Vgl. Versuche 78.

Aufgrund dieser Analyse sind die drei angeführten Sakramentare für Winter Zeugnisse dafür, „daß sich der Rost des Aberglaubens von jedem Jahrhunderte an die Liturgie ansetzte"[181]. Dabei fällt die Abstufung „Leonianum" — „Gelasianum" — „Gregorianum" besonders auf, „und zwar in dem Maße, daß der Abstand zwischen dem ersten und zweiten weit größer ist, als zwischen dem zweiten und dritten . . . "[182]. Marienfeste, Reliquienverehrung, Märtyrermessen, Gebete für Verstorbene und Segnungen sprechen eine deutliche Sprache. Wert und Unwert der Sakramentare liegt somit klar am Tage. Verglichen mit den liturgischen Büchern zur Zeit der Aufklärung ergibt sich aber noch einmal ein Abstand, „und zwar nicht mehr zum Nachtheile, sondern zum Vortheile der vorliegenden drei Sacramentarien"[183].

3.4 Von der Reformation bis zur Aufklärung: Missale, Rituale und Brevier

Die dritte Periode, die Winter liturgiehistorisch untersucht, reicht von der Reformation bis zur Wende des 18. Jahrhunderts. Das kirchliche Leben jener Zeit ist von der Auseinandersetzung zwischen Orthodoxie und Reformation geprägt. Das Konzil von Trient setzte in dieser Auseinandersetzung vorläufige Richtlinien, die sowohl die Lehre als auch die Disziplin der Kirche betrafen. So nahm das Konzil von Trient auch liturgische Fragen auf. Es setzte eine eigene Kommision ein, die die abussus missae sammelte[184] und übertrug die Reform des Missale und des Breviers dem Papst. Pius V führte im Anschluß an das Konzil für die Gesamtkirche verbindlich das Einheitsmissale ein: das Missale Romanum ex decreto ss. Concilii Tridentini restitutum, Pii V. Pont. Max. iussu editum[185]. Dieses Einheitsmissale, das unter Clemens VIII (1604) und Urban VIII (1634) eine Neuausgabe erfuhr[186], sowie das Rituale Romanum von 1614 und das Römische Brevier unterzieht Winter einer kritischen Prüfung.

---

181 Ebd. 79.
182 Ebd. — Winter meint damit den sich vom Inhalt der einzelnen Sakramentare ergebenden sachlichen Abstand.
183 Versuche 80.
184 Vgl. J. A. *Jungmann*, Missarum I 176.
185 Bulle vom 14. Juli 1570.
186 Vgl. J. A. *Jungmann*, Missarum I 185.

3.4.1 Prüfung des Missale

Zunächst stellt Winter fest, daß unter den gottesdienstlichen Vollzügen dem Katholiken keiner heiliger und bedeutender sei als die Messe und daß die Erwartungen deshalb groß sind, mit denen man an das neue römische Meßbuch herangeht, das auf Befehl des Trienter Konzils von Pius V herausgegeben und von Clemens VIII und Urban VIII abermals verbessert wurde[187]. Die Arbeit einer allgemeinen Synode und von drei Päpsten läßt Großes erwarten, vor allem die Pius' V, der sich durch seine Katechismus- und Brevierreform bereits hervorgetan hat. Kaum aber schlägt man einige Seiten dieses Missale auf, „findet man sich in seiner Hoffnung nur zu sehr getäuscht"[188].

Als erstes fällt auf, daß das Missale an einigen Stellen „dem Hauptgebote der christlichen Religion, nämlich dem Gebote der Liebe"[189] entgegenarbeitet. Krasse Beispiele dafür sind die Messe zur Zeit des Krieges und die Messe wider die Heiden. Die Intention beider — nämlich Gott zu Hilfe zu rufen, um die Feinde zu vernichten — empfindet Winter als groben Verstoß gegen christliches Denken und christliche Einstellung. Der gedankliche Hintergrund dieser unchristlichen Einstellung stamme aus den Rachepsalmen und überhaupt aus dem jüdischen Denken. Die Übernahme jüdischen Gedankenguts ist Winter ein Dorn im Auge. So bemerkt er hier: „Warum hat man die rohen Gefühle des Judentums im Meßbuche so oft den reinern Vorstellungen des Christenthums vorgezogen, gleichsam als hätte uns Christus noch zu früh auf eine höhere Stuffe der sittlichen Cultur erhoben?"[190]

Weiters lehrt das Meßbuch an vielen Stellen statt Tugend Eigennutz. Dieses Urteil sieht Winter wiederum darin begründet, daß ein großer Teil der Materialien zu den Messen dem Alten Testament entliehen sind. Mit den Materialien ist natürlich auch der Geist mitübernommen. Es gibt wenige Stellen im Meßbuch, „in welchem uns die Achtung des Gesetzes, die Verrichtung einer guten Handlung, weil sie gut ist, auf eine deutliche, dem gemeinen Menschenverstan-

---

187 Vgl. Versuche 83—86.
188 Ebd. 86.
189 Ebd. 88.
190 Ebd. 89.

de faßliche, und dem Herzen interessante Art dargestellt wird", aber genügend, "welche uns gerade dahin führen, aus Furcht der Strafe, oder Hoffnung der Belohnung zu handeln"[191]. Dieses Bewußtsein schlägt sich vor allem in den Geboten nieder, die als "Hauptbeweggrund" immer nur Strafen und Belohnungen aufstellen und so den Menschen von der wahren Tugend eher entfernen als ihr näherbringen. Winter verkennt dabei nicht das vernünftig-sinnliche Wesen des Menschen, der aufgrund seiner Sinnlichkeit auf Belohnung und Strafe angewiesen ist. Aber die Sinnlichkeit darf dabei nicht stehen bleiben, "wenn sie den Tempel der Tugend erreichen will"[192].

Am defizientesten ist das Meßbuch aber wegen des Mechanismus[193], den es — gewollt oder ungewollt — propagiert. Das zeigt sich schon in der Art und Weise wie die Gebete formuliert sind. "Der Geist aller dieser Gebete ist offenbar nicht jener der Selbstthätigkeit, sondern jener der passiven Frömmelei." Die meisten Orationen z. B. sind von der Intention geprägt, Gott um seine Gnade zu bitten, "welche in uns den guten Lebenswandel, und die Theilnahme an seiner Seligkeit bewirken soll"[194]. Dieser "Mechanism" zeigt sich noch klarer bei den Psalmen. Wie bereits oben angedeutet, stand Winter jüdischem Gedankengut skeptisch gegenüber und daher war es seiner Meinung nach "eine Schwachheit des Zeitalters, von der sich die nähere Einrichtung unseres Gottesdienstes herschreibt, daß die Psalmen als Fremdlinge eine so geneigte Aufnahme fanden"[195]. Dabei haben nach Winter "Psalmen moralischen Inhalts" ihren Wert. Aber die grundsätzlichen religiösen Unterschiede, die Verschiedenheit der Begriffe und der Hoffnungen, die die Psalmen prägen, die Bilder, die sie benützen, machen sie vollkommen unbrauchbar für den Gottesdienst der Aufklärungszeit. Insofern ist es für Winter verständlich, "daß der Abstand in der Staats-

---

191 Ebd. 90.
192 Ebd. 91. — Daß die Sinnlichkeit der Sittlichkeit untergeordnet sein soll, ist eine wesentliche Maxime aufklärerischen Denkens.
193 Unter "Mechanism" versteht Winter gedankenlose, sich immer wiederholende Tätigkeiten des Menschen, die dessen "Selbstthätigkeit" außeracht lassen. — Vgl. Versuche 93. — S. auch A. *Ehrensperger*, Die Theorie 179 Anm. 192.
194 Versuche 94.
195 Ebd. 95.

und Religionsverfassung, den Sitten und Gebräuchen der Sprache usw. die Unverständlichkeit der Psalmen herbeiführen müsse, bei deren Voraussetzung ihre Abbetung nichts als eine mechanische Bewegung sein kann"[196]. Daß auch die Auswahl der Psalmen zu kritisieren ist, zeigt Winter am Psalm 42. Der Beginn des Psalmes Introibo ad *altare* Dei, d. h. allein das Wort ‚Altar', ist ausschlaggebend dafür gewesen, daß der Psalm am Anfang der Messe gebetet wurde[197]. Den „Mechanism" fördert schließlich das Meßbuch durch seine Rubriken, die dem Geist der Andacht geradezu entgegenarbeiten[198].

Über den „Mechanism" hinaus fördert das Meßbuch den Unglauben. Winter versteht dabei unter Unglauben nie atheistische Tendenzen, sondern den Glauben an nicht wirklich geschehene wunderbare Ereignisse und den Glauben an Heilige und Reliquien, die nie existierten. Den Vorwurf, das Meßbuch fördere diesen Unglauben, belegt Winter mit dem Verweis auf verschiedene Messen, die auf kuriose Weise entstanden sind. Unter anderem gehört dazu die Messe vom Herzen Jesu. Benedikt XIV lehnte die Bitte um Einführung dieses Festes ab, das aufgrund einer Erscheinung begehrt wurde. Erst nach einer zweiten Erscheinung wurde es 1765 unter Clemens XIII eingeführt und damit „ein neuer Zweig des religiösen Afterdienstes" geschaffen[199]. Ein anderes Beispiel ist die Messe von der Versetzung des heiligen Hauses von Nazareth. Eine skurrile Geschichte berichtete von der „Transplantation" des Vaterhauses Jesu nach Loretto. Daraus entstand dann eine Marienmesse[200]. Weitere Quellen für den Unglauben sind die Messe von der Eindrückung der Wundmale des heiligen Franziskus[201] und eine Messe von den verschiedenen Erscheinungen des Erzengels Michael. Viele Gebete aus anderen Messen der Heiligen haben ebenso wenig Wert. Winter zitiert

---

196 Ebd. 96.
197 Vgl. ebd. 96f.
198 Das Zeitalter der nachtridentinischen Liturgie wird deshalb oft als jenes Zeitalter der Liturgie gesehen, das sich in der Rubrizistik erschöpfte. Vgl. Th. *Klauser,* Kleine abendländische Liturgiegeschichte 119—150 und J. A. *Jungmann,* Missarum I 183—186.
199 Vgl. Versuche 99ff.
200 Vgl. ebd. 102—105.
201 „Benedikt XI. setzte deswegen ein Fest ein, und Paul V. dehnte selbes auf die ganze Kirche aus..." Versuche 105—108, Zitat 108.

das Gebet des Katharinenfestes u. a., die nur mehr mit „Mährchen" zu qualifizieren sind[202]. Er meint: „Gesunder Menschenverstand reicht hier hin, das Gold von den Schlacken, wenn nicht alles Schlacke ist, zu sondern."[203]

Abschließend fügt Winter noch hinzu, daß das Meßbuch eine reichhaltige Quelle des Aberglaubens ist, wie viele Messen aus Aberglauben entstanden sind und wieder zum Aberglauben führen. Die Liste der fraglichen Messen umfaßt die Messen zu den fünf Wunden, den Leidenswerkzeugen: Dornenkrone, Lanze, Nägel, zur Kreuzauffindung und Kreuzerhöhung; ferner Messen an Marienfesten wie der Vermählung Mariens, von der Erwartung der Geburt Mariens, vom Berg Carmel und die verschiedensten Heiligenmessen[204]

3.4.2 Prüfung des Rituals

Neben dem Missale und dem Pontificale ist das Rituale jenes offizielle liturgische Buch, das in der Hauptsache das sakramentale und außersakramentale gottesdienstliche Leben der Kirche regelt. Darum möchte Winter auch das Rituale daraufhin prüfen, ob es den Anforderungen gerecht wird, gottesdienstliches Leben der Kirche sachgerecht zu gestalten. Als Grundlage nimmt er das Freisinger Ritual vom Jahre 1673, das nach dem römischen Modell erstellt wurde[205]. Dieses Ritual enthält die Ordnungen für die Ausspendung der

---

202 Vgl. ebd. 109.
203 Ebd. 111.
204 Vgl. ebd. 111—114.
205 Vgl. B. *Mattes,* Die Spendung der Sakramente 58—69. — In einer Vorbemerkung kann Winter es sich nicht verkneifen, eine Bemerkung gegen Rom anzubringen. Ihn stört es, daß das römische Ritual als Modell für alle gilt. „Ist dann Rom das ächte Vorbild des menschlichen Denkens und Handelns? ... Ist nicht Rom seit einer Reihe der Jahrhunderte in der Aufklärung rückwärts?" Und wenn die Aufklärung auch dort schon durchgedrungen wäre, würde nicht „das Interesse die Beherrscher des Vaticans, und weiland der ganzen Christenwelt abhalten, einen so mächtigen Pfeiler, wie ihre Liturgie für ihr Reich ist, niederzureißen, um so mehr, da sie es sich ehedem so sehr, und mit so vielen Kosten angelegen sein ließen, ihre Liturgie zu jener des christlichen Weltalls zu machen?" Versuche 115f. — Diese antirömische Haltung, die aber bei Winter nur an dieser Stelle anzutreffen ist und deswegen nicht überbewertet werden

Sakramente, Benedictionen und Teufelsbeschwörungen und andere Anweisungen für den sakramentalen und außersakramentalen Dienst des Priesters. Die Mängel, die diesem Ritual anhaften, sind dabei offernsichtlich. Der Verfasser des Freisinger Rituale hat nach Winter keine Ahnung von Physik. Das beweisen z. B. die Vorschriften bei der Taufe: „Monstrum quod humanum speciem non praeseferat, baptizari non debet."[206] Das Ritual steht außerdem mit der vom Staat intendierten Aufklärung und Bildung im Widerstreit. Die verschiedenen Gewittererklärungen, Weihen, „ein weitschichtiges Regulativ für den Teufelsbanner" usw. verhindern eine naturwissenschaftlich fundierte Aufklärung[207]. Weiters lähmt das Rituale das Streben nach Tugend, denn ähnlich wie im Missale stellt Winter auch im Rituale fest, daß der Mensch sich immer passiv verhält, obwohl schon im Begriff der Tugend selbst die Aufforderung „zur immerwährenden Selbstthätigkeit" impliziert ist. So wird z. B. „gleich beim Eintritt in die Kirche (bei der Taufe) der Wahn der passiven Frömmelei erzeugt", indem der Glaube als eine von Gott eingegossene Tugend verkündet wird[208]. Dem entsprechen alle Gebete und Segnungen im Rituale, „die ihrem gewöhnlichen Begriff nach eine Gnade mittheilen, bei welcher der Christ weiter nichts zu thun hat, als selbe aufzufangen"[209]. Schließlich fehlt dem Rituale die ästhetische Kraft[210].

---

darf, hat sicher ihre Wurzeln in nationalkirchlichen Tendenzen, wie sie vom Jansenismus her auch in Deutschland sich breit machten. Brück zählt die Gründung einer Nationalkirche neben der Reform der Liturgie, der Vereinigung mit den Protestanten und der Anfeindung des Ordenslebens zu jenen Hauptzielen, die die vom Rationalismus angesteckten Theologen und Kanonisten zu erreichen suchten. Vgl. H. *Brück*, Die rationalistischen Bestrebungen 74; vgl. auch A. *Vierbach*, Die liturgischen Anschauungen 7—13. Rousseau sieht sogar die Liturgie des Jansenismus und die der Aufklärung auf derselben Linie: „Le liturgism des jansénistes et de l'Aufklärung faisait partie de la désagrégation générale des idées chrétiennes, et appartenait, au fond, à la révolution laicisante du XVIIIe siècle." O. *Rousseau*, Histoire du Mouvement Liturgique IX.

206 Zitiert nach Versuche 119.
207 Vgl. ebd. 119ff.
208 Ebd. 125.
209 Ebd.
210 Vgl. ebd. 127ff. — Alle hier angedeuteten Punkte erfahren eine systematischere Untersuchung und Interpretation in Winters „Ritual". S. dazu Kap. 6.

3.4.3 Prüfung des Breviers

Das Brevier beurteilt Winter noch negativer als das Missale und das Rituale. Die Funktion des Breviers wäre zwar gutzuheißen, denn der Zweck des Breviers „konnte kein anderer sein, als die Trägheit der Menschen zu reizten, und ihren Leichtsinn zu fesseln, damit das kräftigste Tugendmittel, das Gebet, nicht auf die Seite gesetzt, vielmehr zur Weckung religiöser Gefühle benützt, und der durch irrdische Geschäfte zerstreute Geist durch Vorhaltung moralischer Wahrheiten in sich wieder zurückgeführt würde"[211], aber die dazu verwendeten Mittel seien untauglich. Die Heilige Schrift, die diesen Zweck am ehesten erfüllen könnte, macht — die Psalmen abgerechnet — den kleinsten Teil des Breviers aus, wobei weder die Auswahl der Schrifttexte noch deren Zusammenhang bei der Erstellung des Brevier genügende Beachtung fanden. Die Homilien der Väter und die Heiligenlegenden, auf die das Meßbuch oft nur hinweist, die aber hier ausgeführt werden, sind in ihrer sprachlichen, exegetischen und historischen Unzulänglichkeit so bekannt, daß Winter nicht viel Worte darüber verlieren will. Zudem zeichnet sich das Brevier durch einen nicht mehr zu überbietenden „Mechanism" aus, der durch eine große Anzahl von Rubriken gewährleistet ist[212] und durch ein schlechtes Latein und ein nicht zu bewältigendes Pensum noch erhöht wird. Da das Brevier sogar in einigen Passagen den „reinen moralischen Lebenswandel" beeinträchtigt, weil die Sinnlichkeit oftmals die Sittlichkeit überwiegt[213] und viele Heiligenlegenden als Produkte des „Afterdienstes" schlechte Vorbilder für das Verhalten der Christen sind, erscheint das Brevier in seiner gegenwärtigen Gestalt insgesamt fragwürdig.

---

211 Versuche 129.
212 Vgl. ebd. 140ff. — Winter schließt sich hier der Kritik Garsons an, der 1779 in Köln pseudonym eine polemische Schrift gegen das Brevier herausgab. Vgl. Versuche 138f und A. *Vierbach,* Die liturgischen Anschauungen 18.212f.
213 Z. B. führt Winter an, „daß die Phantasie des sinnlichen Menschen gar leicht von der geistlichen auf eine weltliche Braut hinüberflattert". Versuche 144.

3.5 Vorschläge zur Umbildung von Missale, Rituale und Brevier

An die kritische Analyse der wichtigsten liturgischen Bücher der Periode seit der Reformation fügt Winter bruchstückhaft einige Vorschläge zu deren Verbesserungen an. Zur tridentinischen Reform meint er, daß sie nicht die wahren Gebrechen erkannt und deswegen auch nicht den richtigen Weg zur Verbesserung eingeschlagen habe. Im Gegensatz dazu glaubt er, die wahren Defizienzen jener Bücher wenigstens angedeutet zu haben und stellt deswegen folgende Grundsätze zur Umbildung[214] der liturgischen Bücher auf: 1) „Alles muß vom äußern Gottesdienste, mithin auch von ihren Büchern für immer zurückgewiesen werden, was nicht das *Gepräg der Wahrheit* führt."[215] Die der historischen Kritik nicht standhaltenden Märchen und Fabeln, ebenso wie die der philosophischen Kritik widersprechenden Aussagen sind deshalb aus den liturgischen Büchern zu eliminieren. 2) „Wie der Probierstein der Wahrheit, so soll auch der Gesichtspunct der Zweckmäßigkeit die Auswahl sowohl beim Niederreißen, als Aufbauen leiten ... Meßbuch, Ritual und Brevier ... sollen reichhaltig sein an reinen Grundsätzen, großen Gedanken, edlen Gesinnungen ..."[216] 3) „Uiberhaupt soll sowohl die Wahl des Stoffes, als die Anreihung, mit unverrücktem Hinblicke auf Psychologie geschehen."[217] und 4) „Eben aus der Psychologie geht der Grundsatz hervor, daß in liturgischen Büchern eine solche *Mannigfaltigkeit* herrschen muß, daß der Geist immer mit neuen Ansichten, das Herz mit neuen Empfindungen belebt werde."[218] Winter wendet dann diese Grundsätze auf die drei liturgischen Bücher an. Das Meßbuch enthält in seinen Augen vieles, das den Anforderungen gerecht wird. Im „Meßbuche (aber auch nur im Meßbuche)" dürfe man sich

---

214 Winter verwendet in diesem Abschnitt nicht die Wörter ‚Reform' oder ‚Verbesserung', sondern *Umbildung*. Damit ist bereits die Intention seiner liturgischen Bemühungen angedeutet: die Liturgie umzuwandeln und nicht nur zu verbessern. Daß dieses ‚revolutionäre' Programm in der konkreten Ausformung viel zurückhaltender und vorsichtiger ausgefallen ist, hängt sicher mit der Liturgie selbst zusammen, die als geschichtlich gewachsene Form nicht plötzlich ganz neu entworfen, „gemacht" werden kann.
215 Versuche 149f.
216 Ebd. 150f.
217 Ebd. 151.
218 Ebd. 152.

„auf eine Partialreform"[219] beschränken. Für die einzelnen Teile der Messe — Kanon, Proprium der Zeit und Proprium und Commune der Heiligen — ergibt sich, daß der Kanon am wenigsten zu verändern ist, das Proprium der Zeit zum Teil und das Proprium der Heiligen grundsätzlich; das Commune Sanctorum dürfte nach Winter ruhig wegfallen. Die neuen Messen, die Winter vorschweben, wären „nicht an der Tendenz, sondern nur an der Form und Zweckmäßigkeit, und an dem Titel verschieden; indem letzterer nicht mehr von einem Heiligen etc., sondern von der Hauptlehre der Messe hergenommen würde"[220]. Winter stellt sich Messen vor mit dem Titel: Von der Liebe Gottes, Von der Nächsten- und Feindesliebe usw. Sie wären geprägt von Wahrheiten, deren Einfluß auf das Wohl der Menschheit von Bedeutung ist, und würden von selbst Mannigfaltigkeit in die Feier der Messe bringen. Die Forderung nach Mannigfaltigkeit erhebt Winter auch für den Kanon. „So heilig, so unveränderlich er bisher geschienen haben mag. . ., so soll er, um nicht alltäglich zu werden, täglich in einer andern Form erscheinen."[221] Eine ähnliche Abänderung wünscht er sich auch für das Vater Unser durch dessen Paraphrasierung. Das Ziel aller Änderungen sollte sein, daß das Meßbuch für das Jahr eine Einheit bilde und die „Quintessenz der Volkstheologie"[222] sei und daß jede einzelne Messe zu einem harmonischen Ganzen verwebt werden sollte. Winters „Wunschmesse" würde so aussehen: „ein Vorbereitungslied — Epistel — Evangelium — Predigt — Canon mit dem Abendmahle — Sammlung für die Armen — Beschluß des Ganzen mit einem Lied, oder Gebet."[223]

Bezüglich des Rituale fordert Winter eine totale Reform. Die analysierten Gebrechen betreffen nämlich nicht bloß periphere Phänomene, sondern sie liegen in der Natur des Buches. Er plädiert daher für ein neues Rituale. Abschaffen will er es nicht, denn: „Wann steht aber Kopf und Herz des Menschen mehr offen, als bei jenen Reli-

---

219 Ebd. 153. — Winter hat dann bei der Durchführung seines Umbildungsprogrammes das Verhältnis umgekehrt: Totalreform des Meßbuches und der Messe und Teilreform des Rituale.
220 Versuche 157.
221 Ebd. 159.
222 Ebd. 160.
223 Ebd. 161.

gionshandlungen, mit denen sich das Ritual befaßt?"[224] Das neue Rituale sollte – dem menschlichen Leben entsprechend – mit der Taufe beginnen und mit dem Begräbnisritus enden. Innerhalb des einzelnen Ritus ist die Abfolge von sekundärer Bedeutung, „wenn nur sonst die Anforderungen der Kritik befriedigt werden"[225]. Ein neues gutes Rituale – wie auch Meßbuch – zu schaffen, ist natürlich eine bleibende Aufgabe, denn es ist klar, „daß, wie alle andern Zweige des menschlichen Wissens und analogen Handelns nie auf einem Puncte stehen bleiben, also auch die Liturgie nicht, wie bisher, halt machen, sondern mit der menschlichen Cultur immer gleichen Schritt halten"[226] muß.

Schließlich möchte Winter das Brevier ganz abgeschafft wissen. Er glaubt nämlich, daß sich Beten nicht befehlen läßt, weil „gerade der Begriff von Gebot mit jenem des Gebets, welches freiwillige Ergießung des Herzens sein soll, am wenigsten zusammen zu passen scheint"[227]. Als „Surrogat" für das Brevier empfiehlt er den Geistlichen die Bibellesung.

3.6 Zusammenfassung und Kritik

3.6.1 Vergleich

Vergleicht man die drei Perioden der Liturgiegeschichte, so ergibt sich für Winter ein durchgehend absteigende Linie. „Reinigkeit der Begriffe, edle Einfalt, Ordnung der Theile, und Schönheit des Ganzen leuchtet aus den ächten Schriften der ersten Perioden hervor –

---

224 Ebd. 165.
225 Ebd. 167.
226 Ebd. 171. – Der bereits unternomme Versuch zur Verbesserung des Rituals von Busch ist ja nur eine Übersetzung des Rituals in die deutsche Sprache, deren Notwendigkeit Busch in seiner Vorrede ausdrücklich betont, um „unsere öffentlichen Gottesverehrungen und die Gebräuche bey den feyerlichen Religionshandlungen gemeinnütziger zu machen". H. *Busch*, Liturgischer Versuch XI. Dieser Versuch berücksichtigt also mit Ausnahme der deutschen Sprache noch keinen der von Winter aufgestellten Grundsätze, die zu einer wirksamen Reform des Rituale führen könnten. – Vgl. auch Anm. 687.
227 Versuche 174.

allmähliche Vermehrung; aber auch allmähliche Verderbung der liturgischen Bücher durch die Päbste — häufiger Same des Unkrauts mitten unter dem Waitzen ist das Kennzeichen der zweiten Periode — immer neue Zusätze zu den Büchern des äußeren Gottesdienstes; aber auch immer neue Zusätze zu dem Aberglauben — öfters gewagte; aber auch allemal mißlungene Versuche, die liturgischen Bücher zu verbessern, ist die Charakteristik der dritten Periode."[228] Darin zeigt sich, daß die Liturgie — insofern sie Menschenwerk ist[229] — nicht mit der fortschreitenden Entwicklung der menschlichen Kultur und Bildung Schritt halten konnte. Während „alle Zweige des menschlichen Wissens und Handelns von dem Lichte der Aufklärung mehr oder weniger genossen, blieb das Feld der Liturgie vollends unbebaut liegen, und wurde wie jedes andere öd liegende Feld mit Unkraut, Disteln und Dörnern überzogen. Ja selbst diejenigen, welche Hand anlegten, oder anlegen ließen, um die Liturgie zu verbessern, haben entweder nur die Außenseite berührt, oder, wenn sie in das Innere drangen, statt das Unkraut auszureißen, oft noch neuen Samen davon, ohne es selbst zu wissen, und zu wollen, ausgestreut."[230] So erweist die historische Analyse den augenblicklichen defizienten Zustand der Liturgie als Produkt der Geschichte. Der Vorwurf, daß die Aufklärungsliturgiker ungeschichtlich dächten, wie überhaupt die gesamte Aufklärung kein geschichtliches Bewußtsein habe, ist deshalb nicht begründet. Man hat die Bedeutung der Geschichte gesehen, aber deren Verlauf vorwiegend negativ beurteilt als Geschichte des Verlustes des ursprünglichen Idealzustandes[231]. Die Möglichkeit einer Verbesserung des augenblicklichen Zustandes der Liturgie sieht Winter daher auch nicht in einer Wiederaufnahme traditioneller Formen und Anschauungen, sondern in einer gänzlichen Umwandlung der Liturgie. Die „Versuche" Winters zeigen somit eine konsequente Anwendung seines kritischen Ansatzpunktes, wie er uns bei der Beurteilung der Feiertage begegnet ist, auf die Gesamtliturgie.

---

228 Ebd. Xf.
229 Mit Ausnahme der wenigen von Christus eingesetzten Zeremonien ist in der Liturgie nach Winter alles Menschenwerk. Vgl. Versuche 80.
230 Ebd. 80f.
231 Vgl. dazu A. *Selmar,* Die öffentlichen Gottesverehrungen. — Vgl. auch W. *Trapp,* Vorgeschichte und Ursprung 62 und A. *Ehrensperger,* Die Theorie 32—35.

Es fällt sofort wieder die Parallelität mit dem Fortgang der Liturgiereform des 20. Jahrhunderts auf. Sie zeigt sich in der Ausweitung des kritischen Ansatzpunktes auf die gesamte Liturgie mit Hilfe eines Geschichtsentwurfes. Beidemale geschieht nämlich die Ausweitung einer Einzelkritik zu einer Gesamtkritik dadurch, daß mit den Prämissen des Ansatzes durch historisch-kritische Analysen unter der Voraussetzung der Idealität und Übertragbarkeit des Urzustandes auf heute alle liturgischen Vollzüge in Frage gestellt werden. Beidemale wird die gesamte Liturgiegeschichte einbezogen und in den geschichtlichen Fakten die Begründung für die geforderten Veränderungen gesehen[232]. Gemeinsam ist dabei dem Geschichtsentwurf beider Epochen die stillschweigende Voraussetzung, daß es um die Rückkehr zu den Ursprüngen geht, daß dort die reine und unverfälschte Gottesverehrung zu finden sei und daß die Reproduktion oder wenigstens die Angleichung an diesen Idealzustand auch die heutigen Probleme der Liturgie lösen kann. Gemeinsam ist ausserdem beiden Epochen auch die Radikalität der Forderung nach Veränderung, da die in langer Geschichte gewachsene römische Li-

---

[232] Beispielhaft sei auf das Lebenswerk Jungmanns hingewiesen, der durch seine historisch-kritischen Forschungen den Weg zu einer erneuerten, pastoral ausgerichteten Liturgie bahnen wollte. S. dazu die Verzeichnisse der Veröffentlichungen Jungmanns: F. X. *Arnold* – B. *Fischer* (Hg.), Die Messe in der Glaubensverkündigung 377–382; B. *Fischer* – J. *Wagner* (Hg.), Paschatis Sollemnia 357–361 und Zeitschrift für Katholische Theologie 91 (1969) 510–514 u. ebd. 97 (1975) 223f. – Der Geschichtsentwurf Winters weist außerdem daraufhin, daß man der Aufklärungsliturgie nicht ohne weiteres „Geschichtslosigkeit" vorwerfen kann. So meint z. B. Th. *Filthaut*, Grundfrage 26: „Wie dem aufklärerischen Denken überhaupt der Sinn für die Geschichte und für die Tradition mangelte, so fehlte es entsprechend auch an Verständnis für die geschichtliche Entwicklung der kirchlichen Liturgie." Oder vgl. J. A. *Jungmann*, Art. Liturgiewissenschaft: Sacramentum Mundi III 284: „Die geschichtsfremde Zeit der Aufklärung war der Liturgie nicht günstig." – Man müßte wohl eher das Urteil der Geschichtslosigkeit dahingehend präzisieren, daß die Aufklärungsliturgiker die Geschichte einseitig zur Legitimation einer als defizient festgestellten liturgischen Entwicklung verwendeten. – Außerdem gilt es den Satz Funkes zu überlegen: „Die vermeintliche ‚Ungeschichtlichkeit' aufklärerischen Denkens wird nicht dadurch gerächt sein, daß es selbst ‚ungeschichtlich' gesehen wird." G. *Funke*, Aufklärung – eine Frage der moralischen Haltung: H.-J. *Schoeps* (Hg.), Zeitgeist der Aufklärung 13.

turgie von solchem Anspruch her eigentlich nicht mehr verbessert werden kann, sondern umgebildet werden muß. Es verwundert daher nicht, daß die Forderung nach Einführung der Muttersprache, nach Mannigfaltigkeit, Umbildung der liturgischen Bücher und Vereinfachung der Riten beiden Epochen gemeinsam ist.

Ein wesentlicher Unterschied fällt aber sofort auf. Während Winter aus seinem Gesamtbild der Liturgiegeschichte eine dekadente Entwicklung aufzeigt und entsprechend radikale Forderungen nach Veränderung ableitet, ist z. B. bei J. A. Jungmann in einem ähnlichen Geschichtsentwurf zwar auch die Voraussetzung impliziert, daß die urkirchliche Liturgie ein normgebendes Ideal sei. Die weitere Entwicklung der Liturgie wird aber differenzierter gesehen. Der gegenwärtige Zustand der Liturgie, wie ihn Jungmann als durch Jahrhunderte geheiligten vorfindet, wird in sich als unter der Führung des Heiligen Geistes gewachsen bejaht. Nur Fehlentwicklungen und Wucherungen werden als durch die Reflexion auf den Urzustand kritisierbar angesehen[233]. Jungmann kommt deshalb in keiner Weise zu so radikalen Forderungen, wie sie Winter stellt. Dieser Unterschied ist umso bedeutsamer und bedenkenswerter, als die Infragestellung des gesamten liturgischen Gebäudes, die bei Winter explizit gefordert wird, teilweise durch das Werk Jungmanns tatsächlich in die Wege geleitet wurde. Was Winter gefordert hat, ist faktisch 150 Jahre später durch Jungmann und andere — manchmal sogar gegen deren Willen[234] — veranlaßt worden.

3.6.2 Problemstellung

Die existentielle Beschäftigung mit der Liturgiegeschichte zeigt deren Wandelbarkeit auf und stellt notwendigerweise die gegenwärtige Liturgie in ihrer konkreten Form in Frage. Die Liturgie muß sich

---

[233] Vgl. *J. A. Jungmann*, Missarum I 5f: „Diese Idealbilder vergangener Entwicklungsphasen dort wieder aufzuhellen, wo sie verdunkelt und wo ihre Gestaltungen verkümmert sind, das ist... die eigentliche Aufgabe der Liturgiegeschichte."

[234] So bemerkte Jungmann einmal in einem persönlichen Gespräch gegen Ende der 60iger Jahre: Die Liturgiereform ist in Gefahr, in die Gosse zu geraten.

als kirchlich gesellschaftliche Größe diese geschichtliche Infragestellung gefallen lassen. Sie ist sogar im Sinne der Rationalität und intellektuellen Ehrlichkeit als selbstverständlich notwendig anzusehen. Kein Urteil ist damit aber noch abgegeben in der Frage, aus welchem Vorverständnis heraus liturgiegeschichtliches Forschen der augenblicklichen Situation nützt und welches ihr schadet, bzw. sie mißversteht. Wie bereits beim Ansatzpunkt hat auch bei der Ausweitung der Kritik auf die Gesamtliturgie sowohl der Inhalt des vom Vorverständnis her in Frage gestellten liturgischen Geschehens als auch die Art und Weise, in der diese Fragestellung geschieht, entscheidende Bedeutung.

Bei Winter ist der Inhalt dadurch definiert, daß er alles außer den neutestamentlichen Berichten in Frage stellt und genau weiß, daß der Inhalt der Liturgie von den Faktoren Belehrung und Erbauung her zu bestimmen ist. Da nun vom Neuen Testament her praktisch keinerlei Form der gegenwärtigen Liturgie eindeutig legitimiert werden kann und von der Zielvorstellung der Belehrung und Erbauung her auch nicht eindeutig definierbar ist, folgt für Winter, daß inhaltlich die Liturgiereform *alle* vorhandenen Formen betrifft und der Kritik bzw. der Veränderung unterstellt. Für ihn handelt es sich in der Liturgie um den äußeren Gottesdienst. Er ist Menschenwerk und deshalb in seiner Art kategorial und veränderbar.

Tatsächlich ist die Art und Weise, in der Winter mit Hilfe der Historie dieses Ergebnis untermauert derart, daß er nie nach dem Sinn der liturgiegeschichtlichen Entwicklung fragt, sondern ihre Negativität und Unsinnigkeit voraussetzt. Man vermißt bei Winter die Frage nach dem inneren Sinn der liturgischen Entwicklung. Dementsprechend kann er – trotz der Forderung nach deutscher Sprache, Mannigfaltigkeit und Neuformulierung von Texten – vielen Anliegen der bestehenden Liturgie seiner Zeit nicht gerecht werden. Er fordert zwar sinnvolle Veränderungen der Liturgie; er tut das aber in einer Art und Weise, in der ein fixiertes und der Liturgie fremdes Kriterium – biblischer Bericht und zeitgeschichtlich-humanwissenschaftliche Zielvorstellung – zur Kritik der Liturgie verwendet werden und die Sinnfrage, d. h. die Relation zwischen den Bedürfnissen und Sehnsüchten des Menschen und der gewachsenen Liturgie außeracht gelassen wird.

Ist es legitim, sich in einer solchen Weise über die eigene Geschichte zu stellen? Ist es gerechtfertigt, daß Winter alles Bemühen vor seiner Zeit der Aufklärung nur als Abfall, Irrtum, Entstellung, Schädigung der Liturgie bezeichnet? Ist es wahrscheinlich, daß er das Streben des Menschen nach Begegnung mit Gott in der Liturgie in einer solchen Weise verstanden hat, daß er alle Vorläufer und Zwischenglieder hin zu den Anfängen einfach negativ qualifizieren konnte?

Die Liturgiereform des 20. Jahrhunderts unterscheidet sich dem Inhalt nach in dieser Phase — Anwendung der historischen Kritik auf die Gesamtliturgie — wesentlich von Winter. Sie ist gerade dadurch qualifiziert, daß sie die Form der gewachsenen Liturgie — z. B. der Eucharistiefeier — als gewachsener anerkennt und bejaht. So wurde z. B. im Gegensatz zu Winter weder die Gültigkeit des römischen Kanons noch die bleibende Bedeutsamkeit der liturgiegeschichtlich gewachsenen Meßform in Frage gestellt. Dem entspricht, daß in Fortführung des Ansatzes nicht Belehrung und Erbauung, sondern das latreutische Element und dessen aktualisierende Bewahrung das Anliegen der Liturgiereform bestimmten.

Die Art und Weise, in der die Liturgiereform des 20. Jahrhunderts den ihr eigenen Ansatz — Verlebendigung der Eucharistiefeier — auf die gesamte Liturgie mit Hilfe historischer Kritik ausweitet, steht nun aber wiederum unter methodischer Rücksicht zu Winter in bedenklicher Nähe. Aus der angewandten Methode — liturgiegeschichtliche Aufhellung mit kritischer Absicht — ist in keiner Weise ein Kriterium ersichtlich, das die faktische Begrenzung des durch liturgiegeschichtliche Untersuchungen betroffenen Kritikbereiches einschränkt und positiv aufzeigt, warum sowohl wesentliche, aber gewachsene Texte, als auch zur Form gewordene und als solche bejahte Größen durch die Art und Weise der historischen Kritik nicht in Frage gestellt werden sollten.

3.6.3 Impulse

Vergleicht man also die Ausweitung der Kritik Winters auf die Gesamtliturgie mittels historischer Kritik mit der entsprechenden Phase der Liturgiereform des 20. Jahrhunderts, so wird zunächst eine Paradoxie sichtbar — und zwar jene Paradoxie, daß Winter, der die totale Veränderung der Liturgie anstrebte, nichts an Veränderung in seiner Zeit bewirkte, während die Liturgiker des 20. Jahrhunderts, soweit sie sich in dieser Phase der Ausweitung des liturgiekritischen Ansatzes auf die Gesamtliturgie in den Dienst kleiner Veränderungen der bestehenden und von ihnen anerkannten Liturgie stellten, eine weitgehende, den Forderungen Winters entsprechende Änderung der römischen Liturgie erzeugten. Weiters wird aus dem Vergleich mit Winter in der mangelnden Reflexion der die historische Rückfrage in ihrer Bedeutung relativierenden Kriterien eine uns von der beginnenden Liturgiereform auferlegte Problematik liturgischer Erneuerung sichtbar: Danach gibt es eigentlich keinen Grund, warum aus Gründen der Erbauung und Belehrung bzw. der Gemeinschaftserfahrung und Verständlichkeit irgendein inhaltlicher Teil der Liturgie — auch nicht der Wortlaut der Wandlungsworte! — und irgendeine vorgegebene Form — auch nicht der Meßaufbau in seinen wesentlichen Teilen! — beibehalten werden müßte. Von den Voraussetzungen der Erneuerung heutigen liturgischen Lebens mit Hilfe historisch-kritischer Rückfrage spricht nichts dagegen, eine im Verhältnis zur Messe anders geformte Veranstaltung — wie z. B. eine Geburtstagsfeier — bei entsprechender Intention im Sinne der inneren Gottesverehrung als Messe zu verstehen, da ja auch dort gilt: Wo zwei oder drei in meinem Namen versammelt sind, bin ich mitten unter ihnen (Mt 18,20).

Positiv ergibt sich aus dem Vergleich mit Winter, daß die bei ihm und in der heutigen Liturgiereform in dieser Periode nicht reflektierten Kriterien faktisch von den Liturgiewissenschaftlern des 20. Jahrhunderts in ihrer historischen Fragestellung beachtet wurden. Denn der äußere Gottesdienst wird in dieser Periode der Liturgiereform des 20. Jahrhunderts nicht vom inneren getrennt, er wird als Zeichen verbunden gesehen mit dem Bezeichneten. Die vom Ansatz her unbegrenzte Kritisierbarkeit des Inhalts liturgischer Vollzüge und der liturgisch vorgegeben Formen wird damit durch eine, wissenschaftlich zwar nicht fundierte, aber wirksame Ehrfurcht vor der bestehenden Liturgie relativiert.

Wiederum zeigt sich ein doppelter Aspekt für einen Lernprozeß durch den Vergleich der Liturgiereform bei Winter und heute. Einerseits wird die Unzulänglichkeit einer nur in historisch-kritischer Kritik begründeten Theorie für eine Liturgiereform sichtbar. Andererseits wird aufgedeckt, daß Ehrfurcht vor der Tradition — und damit vor der bestehenden Liturgie — und Anwendung historischer Kritik auf die Liturgie keine Gegensätze sind, die nicht vermittelbar wären. Denn aus dieser Gegensätzlichkeit — Ehrfurcht vor der Tradition und historisch-kritische Rückschau — ist sowohl die Bedeutsamkeit der Liturgiekonstitution des Zweiten Vatikanischen Konzils als auch die tatsächliche — heute nur noch von extremen Gruppen in Frage gestellte — Gültigkeit der Vergegenwärtigung des Heilsgeschehens innerhalb einer wandelbaren und sich eben darin als unwandelbar erweisenden Liturgie verstehbar.

4 Liturgiereform:
Theorie der öffentlichen Gottesverehrung

4.1 Notwendigkeit einer neuen Theorie des Gottesdienstes

Nachdem Winter den augenblicklichen unzulänglichen Zustand der Liturgie mit Hilfe der historisch-kritischen Methode als Abweichung von Sinn und Funktion der ursprünglichen Liturgie erklärt hat, unternimmt er den Versuch, den ursprünglichen Sinn des Gottesdienstes in die Welt der Aufklärungszeit zu übersetzen. Das geschieht dadurch, daß er die seiner Kritik zugrundeliegenden Anschauungen explizit macht und sie als Basis zukünftiger liturgischer Reformen theoretisch-systematisch in einem Entwurf darstellt.

War das Vorgehen in seinen „Versuchen" ein weithin negatives, indem er Deformationen der Liturgie aufdeckte, so ist die Erstellung des der Kritik zugrundeliegenden Entwurfes der positiv-aufbauende Schritt. Daß Winter diesen Schritt geleistet hat — sowohl theoretisch als auch praktisch —, enthebt ihn und andere Aufklärungsliturgiker des Vorwurfes, rein destruktiv-kritisch gewesen zu sein[235].

---

235 So z. B. W. *Birnbaum*, Die katholische liturgische Bewegung 11f: „Die Aufklärungszeit hat jedes Interesse an der Liturgik verloren." Sie habe — vor allem im Protestantismus — „die vorhandenen Liturgien ohne jedes historische Verständnis verstümmelt und ohne alles Gefühl für ihr Wesen verkürzt". — Vgl. auch J. A. *Jungmann*, Missarum I 202 und besonders einseitig R. *Stählin*, Die Geschichte des christlichen Gottesdienstes 71f. — Überhaupt werden alle jene Urteile, die global mit der Aufklärung abrechnen, dieser Epoche nicht gerecht. Vgl. dazu A. *Ehrensperger*, Die Theorie 9f. — Zur Beurteilung vgl. auch L. *Thalhofer*, Handbuch I 166, der in der Aufklärungsliturgie einen beklagenswerten „Verfall" sieht, oder L. *Eisenhofer*, Handbuch I 141, der sie einen jähen „Absturz" nennt. S. auch P. *Graff*, Auflösung aller Formen II. — Thalhofer

Ansätze zur Reform deutete Winter bereits in seinen „Versuchen" an[236]. In seinem 1809 erschienenen Buch „Liturgie was sie seyn soll unter Hinblick auf das, was sie im Christenthume ist, oder Theorie der öffentlichen Gottesverehrung vermischt mit Empyrie, München 1809", das als sein Hauptwerk bezeichnet werden kann, erfahren sie dann eine gründliche, auch das ihnen zugrundeliegende Religionsverständnis implizierende Darstellung.

Winter ist aus der historischen Kritik klar geworden, daß der äussere Gottesdienst als „Menschenwerk" der Veränderung unterworfen ist. Die Arbeit der Päpste und Bischöfe, die in den Lektionaren, im Missale, im Rituale und im Brevier sichtbar wird, ist ein Zeugnis dafür. „*Man darf ändern;* nur die Lehren der Religion sind *wesentlich* und *unabänderlich,* wie Gott, aus dem sie hervorgingen, aber die *Art,* sie mitzuteilen ... ist zufällig."[237] Der Wunsch nach Veränderung der Liturgie ist aber um die Wende des 18. Jahrhunderts nicht mehr nur als Postulat einiger Gelehrter greifbar, sondern als ein alle Schichten umfassendes Bestreben[238]. Das Bedauerliche ist nach Winter dabei nur, daß die wissenschaftlichen Werke der Liturgiker jener Zeit dem neuen Problembewußtsein nicht Rechnung tragen, sondern sich darauf beschränken, „den Ursprung und den Sinn der Zeremonien aufzusuchen ... Ihr Feld ist bloß das Geschichtliche."[239] Das starre Festhalten am Gegebenen, nur weil es alt ist

---

hat sich wohl getäuscht, wenn er von den Reformen der Aufklärungszeit sagte: „Gleich einer Seifenblase sind sie verschwunden und haben gegenwärtig nur noch Wert, als Krankheitssymptome zur Charakterisierung der Zeit zu dienen, welcher sie entstammen." L. *Thalhofer,* Handbuch I 171. — Man kommt eben auch in der Beurteilung des Aufklärungszeitalters nicht weiter durch „stereotype Wiederholung der klassischen Aufklärungspositionen und ihrer Illusionen ... (womit man diese Aufgabe gerne denunziert und dabei gleichzeitig die tatsächlich von der Aufklärung gestellten Probleme erneut verdrängt)". J. B. *Metz,* Kirchliche Autorität im Anspruch der Freiheitsgeschichte: J. B. *Metz* — J. *Moltmann* — W. *Oelmüller,* Kirche im Prozeß der Aufklärung 66.

236 S. Versuche 146—175.
237 Theorie III.
238 Vgl. Theorie 1. — S. auch W. *Trapp,* Vorgeschichte und Ursprung 19—189; S. *Merkle,* Die katholische Beurteilung 31—47 und A. *Ehrensperger,* Die Theorie 11.
239 Theorie 3.

und deswegen immer als das Bessere qualifiziert wird, läßt keine Neuerungen zu. Demgegenüber betont Winter, daß gerade die Veränderung der Liturgie Ausdruck dafür ist, daß die Liturgie mit der übrigen Entwicklung des menschlichen Geistes Schritt hält. Würde sie das nämlich nicht tun, wäre die Gefahr sehr groß, daß in der Liturgie Dissonanzen zu „anderseitigen Fortschritten des menschlichen Geistes"[240] auftreten. Die Protestanten sind nach Winter diesbezüglich schon weiter fortgeschritten. Sie sind aufgrund der Reformation freier, „unaufhörlich vorwärts zu rücken"[241], während der Katholik noch viele Vorurteile bekämpfen, Berge übersteigen und „vieles Gezeug aufräumen"[242] muß.

Die Erstellung einer Theorie für eine der Situation entsprechenden Liturgie ist daher für Winter oberstes Gebot der Stunde. Diese Theorie ergibt sich dadurch, daß er aus seinen Beobachtungen und Reflexionen und aus seiner Praxis allgemeine Grundsätze für eine Verbesserung der Liturgie ableitet, die wiederum mit der Empirie konfrontiert werden, um nicht mit irgendwelchen Postulaten Ideale zu verfolgen, die nicht in die Praxis umsetzbar sind[243]. Winter betont,

---

240 Ebd. IV.
241 Ebd. 6.
242 Ebd. 5. — Die positive Beurteilung der protestantischen Bemühungen, die besonders auch aus den geschichtlichen Werken Winters ersichtlich ist — vgl. z. B. die „Geschichte der Schicksale" —, haben Winter den Vorwurf der Ketzerei eingetragen. Vgl. Zwei Worte: Sammlung der liturgischen Schriften. 3. Abhandlung, in der Winter als „Erzketzer"bezeichnet wird, „weil sein Werk nicht nur 2, 3 oder 4 Ketzereien, sondern fast alle wieder auftischet, welche von den Aposteln, Kirchenväthern, und von der h. katholischen Kirche durch alle Jahrhunderte sind verdammt und verworfen worden", und ein „getreuer Anhänger des *Luthers* und *Calvins*" genannt wird. Ebd. 5.
243 Das betont bereits der Titel seines Buches. Diese praktisch-pastorale Ausrichtung der liturgischen Theorien ist für das Verständnis der Aufklärungsliturgie sehr wichtig. „Die Aufklärung weist ... im Gegensatz zur vorhergehenden Zeit eine vorwiegend praktische Stellungnahme zur Liturgie auf." W. *Trapp*, Der Ursprung 2. Darum spricht man auch von der Aufklärungsliturgik als „Pastoralliturgik". Vgl. *ders.*, Vorgeschichte und Ursprung 43f. — Hollerweger berichtet, daß z. B. Joseph II. öfters theologische Spekulationen abgelehnt habe, „etwa in der Ablaßfrage, und praktische Lösungen verlangt" habe, „die dem Volke einen Nutzen bringen". H. *Hollerweger*, Die Gottesdienstreform 451. — Vgl. auch A. *Ehrensperger*, Die Theorie 103f, der betont, daß die „pädagogische Auffassung

daß er „von Liturgie, nicht von Dogmatik, von der *Lehrmethode,* nicht von der *Lehre* selbst" schreibt, damit der Leser nicht „den Kern mit der Schale, nie die Form mit der Sache, nie die Darstellungsart mit dem dargestellten Gegenstand"[244] verwechsle.

Methodisch geht Winter bei seinem Entwurf einer neuen Theorie des Gottesdienstes von der Unterscheidung zwischen innerer und äußerer Religion aus und bestimmt deren je spezifische Funktion und gegenseitiges Verhältnis. Dann erarbeitet er die Zwecke der im Dienste der äußeren Religion stehenden äußeren Gottesverehrung und behandelt die sich daraus notwendig ergebende Pflicht, am öffentlichen Gottesdienst teilzunehmen. Eine Analyse der Ursache des Niederganges der Liturgie und die daraus deduzierten Grundsätze für eine Umbildung der Liturgie, um ihr ihre Effektivität wiederzugeben, schließen das Werk ab.

4.2 Die Grundlage einer neuen Gottesdiensttheorie: Der „Sitz des Religionsprinzips"

Die Theorie einer veränderten Liturgie hat nach Winter naturgemäß bei den Grundlagen der Liturgie anzusetzen[245]. Darum schickt er seiner Theorie des Gottesdienstes einige Anmerkungen über den Religionsbegriff voraus. Da liturgische Vollzüge religiöse Phänomene sind, kommt er nicht umhin, den Umkreis dessen, was das Wort Re-

---

des öffentlichen Gottesdienstes im 18. Jh. sehr weit gefaßt wird. Sie umfaßt ebenso das Erkenntnis- und Empfindungsvermögen, wie auch die Fähigkeit zur Gemeinschaft".

244 Vgl. Theorie 11. — Winter trifft sich darin mit heutigen Legitimationen für kirchliche Reformen. Das Zweite Vatikanische Konzil betonte z. B. sehr stark, daß es ein Pastoralkonzil sei, also nicht Glaubens- und Sittensachen, sondern pastorale Anliegen behandeln wolle. Daß sich weder bei Winter noch in der heutigen Reform diese Unterscheidung sachlich durchgehalten hat, liegt in dem unauflöslichen Abhängigkeitsverhältnis von Form und Inhalt, Darstellungsart und dargestelltem Gegenstand.

245 Winter setzt damit viel grundsätzlicher an als W. *Schröter,* Ueber die Möglichkeit und Beschaffenheit einer Theorie der Liturgie: Liturgisches Journal 8 (1809) 266—292. Schröter versteht unter einer Theorie der Liturgik nur die Systematisierung der das Wesen der Liturgie betreffenden Künste wie Malerei, Baukunst, Musik, Poesie, also den gesamten ästhetischen Bereich, der den Menschen als „sinnliches" Wesen betrifft.

ligion meint, andeutungsweise abzustecken. Daß dies nicht eindeutig geschehen kann, beweist die Tatsache, „daß diese Begriffe (von der Religion) immer so verschieden waren, als die Nationen, unter denen sie herrschten, und daß in jeder Nation wenigstens die niedrige arbeitende Klasse mit den sorgfältig Erzogenen, und im Nachdenken Geübten von Religion nie enerley Begriffe hatten"[246].

Zunächst diskutiert Winter zwei Positionen bezüglich des Sitzes des Religionsprinzips allgemein. Eine Gruppe konzipiert Religion als das religiöse Gefühl, als den religiösen Trieb. Winter zitiert Horst als einen Vertreter dieser Gruppe, die Religion als Gefühl und Trieb ansieht, „wodurch diese Beschränktheit unserer Natur gleichsam aufgehoben wird, wodurch ich mich ins Unendliche verliere, indem ich mich als geistiger Theil von einem übersinnlichen Ganzen gleichsam auflöse . . ."[247]. Diese „subjektive Stimmung" oder „Empfindung der Seele" kommt aus dem Herzen. Religion hat bei jenen ihren Sitz im Herzen des Menschen; sie ist „Poesie im höheren Sinne dieses Wortes"; sie ist „aus dem Gebiete der Vernunft . . . in jenes des Herzens"[248] gesetzt. Religion kann deshalb auch nicht durch Unterricht von außen in das Innere verpflanzt werden, sondern kann sich höchstens an sichtbaren Gegenständen äußern. Thesenhaft formuliert Horst: „Das Prinzip der Religion ist im Gefühl- und Phantasievermögen des Menschen zu suchen."[249]

Winter warnt vor den Folgen einer derart konzipierten Religion. Man müßte dann — wie es Horst z. B. auch tut — streng zwischen Glauben und Religion unterscheiden. Glaube wäre „Sache des gemeinen Haufens", der zu höheren Gefühlen gar nicht fähig ist. Religion dagegen wäre „das Eigenthum des Menschen, der durch die Veredelung, und Schönheit seiner Gefühle, und Phantasie die Vereini-

---

246 Theorie 13.
247 Winter zitiert hier einen nicht näher bestimmten Horst (wahrscheinlich handelt es sich um G. C. Horst — vgl. P. *Graff,* Geschichte der Auflösung II 25 passim) mit einer Abhandlung über die Frage: „Ist die Religion mehr aus dem Gesichtspunkte einer Szienz, und des Systemes, oder mehr als Dichtung, oder mehr als Mythologie zu betrachten", die nach Winter „im Schriftforscher zur Belebung eines gründlichen Bibelstudiums etc. von Wilhelm Scherer St. I. Weimar 1803" erschienen ist. Zitat hier nach Theorie 14.
248 Theorie 15f.
249 Zitiert nach Theorie 16.

gung mit dem Göttlichen (oder der übersinnlichen Welt) als das Höchste erkennt, wonach er strebt"[250]. Eine solche Religion wäre außerdem nicht auf den „Einklang der Köpfe, sondern der Herzen"[251] angewiesen. Und damit sind der Willkür, der Irrationalität Tür und Tor geöffnet, denn „die Phantasie hat viel größere Sünden begangen"[252] als es jemals die Vernunft konnte. Die Religion des Herzens allein ist somit nicht zureichend, sie muß sich „der Oberaufsicht der leitenden Vernunft"[253] unterwerfen, damit diese die Grenzen jener aufzeige. Winter zitiert dazu Meiner als Zeugen: „Alle Religionen, die gleichsam von selbst in *unaufgeklärten Zeitaltern* entstunden, waren und sind ohne Ausnahme Quellen von Aberglauben, Bedrückung und Sittenverderbnis."[254]

Eine zweite Gruppe sieht den Sitz des Religionsprinzips allein im Verstand. Beispiele dafür, daß Religion auf das bloße Glauben, auf das weite Feld der Spekulation und der Spitzfindigkeit beschränkt ist, lassen sich „seit dem Entstehen der Scholasterey"[255] ungezählte anführen. Winter sieht den Versuch, die Religion nur im Verstand anzusiedeln und damit alles Sinnliche als Anthropomorphismus aus der Religion zu verdrängen, als jenes unselige Erbe an, das die „verflossenen Jahrhunderte dem Unserigen überlieferten". Nach ihnen müssen „diese sinnlichen irreleitenden Begriffe von Gott ... dem Lichte der unaufhaltsam fortschreitenden Aufklärung weichen"[256].

Aber auch die Religion des Verstandes reicht allein nicht aus. Denn die „Religion hat ihren Werth von dem praktischen Einfluß auf das menschliche Leben"[257]. Erkenntnis von gut und bös allein ist eben nur Erkenntnis, ist Produkt des Verstandes und noch lange nicht religiöse Praxis. Hier wird ersichtlich, wie sehr Winter — wie überhaupt viele Aufklärungstheologen — Religion vom pragmatischen Aspekt aus betrachtet. Winter steht damit im Gefolge Kants, der Re-

---

250 Ebd.
251 Ebd. 17.
252 Ebd. 18.
253 Ebd.
254 Grundriß der Geschichte aller Religionen. Zitiert nach Theorie 18.
255 Theorie 21. — Verstand und Vernunft werden von Winter in seinen Schriften synonym gebraucht.
256 Theorie 22.
257 Ebd. 23.

ligion definiert als „das Erkenntniß aller unserer Pflichten als göttlicher Gebote", woraus folgt, „daß in ihr, was das theoretische Erkenntniß und Bekenntniß betrifft, kein assertorisches Wissen (selbst des Daseins Gottes nicht) gefordert wird, weil bei dem Mangel unserer Einsicht übersinnlicher Gegenstände dieses Bekenntniß schon geheuchelt sein könnte; sondern nur ein der Speculation nach über die oberste Ursache *problematisches* Annehmen (Hypothesis), in Ansehung des Gegenstandes aber, wohin uns unsere moralisch gebietende Vernunft zu wirken anweiset, ein dieser ihrer Endabsicht Effect verheißendes *praktisches* (Hervorhebung von mir!), mithin freies *assertorisches* Glauben vorausgesetzt wird, welches nur der *Idee von Gott,* auf die alle moralisch ernstliche (und darum gläubige) Bearbeitung zum Guten unvermeidlich gerathen muß, bedarf, ohne sich anzumaßen, ihr durch theoretische Erkenntniß die objective Realität sichern zu können"[258].

Damit Religion diesem pragmatischen Aspekt gerecht wird, sind Herz und Phantasie unbedingt notwendig. Das christliche Altertum ist diesbezüglich wiederum Vorbild, weil dort die Kluft zwischen Verstand und Willen, zwischen religiösen Gedanken und religiösen Gefühlen vermieden und deswegen „das Religionsprinzip nicht bloß in den Kopf, sondern auch, und vorzüglich ins Herz"[259] gesetzt wurde. Die volle religiöse Befriedigung — die innere Religion also — geht daher nach Winter nur „aus der praktischen Harmonie der Religion des Herzens mit jener der Vernunft hervor"[260]. Weder die Überbetonung des Vernunftvermögens noch die des „Begehrungsvermögens" bezüglich der Religionsbildung werden dem Phänomen Religion gerecht. Der Mensch ist ja bereits von Natur aus eine Verbindung von Vernunft und Sinnlichkeit. „Diese beyden Bestandtheile müssen

---

258 I. *Kant,* Die Religion 153f. — Winters Abhängigkeit von kantischen Ideen — vgl. A. *Vierbach,* Die liturgischen Anschauungen 45ff; P. *Graff,* Geschichte der Auflösung II 306; A. *Ehrensperger,* Die Theorie 49 — soll im folgenden näher aufgezeigt werden. — Daß der Einfluß Kants auch auf andere Gebiete kirchlichen Lebens übergriff, ist bekannt. Besonders stark war sein Einfluß auch auf die „Kanzelberedsamkeit". Vgl. J. *Kehrein,* Geschichte der katholischen Kanzelberedsamkeit 154—157.
259 Theorie 26. — Vgl. A. *Vierbach,* Die liturgischen Anschauungen 47.
260 Theorie 27.

also auch durch die Religion berücksichtigt, und in eine zwanglose Harmonie gebracht werden."[261]

4.3 Die äußere Religion und der äußere Gottesdienst in ihrem Verhältnis zur inneren Religion und zum inneren Gottesdienst

Nachdem Winter die innere Religion — und er meint damit die wahre Religion als die Verehrung Gottes im Geist und in der Wahrheit — als ein in Vernunft und Herz angelegtes Vermögen beschrieben hat, wendet er sich ausführlicher der äußeren Religion zu. Die Einteilung in innere und äußere Religion ist für die Aufklärungstheologie wesentlich. Kant hat diese Unterscheidung folgendermaßen theoretisch legitimiert: „Der wahre (moralische) Dienst Gottes, den Gläubige als zu seinem Reich gehörige Unterthanen, nicht minder aber auch (unter Freiheitsgesetzen) als Bürger desselben zu leisten haben, ist zwar so wie dieses selbst unsichtbar, d. i. ein *Dienst der Herzen* (im Geist und in der Wahrheit) und kann nur in der Gesinnung, der Beobachtung aller wahren Pflichten als göttlicher Gebote, nicht in ausschließlich für Gott bestimmten Handlungen bestehen. Allein das Unsichtbare bedarf doch beim Menschen durch etwas Sichtbares (Sinnliches) repräsentirt, ja, was noch mehr ist, durch dieses zum Behuf des Praktischen begleitet und obzwar es intellektuell ist, gleichsam (nach einer gewissen Analogie) anschaulich gemacht zu werden."[262] Winter baut auf diese Unterscheidung Kants auf.

Die innere Religion, die die einzig wahre und echte ist, bedarf aufgrund der leibgeistigen Konstitution des Menschen der äußeren Religion als ihrer „Offenbarung und Belebung": Der Zweck der äußeren Religion ist „Offenbarung und Belebung der innern Religion, und da diese sowohl den Verstand, als das Herz in Anspruch nimmt, so ist die Aufgabe der Aeußern, jenem Licht, und diesem Wärme zu verschaffen"[263]. Schon aus dieser Zuordnung wird ersichtlich, daß äußere Religion keinen eigenständigen Wert hat, sondern nur „Mittel zur Förderung der Innern" ist. Sie offenbart zwar

---

261 Ebd. 27f.
262 I. *Kant,* Die Religion 192.
263 Theorie 31.

die innere Religion und belebt sie auch, aber „sie ist ... eigentlich nicht Religion, sondern bloß Vehikel dazu, sie hat keinen absoluten, sondern einen bedingten Werth; insoferne sie nämlich die innere Religion, den reinen moralischen Lebenswandel fördert"[264]. Dementsprechend haben Gebet, religiöse Gesänge — also der äußere Gottesdienst — keinen Eigenwert, sondern das Gebet dient der Erbauung, „um unsern Geist zu erheben, unser Herz zu beruhigen, und zu reinigen", der religiöse Gesang hat die Funktion, daß „die religiöse Wahrheit mit den Reitzen der Musik und Dichtkunst ausgestattet, unserm Herzen mehr Interesse abgewinne"[265].

Es gab — so Winter — ja einmal eine Zeit, in der man den öffentlichen Gottesdienst „als einen der Gottheit zu leistenden Dienst ansah"[266]. Und die Zahl derer, die im Kirchengehen, im Anhören der Predigt den wahren Gottesdienst sehen, sei auch zu seinen Zeiten noch sehr groß, obwohl Kant diesem „Afterdienst" energisch entgegengearbeitet habe. Winter bezieht sich hier auf die Religionsdefinition Kants, in der dieser der irrigen Vorstellung vorbeugt, „als sei sie (d. i. die Religion) ein Inbegriff *besonderer,* auf Gott unmittelbar bezogener Pflichten" und dadurch vergütet, „daß wir nicht (wie dazu Menschen ohnedem sehr geneigt sind) außer den ethisch-bürgerlichen Menschenpflichten (von Menschen gegen Menschen) noch *Hofdienste* annehmen... Es giebt keine besonderen Pflichten gegen Gott in einer allgemeinen Religion."[267] Kant radikalisiert sogar noch seine These: „*Alles, was außer dem guten Lebenswandel der Mensch noch thun zu können vermeint, um Gott wohlgefällig zu werden, ist bloßer Religionswahn und Afterdienst Gottes.*"[268]

Daraus folgt bei ihm konsequent: „Der Wahn, durch religiöse Handlungen des Cultus etwas in Ansehung der Rechtfertigung vor Gott auszurichten, ist der religiöse *Aberglaube;* so wie der Wahn, dieses durch Bestrebung zu einem vermeintlichen Umgange mit Gott bewirken zu wollen, die religiöse *Schwärmerei.*"[269]

---

264 Ebd.
265 Vgl. ebd. 32.
266 Ebd. 33.
267 I. *Kant,* Die Religion 154.
268 Ebd. 170.
269 Ebd. 174.

Winter schließt an Kant an, wenn er meint: „Belehrung und Erbauung für den eigentlichen Gottesdienst ansehen, hieße den wahren Gesichtspunkt eben dieser Anstalten verrücken, die freye Aussicht ins Uebersinnliche hemmen, die Herrschaft des Guten hienieden beschränken und den Zeremoniendienst auf den Thron setzen."[270] Für den äußeren Gottesdienst ist es selbstverständlich, daß er bestimmte Orte braucht, an denen sich die Menschen versammeln; die innere Religion dagegen „kennt keinen andern Tempel, als das Weltall"[271]; die äußere Religion hat gewisse festgesetzte Zeiten, die innere ist an keine Zeit gebunden; bei „Ersterer gab, und giebt es verschiedene *Opfer*, Opfer der Lippen, als Gebete, Gesänge; Opfer der Hände, als Erdenfrüchte...; bey Letzterer nur *Eines* — den rein moralischen Lebenswandel"[272].

Die äußere Religion hat also nur Vermittlungsfunktion. Gerade darin liegt aber auch ihre Notwendigkeit. Darum ist auch der Ruf nach gänzlicher Abschaffung der Liturgie, der heute mancherorts im Zusammenhang der Frage nach der Liturgiefähigkeit des modernen Menschen ertönt[273], in der Aufklärungszeit nicht bekannt. Was in jener Epoche bei einigen Autoren durchscheint, ist der utopische Wunsch, daß eines Tages alle aufgeklärt sein und als Anhänger der wahren, rein geistigen Religion des äußeren Gottesdienstes nicht mehr bedürfen werden[274].

Winter versucht nun, den der äußeren Religion entsprechenden äußeren Gottesdienst näher zu bestimmen und teilt ihn in verschiedene Kategorien ein. Der äußere Gottesdienst zerfällt in einen Gottesdienst als *freien* Ausdruck der inneren Religion, der nicht an be-

---

270 Theorie 34. — Winter identifiziert also einerseits den inneren Gottesdienst mit dem kantischen „moralischen Lebenswandel" und den äußeren Gottesdienst mit dem kantischen „Hofdienst". Nur betont Winter im Gegensatz zu Kant viel stärker die Vermittlungsfunktion des äußeren Gottesdienstes.
271 Theorie 34.
272 Ebd. 35. — Die innere Religion erscheint hier als reines Abstraktum, das starke deistische Züge trägt. Sie ist somit die konsequente Weiterführung des diesem Religionsverständnis zugrundeliegenden Gottesbegriffes, wie ihn Winter in seinem „Meßbuch" explizieren wird.
273 Vgl. Gottesdienst in einem säkularisierten Zeitalter.
274 S. A. *Ehrensperger,* Die Theorie 59ff.

stimmte Räume, Zeiten und Zeremonien gebunden ist, und in einen *bestimmten* Gottesdienst, der diese Bindung braucht[275]. Der bestimmte Gottesdienst wird weiter in den *öffentlichen* und den *häuslichen* eingeteilt. „Wenn sich eine ganze Gemeinde, oder doch ein großer Theil davon zu bestimmten Zeiten, und in bestimmten Oertern der geistigen Ausbildung wegen versammelt, so entsteht der *öffentliche* äußere Gottesdienst..."[276] „Diesem steht der Privatgottesdienst gegenüber, welcher sich auf eine Familie, oder auch bloß nur auf ein Individuum bezieht, und daher der *häusliche* Gottesdienst, oder *Selbsterbauung* heißt."[277] Im folgenden wird vor allem vom äußeren, öffentlichen Gottesdienst die Rede sein[278]. Vom Zweck des äußeren Gottesdienstes her gesehen gibt es für Winter einen belehrenden und einen belebenden oder erbauenden Gottesdienst. Und ähnlich wie die äußere Religion „in die *Sinnliche im weiten,* und *Sinnliche im engen Verstande des Wortes*"[279] eingeteilt wird, je nachdem ob religiöse Wahrheiten bloß durch Worte oder explizit durch Bilder und Symbole dargestellt werden, so kann diese Unterscheidung auch auf den äußeren Gottesdienst angewandt werden. „Endlich wie die innere Religion in die *Natürliche* und *Geoffenbarte* zerfällt, so kann ich diese Eintheilung wohl auch auf die Aeußere übertragen."[280] Winter hält sich hier an Kants Einteilung der Religion, der sagt: „Diejenige, in welcher ich vorher wissen muß, daß etwas ein göttliches Gebot sei, um es als meine Pflicht anzuerkennen, ist die *geoffenbarte* (oder einer Offenbarung benöthigte) Religion: dagegen diejenige, in der ich zuvor wissen muß, daß etwas Pflicht sei, ehe ich es für ein göttliches Gebot anerkennen kann, ist die *natürliche Religion.*"[281] Dabei kann eine Religion eine natürliche und geoffenbarte zugleich sein, nämlich dann, „wenn sie so beschaffen

---

275 Theorie 35.
276 Ebd. 36.
277 Ebd.
278 Öffentlicher und äußerer Gottesdienst wie auch Gottesverehrung und Gottesdienst werden bei Winter gleichbedeutend gebraucht und deswegen auch im folgenden nicht unterschieden. Vgl. A. *Vierbach,* Die liturgischen Anschauungen 50.
279 Theorie 37.
280 Ebd. 38.
281 I. *Kant,* Die Religion 153f.

ist, daß die Menschen durch den bloßen Gebrauch ihrer Vernunft auf sie von selbst *hätten kommen können* und *sollen*. . ., mithin eine Offenbarung derselben zu einer gewissen Zeit und an einem gewissen Orte weise und für das menschliche Geschlecht sehr ersprießlich sein konnte, so doch, daß wenn die dadurch eingeführte Religion einmal da ist und öffentlich bekannt gemacht worden, forthin jedermann sich von dieser ihrer Wahrheit durch sich selbst und seine eigene Vernunft überzeugen kann. In diesem Falle ist die Religion *objectiv* eine natürliche, obwohl *subjectiv* eine geoffenbarte; weshalb ihr auch der erstere Namen eigentlich gebührt."[282] Die natürliche äußere Religion — und damit auch der natürliche äußere Gottesdienst — sagt daher Winter „erhielt durch unser Gefühlvermögen, und das Licht der Vernunft ihr Daseyn; die Geoffenbarte vorzugsweise durch Christus"[283].

Ähnlich wie die innere Religion in Verstand und Herz ihren ‚Sitz' hat, ist auch das Bedürfnis nach einer sichtbaren, sinnlichen äußeren Religion von seiten des Verstandes und des Herzens gegeben. Von seiten des Verstandes insofern als daß der „große Haufen", der „mindergebildete" Verstand, das „Volk", im Gegensatz zum „gelehrten Stande" zur Abstraktion nicht fähig ist und daher für die Begriffe unmittelbare Anschauungen benötigt. Die meisten religiösen Wahrheiten sind abstrakter Natur. Um sie verstehen zu können, ist die „Versinnlichung der vorzutragenden Wahrheit" für die meisten Gläubigen eine unabdingbare Voraussetzung. Das leistet die sinnliche Religion als jenes Mittel, das fähig ist, „die übersinnliche Wahrheit in den Volkskreis herabzuziehen, und dieselbe dem mindergebildeten Verstande recht nahe zu legen"[284]. Diese Übersetzung der „Vorschriften aus dem Reiche der Vernunft in jenes der Empfindung, aus der intelligiblen Welt in die Welt der Sinne"[285] durch Bilder, Zeichen und Symbole ist für die Wirksamkeit der Religion von größter Bedeutung. Winter mindert diese Bedeutung der sinnlichen Religion allerdings dadurch, daß er sie — in bezug auf den Verstand — als „religiöse Krücke" für den großen Haufen konzipiert.

---

282 Ebd. 155f.
283 Theorie 38.
284 Ebd. 43.
285 Ebd.

4 Liturgiereform

Von seiten des Herzens liegt das Bedürfnis nach einer äußeren, sinnlichen Religion viel tiefer; und zwar in der Natur des Menschen, der kein rein intelligentes, sondern ein „vernünftig-sinnliches" Wesen ist. Dementsprechend ist Religion nicht bloß ein rein geistiges Erkennen unserer Pflichten als göttlicher Gebote[286], sondern eine „Gemüthsstimmung", ein Streben, diese Gebote auch zu vollziehen. „Bleiben wir beym Erkennen allein stehen, und setzen wir das Wesen der Religion in geläuterten Begriffen, und in bloßer Ueberzeugung, so ist dieß nur ein anderer Weg..., um die Menschen von der eigentlichen Religion abzulenken; ehedem war sie bald ein blosses Spekulieren, bald ein bloßes Zeremonienwerk, und nun sinkt sie zu einem frostigen Vernunftdienst herab."[287] Die religiösen Gefühle fordern eine sinnliche Religion, in der Herz, Phantasie und Sinnlichkeit zum Tragen kommen, denn „Gründe" allein können nur den Kopf befriedigen, aber nicht das Herz. Winter postuliert damit eine Synthese von „räsonierenden" und sinnlichen Elementen in der äußeren Religion. In dieser Synthese gibt es aber eine für die Aufklärungszeit typische Maxime: „Die Vernunft darf nie im Dienste der Sinnlichkeit; wohl aber muß diese unter den Befehlen von jener stehen"[288]. Die Sinnlichkeit ist der Vernunft zugeordnet. Ihre Funktion wird darin gesehen, Vorschriften, Erkenntnisse, Anschauungen in den Herzen der Menschen zu versinnbildlichen und sie somit wirksamer in Handlungen überzuleiten, als es die bloße Vernunft könnte. Sinnlichkeit ist wirksamstes Mittel zum Zweck in einem Prozeß, in dem die Vorherrschaft der Vernunft unhinterfragt gefordert wird[289].

---

286 Vgl. Kants Definition der Religion.
287 Theorie 45.
288 Ebd. 48.
289 An diesem Punkt könnte eine sinnvolle Diskussion um die Problematik der Aufklärungsliturgie — und damit um das Denken der Aufklärung überhaupt — ansetzen. Keine Epoche der Geschichte betont bei näherem Hinsehen naiv verkürzt *einen* Aspekt, auch die Aufklärung nicht. Nur muß in jeder geschichtlichen Epoche bei dem Versuch, das Gesamte, die Totalität der Welt und der Geschichte zu fassen, eine *formale* Kategorie das richtungsweisende Prinzip sein. Für die Aufklärung war das sicher die Vernunft. Vgl. E. *Cassirer,* Die Philosophie der Aufklärung 1—47, der nachweist, daß das Wort ‚Vernunft' im 18. Jahrhundert nach dem Muster und Vorbild der Naturwissenschaften eine neue Qualifikation bekommt. Das 18. Jahrhundert nimmt die Vernunft nicht mehr als einen „festen *Gehalt* von Erkenntnissen, von Prinzipien, von Wahrheiten als

Sinnlichkeit gehört also wesentlich zur Religion. Dem widerspricht auch nicht die Bibel. Winter zitiert die — von allen „Gnostikern" immer wieder herangezogene — Stelle aus dem Gespräch Jesu mit der Samariterin im Johannesevangelium bezüglich der Anbetung

vielmehr als eine *Energie*; als eine Kraft, die nur in ihrer *Ausübung* und *Auswirkung* völlig begriffen werden kann. Was sie ist und was sie vermag, das läßt sich ... nur an ihrer *Funktion* ermessen." Ebd. 16. Ähnlich stellt Funke fest: „Die ‚differentia specifica' für das 18. Jahrhundert besteht nicht darin, daß hier statt der Richtung auf das Objekt etwa viel mehr das Interesse am Subjekt vorwalte, sondern darin, daß die Vernunftleistung als solche, daß der Entschluß zu einem bestimmten Vorgehen, daß das Durchhalten einer selbst gewählten Einstellung das Besondere ist." G. *Funke,* Aufklärung — eine Frage der moralischen Haltung: H.-J. *Schoeps* (Hg.), Zeitgeist der Aufklärung 21f. Die Aufklärung sieht nach Funke die Vernunft so, daß sie „allein Recht und Wirksamkeit auch des Widervernünftigen — also des Gefühls, der Leidenschaften, der Triebe, des Drangs und der Lust — feststellen kann, was eben das Nichtvernünftige, was Leidenschaften, Triebe, Lüste und Gefühle alle insgesamt nicht zu leisten vermögen". S. ebd. 23. — Ob die Vernunft der Aufklärung diese an sie gestellten Forderungen erfüllen konnte, ist mehr als fraglich. Vgl. dazu M.*Horkheimer* — Th. W.*Adorno,* Dialektik der Aufklärung 9: Die Aufklärung hat seit „je das Ziel verfolgt, von den Menschen die Furcht zu nehmen und sie als Herren einzusetzen. Aber die vollends aufgeklärte Erde strahlt im Zeichen triumphalen Unheils. Das Programm der Aufklärung war die Entzauberung der Welt. Sie wollte die Mythen auflösen und Einbildung durch Wissen stürzen." — Die Geschichte erwies das reine Vernunft-Ich als einen Mythos. Vgl. H. *Lenk,* Philosophie im technologischen Zeitalter. Stuttgart 1971, 57. — Ähnliches muß man wohl auch zu Funke sagen, wenn er feststellt: „Zu schnell geurteilt ist es, wenn man nun meint, hier liege eine mutwillige ‚Hypertrophie der Vernunft' oder des Verstandes vor. Die ‚Inthronisation der Vernunft' geschieht nicht von ungefähr. Sie ist nur möglich, weil der bis dahin verbindliche Glaube seine überzeugende Kraft verloren hat. Die Vernunft springt in die Bresche, wo die selbstverständliche Leitung einer Lebensführung durch den Glauben und seine Gebote zur Fiktion geworden ist ... Das Wagnis der Vernunft ist unternommen worden, wo die Gnade des Glaubens fehlte. Aus solcher Lage erklärt sich die Antwort, die die Aufklärung mit ihrem Rückgriff auf das Selbstdenken versucht hat." G. *Funke,* Aufklärung — eine Frage der moralischen Haltung? : H.-J. *Schoeps* (Hg.), Zeitgeist der Aufklärung 17. — Noch einmal: Ist die Vernunft wirklich in die Bresche gesprungen? „Die Morallehren der Aufklärung zeugen von dem hoffnungslosen Streben, an Stelle der geschwächten Religion einen intellektuellen Grund dafür zu finden, in der Gesellschaft auszuhalten, wenn das Interesse versagt". M. *Horkheimer* — Th. W. *Adorno,* Dialektik der Aufklärung 92. — Müßte

Gottes (Jo 4,21–23) und meint, daß das sicher der Idealzustand wäre. Aber: „Hat nicht selbst der Weiseste der sinnlichen Religion der Juden gehuldiget? – Hat er nicht in seiner geistigen Religion nebst der Belehrung auch Bilder und Symbole aufgenommen? – Hat er nicht dem mündlichen Vortrage mit hinreißenden Bildern Geist und Leben gegeben?"[290] Jesus ist selbst der gewichtigste Zeuge für die Notwendigkeit einer äußeren, sinnlichen Religion.

---

nicht gerade die Vernunft zur Einsicht führen, daß sie dieser Rolle nicht gerecht werden kann? S. dazu G. *Picht,* Mut zur Utopie 138: „Vernunftgemäß ist ein Denken und Handeln dann, wenn es seine eigenen Voraussetzungen durchschaut und sich über seine eigenen Konsequenzen Rechenschaft ablegen kann." Diesen Weg ist aber die im Gefolge der Aufklärung entstandene moderne Wissenschaft nicht gegangen. „Dadurch daß sie der Religion den Rücken kehrt, ist die Rationalität zugleich vernunftlos geworden." Ebd. 137! – Die konkrete Wirkung einer solchen Geisteshaltung auf die Lebensgestaltung trägt damit notwendig nihilistische Züge. „Die flache, die triviale, die vulgäre, die – Widerspruch in sich selbst – unkritische, die heute von den meisten Zeitgenossen, die Christen eingeschlossen, faktisch gelebte Aufklärung ist nichts anderes als der Nihilismus, den Nietzsche und Dostojewsky mit Schrecken herannahen sahen." J. Ch. *Hampe,* Ehre und Elend 85. – Vgl. auch R. *Giessler,* Die geistliche Lieddichtung 24: „Die platte Verständigkeit der Popularphilosophen ist der letzte Ausdruck anthropozentrischen Lebensgefühls. Durch sie wird das 18. Jahrhundert die Geburtsstunde des modernen Spiessers." Auch Valjavec bezeichnet als Erbe der Aufklärung auf gesellschaftlichem und politischem Gebiet „die liberale Bewegung". S. F. *Valjavec,* Geschichte 22. Und Veit vermeint aus dem Aufklärungsschrifttum eine gewisse Kirchenmüdigkeit zu lesen, die einen Ersatz in einer sogenannten bürgerlichen Weltanschauung suchte. Vgl. L. A. *Veit,* Das Aufklärungsschrifttum 15ff. – Wie frappierend ähnliche Tendenzen in der heutigen Glaubensgeschichte auftreten, beweist die Analyse der religionssoziologischen Untersuchung „Gottesdienst in einer rationalen Welt": „Mit dem Verlust einer Jenseitstranszendenz muß notwendig die Gesellschaft solche Transzendenzansprüche absorbieren. In dem Maße, in dem Menschen nicht mehr das Heil durch die Kirche repräsentiert sehen, suchen sie es in der Veränderung der Gesellschaft. In dem Maße, in dem die Gesellschaft konkretisierten Heilscharakter gewinnt, muß sie zwangsläufig, so sehr dem auch der aufgeklärte Arbeiter am Fortschritt widersprechen mag, religiöse Züge annehmen. Wir sind wahrscheinlich die Zeugen der Entstehung einer Gesellschaftsreligion. Damit aber wird die Gesellschaft mit Absolutheitsansprüchen ausgestattet, die sie im Grunde nicht einlösen kann." Ebd. 21.

290 Theorie 50.

Es bleibt für Winter nur noch die Frage offen, ob die sinnliche Religion nicht durch die sich weiterentwickelnde Kultur der Menschheit überflüssig wird. Denn daß die Kultur — und damit auch Religion und Liturgie — sich entwickelt und verändert haben, hat er bereits in seinen „Versuchen" dargestellt. Aber er weist darauf hin, daß man sich auf diese Stufe der Aufklärung „zum Nachtheile der sinnlichen Religion viel zu Guten" tue, und daß man meine, „daß die Fortschritte von jener die Entbehrlichkeit von dieser von Selbst herbeyführen"[291] werden. In dieser von Winter zitierten Meinung scheint wiederum Kant durch: Jede „auf statutarischen Gesetzen errichtete Kirche" kann nur insofern die wahre sein, „als sie in sich ein Princip enthält, sich dem reinen Vernunftglauben (als demjenigen, der, wenn er praktisch ist, in jedem Glauben eigentlich die Religion ausmacht) beständig zu nähern und den Kirchenglauben (nach dem, was in ihm historisch ist) mit der Zeit entbehren zu können."[292] Dieser Meinung schließt sich Winter allerdings nicht ganz an. Er ist — im Gegensatz zu Kant — überzeugt, daß wir als Menschen „in Hinsicht auf die Gottheit den Anthropomorphism zwar verfeinern; aber uns von demselben nie ganz loswinden"[293] können. Denn für die Menschen als Sinnenwesen ist ein bloß metaphysischer Gott zu weit weg. Sogar im Falle, daß der Verstand der sinnlichen Religion nicht mehr bedürfte, wäre es immer noch das Herz, das sinnlich bleibt und auf die äußere Religion angewiesen ist. Mit erstaunlicher Schärfe bemerkt Winter bereits in der Aufklärungszeit, „daß die Kultivirung der Menschheit bloß von einer Seite getrieben" — in unserem Falle bloß vom Verstand her — „oft Verschlimmerung auf der Andern"[294] herbeiführt.

In dieser Situation hat der äußere Gottesdienst eine neue Aufgabe und die neue Pflicht, einen „Damm entgegenzusetzen, die heilige

---

291 Ebd. 52.
292 I. *Kant*, Die Religion 153.
293 Theorie 53.
294 Ebd. 56. — Winter kritisiert damit die zu einseitige Ausbildung der Menschen seiner Zeit, in der „in Hinsicht auf die politische Aufklärung Vieles, auf die Religiöse wenig, und in Bezug auf die Herzenskultur gar Nichts geschehen ist". Ebd. Die neue Zeit hat über neue Erkenntnisse und Erfindungen hinaus neue Bedürfnisse, neuen Durst und gefährliche „Begierden", kurz ein neues Lebensgefühl geweckt. Vgl. ebd.

und unverletzliche Urkunde des Gewissens in Verwahrung zu nehmen, dem Menschen den ewigen Unterschied zwischen... dem, was der Mensch will, und dem, was er wollen soll, unaufhörlich in Erinnerung zu bringen..."[295]. Auch hier dominiert die Suche nach einer Harmonie von Vernunft und Sinnlichkeit, weil bei der einseitigen Betonung eines der beiden Elemente „der Mensch ein mit sich selbst im Widerspruch stehendes Wesen — ein Unding wäre"[296], wobei natürlich nicht die Vernunft für die Sinnlichkeit, wohl aber die Sinnlichkeit für die Vernunft gewonnen werden darf. Winter spricht dabei sogar von einer legitimen „Täuschung des Herzens". „Diese Täuschung ist das Mittel, der höchste Zweck aller schönen und rührenden Künste."[297] So nennt er z. B. das Gebet eine Täuschung des Herzens, aber eine „wohlthätige Täuschung".

Winter betont aber auch in diesem Zusammenhang die „leitende Vormundschaft" der Vernunft, die der sinnlichen Religion ihre Grenzen aufzeigt. Ganz modern klingt dabei die Kritik an gewissen Gottesdienstformen, die durch äußere Pracht, durch mehr Phantasie und Sinnenbefriedigung, durch „schmeichelndes Zauberspiel der Phantasie" die Abständigen in die Kirche zurückrufen wollen. Denn er spürt, daß „der Grund des öfters gerügten Uebels, der immer steigenden Gleichgültigkeit gegen den äußern Gottesdienst... beynahe immer tiefer zu suchen ist", „als in dem nicht befriedigten Schönheitssinne"[298]. Den Gottesdienst auf diesem Weg aus seiner Krise zu führen „hieße den Menschen, statt in die Region des Uebersinnlichen zu erheben, ans Irdische fesseln... hieße ihn von dem Ideal der reinen Vernunft... abziehen"[299].

Die Sinnlichkeit ist also der Vernunft zugeordnet. Bleibt sie in dieser Relation, so ist sie wirklich „der Hebel, auf dem sich der Mensch vom Irdischen zum Himmlischen emporschwingt"[300]; sie ist das Herz von allem, das alles belebende Prinzip.

---

295 Theorie 56.
296 Ebd. 58.
297 Ebd. 60.
298 Ebd. 64.
299 Ebd. 65.
300 Ebd. 66.

4.4 Die Zwecke der öffentlichen Gottesverehrung

Nachdem Winter das Religionsprinzip als Vermögen der Vernunft und des Herzens bestimmt und die äußere Religion als notwendige Vermittlungsinstanz der inneren Religion aufgezeigt hat, benennt er die sich aus einem solchen Religionsverständnis ergebenden Zwecke und Aufgaben der öffentlichen Gottesverehrung[301].

4.4.1 Aufklärung des Verstandes

Wenn Religion als „Erkenntniß aller unserer Pflichten als göttlicher Gebote"[302] aufgefaßt wird, dann ergibt sich konsequenterweise als erster Zweck der öffentlichen Gottesverehrung die religiös-sittliche Aufklärung des Verstandes. Die öffentliche Gottesverehrung ist in erster Linie dazu da, den Menschen über seine wichtigsten Angelegenheiten, nämlich über Religion und Sittlichkeit zu belehren. Winter hält die religiös-sittliche Aufklärung auch deswegen für die oberste Funktion der öffentlichen Gottesverehrung, weil gerade auf dem Gebiet der Religion und der Sittlichkeit die Unkenntnis der Menschen überhand nimmt und damit das Volk in seinem Kern gefährdet ist.

Zunächst strebt der äußere Gottesdienst dahin, „die Pflichten, die der Mensch dem Menschen (sich und andern) schuldig ist, genau zu erörtern, faßliche, einleuchtende Beweisgründe dafür aufzustellen, die entgegenstehenden Zweifel gründlich zu lösen und die seligen Folgen... recht anschaulich zu machen"[303]. Dies geschieht anhand der „zwey große(n) Bücher der Natur und Offenbarung"[304]. Hat der Gottesdienst eine Wahrheit ins Bewußtsein des Menschen gebracht, dann hat er die Aufgabe, diese Wahrheit in die Tat umzusetzen; d. h. den Menschen die Tugend lieben und ausüben und das Laster hassen zu lehren[305]. Dieser Zweck der religiös-sittlichen Be-

---

301 Vgl. dazu auch A. *Ehrensperger*, Die Theorie 51–61, bes. 58f und A. *Vierbach*, Die liturgischen Anschauungen 52f.
302 S. Anm. 258.
303 Theorie 68. – Vgl. auch H. *Hollerweger*, Die Gottesdienstreform 450.
304 Theorie 68.
305 Vgl. ebd.

lehrung des äußeren Gottesdienstes ist nicht allein auf die Predigt und die Katechese beschränkt. Winter betont ausdrücklich, daß sowohl die Evangelien als auch Gebete und Gesänge, ja auch „die kirchlichen Observanzen" und der Ritus, auch wenn deren Tendenz vorzüglich auf „Erwärmung des Herzens"[306] geht, doch immer auf religiöse Ideen hinweisen, die Ideen sinnlich darstellen und eben dadurch belehrend wirken. Der erste Zweck der öffentlichen Gottesverehrung ist somit die religiös-sittliche Aufklärung des Verstandes.

4.4.2 Erbauung des Herzens

Wie aber das Religionsprinzip nicht allein seinen Sitz im Verstand hat, sondern auch im Herzen, so besteht auch die zweite wichtige Aufgabe des äußeren Gottesdienstes in der Erbauung des Herzens. Erbauung ist für Winter eine Gemütsbestimmung, die in uns lebendig ist „und uns zur Ausübung des Guten lebendig machen soll"[307]. In der Bestimmung des Begriffes der Erbauung setzt sich Winter — fast das einzige Mal — ausdrücklich von Kant ab. Für Kant ist Erbauung „die *moralische Folge aus der Andacht auf das Subject*... Diese aber gelingt nicht anders, als daß man systematisch zu Werke geht, feste Grundsätze nach wohlverstandenen Begriffen tief ins Herz legt, darauf Gesinnungen... errichtet, sie gegen Anfechtung der Neigungen verwahrt und sichert und so gleichsam einen neuen Menschen als einen *Tempel Gottes erbaut.*"[308] Demgegenüber meint Winter, daß Erbauung zwar Grundsätze voraussetzt, daß aber „die gleichzeitige, oder unmittelbar vorhergehende Entwicklung der Grundsätze"[309] — wie Kant sagt — nicht zum Wesen der Erbauung gehört. Für ihn schließt Erbauung „weder die zur Besserung leitenden Grundsätze, noch die wirkliche Besserung" ein, sondern sie steht zwischen beiden; „sie verhält sich zu den Grundsätzen gar oft als Wirkung, insoferne nämlich jene in lebhaftes Gefühl übergehen, und zur sittlichen Besserung als Ursache, insoferne die Rührung zum Guten

---

306 Ebd. 69.
307 Ebd. 73.
308 I. *Kant,* Die Religion 198.
309 Theorie 71f.

wirkliche gute Menschen schafft"[310]. Indem der äußere Gottesdienst Empfindungen weckt, Phantasie und Gefühl anspricht, den Menschen für das Gute rührt, trägt er bei zur Erbauung des menschlichen Herzens.

4.4.3 Exkurs: Zwei Einwände

Belehrung des Verstandes und Erbauung des Herzens sind somit die zwei Hauptzwecke der äußeren Gottesverehrung. Sind aber Erbauung und Belehrung nicht wirksamer auf andere Weise zu erreichen? Einige meinen nach Winter, daß Belehrung und Erbauung viel eher in der „häuslichen Lektüre" oder im einsamen Gebet zu erlangen seien. Dagegen wendet er ein, daß die private Beschäftigung mit Religion und Sittlichkeit neben den Pflichten des Alltags wohl utopisch sei. Außerdem bestehe bei Mißachtung des öffentlichen Gottesdienstes die Gefahr, daß Religion und Sittlichkeit und deren Auslegung rein willkürlich und zufällig werden könnten. Winter bringt in diesem Zusammenhang ein Argument Kants, das das angesprochene Problem direkt allerdings nicht berührt. Winter hat einfach die Position Kants, der das private „Beten, als ein *innerer förmlicher* Gottesdienst und darum als Gnadenmittel gedacht"[311] als abergläubischen Wahn ansieht, während er das „*Kirchengehen,* als feierlicher *äußerer Gottesdienst überhaupt* in einer Kirche gedacht" in Anbetracht, „daß es eine sinnliche Darstellung der Gemeinschaft der Gläubigen ist" als Pflicht jedes Bürgers ansieht, der für einen auf Erden vorzustellenden göttlichen Staat verantwortlich ist[312], als Legitimation für seine mehr pragmatische Beurteilung des Privatgebetes verwendet. Nur schwächt er Kants Aussage ab, indem er zwar dem öffentlichen Gebet in Hinsicht auf dessen Wirksamkeit gegenüber dem Privatgebet einen Vorsprung einräumt, das Privatgebet aber nicht ganz verwerfen möchte[313].

---

310 Ebd. 73. — Kant versteht unter Erbauung den aktiven Prozeß des etwas Aufbauen (Erbauen), während bei Winter das mehr psychologische Element des Gefühls gemeint ist, jenes Element, das Kant im Begriff der Andacht impliziert wissen will. Vgl. I. *Kant,* Die Religion 198.
311 Ebd. 194.
312 Ebd. 198.
313 Vgl. Theorie 76.

Eine zweite viel größere Gruppe sieht eine wirksamere Belehrung und Erbauung in der „Betrachtung der schönen Natur" gegeben und fragt, warum dann noch äußere Gottesverehrung nötig sei. Winter schließt sich der Meinung dieser Gruppe an, gibt aber zu bedenken, daß dazu „eine gewisse Stuffe der Geistes- und Herzenskultur, eine gewisse Gewandtheit, und Empfänglichkeit für das sittliche Gute, einen eigenen Sinn für Pflicht und Tugend" nötig ist, der bei dem „großen Haufen" überall noch fehlt und deswegen der äußere Gottesdienst „die Stimme Gottes durch die Natur" noch „verdollmetschen" muß[314]. Auch hier scheint wieder die Tendenz durch, den äußeren Gottesdienst als Mittel zum Zweck zu sehen. Äußerer Gottesdienst hat keinen Eigenwert, sondern nur Vermittlungscharakter. Sobald diese Vermittlung nicht mehr nötig ist, ist auch — wenigstens der theoretischen Konzeption nach — der äußere Gottesdienst überflüssig.

4.4.4 Das Zueinander von Belehrung und Erbauung

Die Belehrungs- und Erbauungsfunktion des öffenlichen Gottesdienstes ist also weder durch privates Gebet noch — wenigstens im augenblicklichen Bewußtseinsstand des Volkes — durch die Naturbetrachtung zu ersetzen. Winter erscheint es nun wichtig, daß man — parallel zur Definition des Religionsprinzips — keinen der beiden Zwecke verabsolutieren dürfe, weil die gottesdienstliche Praxis seiner Zeit mancherorts dieser Gefahr erliege. So sei zum Beispiel die Liturgie der Katholiken in Gefahr, die Predigt — und damit die reinen Grundsätze der Moral — gering zu achten und nur die Messe zu betonen, während die Protestanten — im Gefolge Luthers — eher in Gefahr seien, das Hauptgewicht auf die Predigt zu legen und die Messe zu vernachlässigen[315]. Die Wahrheit liegt in der Mitte, im organischen Zueinander von belehrendem und erbauendem Gottesdienst. „Licht im Verstande, und Wärme im Her-

---

314 Vgl. ebd. 77.
315 Vgl. ebd. 78f.

zen sollen das nie zu trennende Resultat unsers äußern Gottesdienstes seyn."[316]

Die immer wiederkehrende Betonung der notwendigen Synthese von Belehrung und Erbauung, von Vernunft und Gefühl weist sehr deutlich auf die — wahrscheinlich wichtigste — Problematik aufklärerischen Gottesdienstes hin. Die Betonung der Notwendigkeit dieses engen Zusammenhanges zeigt, daß die Verbindung als Problem empfunden wurde[317]. Die konkreten Lösungsvorschläge beschäftigen sich dann auch mehr mit der Belehrung, der Vernunft, den Grundsätzen. Die Erbauung bleibt demgegenüber als wesentlicher Zweck von Religion und Gottesverehrung postulatorisch bestehen, findet aber keine Konkretisierung. Ein Mangel, der sicher auch dazu beigetragen hat, daß aufklärerischer Gottesdienst zu wenig Anklang beim Volk gefunden hat.

4.4.5 „Verbrüderung der Menschen"

Als dritten Zweck der äußeren Gottesverehrung sieht Winter die Verbrüderung der Menschen. „Hier im äußerlichen Gottesdienste ist kein Unterschied zwischen Herrn und Diener, zwischen dem Reichen und Armen, zwischen Fürsten und Bettler."[318] Der theologische Grund dafür ist der Glaube an den einen Gott, „von dem wir also alle Kinder, und untereinander Brüder sind"[319], eine Haltung, die in besonderer Weise Jesus von Nazareth lebte und die als Näch-

---

316 Ebd. 84. — Über das Abhängigkeitsverhältnis von Belehrung und Erbauung s. auch A. *Ehrensperger*, Die Theorie 192f.
317 Insofern Erbauung — und damit der Bereich der Formen, der Tradition, des Brauchtums, der Geschichte und letztlich der Transzendenzerfahrung — als nicht weiter reflektiertes und operationalisiertes — und damit unbewältigtes — Postulat dasteht, könnte man sie den „Schlüsselbegriff der Aufklärungsliturgik" nennen. Vgl. Fr. *Merkel*, Besprechung Ehrenspergers: Theologische Revue 69 (1973) 383. 385. Aber nur in diesem Sinne ist Erbauung Schlüsselbegriff. Denn womit sich die Aufklärungsliturgik wirklich beschäftigt hat — das hat Ehrensperger deutlich genug aufgezeigt — ist der pädagogische, lehrhafte, rationale Bereich.
318 Theorie 84.
319 Ebd.

stenliebe zum Charakteristikum seiner Jünger wurde. Darum wird im äußeren Gottesdienste „das Abendmahl Allen ausgetheilt, damit Alle von einem Brode essen. . . Alle vom nämlichen Kelche trinken, daß Alle den heiligen Bund erneuern. . . den Bund für Wahrheit, und Sittlichkeit sich zu opfern"[320]. Der äußere Gottesdienst ist so in vorrangiger Weise ein Ort für die Sozialisierung der Menschen über Stände, Schichten und Gruppeninteressen hinweg.

4.4.6 „Verkettung des Bürgers"

Vierter und letzter Zweck des öffentlichen Gottesdienstes ist für Winter die „Verkettung des Bürgers mit dem Bürger", oder die Weckung des Gemeingeistes. Kirchliche Praxis und staatspolitische Auswirkung stehen für ihn noch in einem fraglosen Zusammenhang. Daher ist es Sache des öffentlichen Gottesdienstes, „nicht nur alle groben Vergehungen aus dem Kreise der Staatsbürger zu verbannen, sondern auch jede gesellschaftliche Tugend in ihrem Keim zu wecken, und ihr Aufblühen zu begünstigen"[321]. Nimmt man auch diese Auswirkung zu den wesentlichen Aufgaben des öffentlichen Gottesdienstes hinzu, so kann man mit Recht — wie Winter — zum Schluß fragen: „Giebt es irgend eine Anstalt, die in ihren Zecken so heilig und erhaben, und in ihren wohlthätigen Folgen so eingreifend ist?"[322]

4.5 Pflicht der Teilnahme an der öffentlichen Gottesverehrung

Aus den Zwecken der öffentlichen Gottesverehrung, die Winter in der religiös-sittlichen Aufklärung des Verstandes, der Erbauung des Herzens, in der Verbindung der Menschen und Bürger sieht, ergibt

---

320 Ebd. 85.
321 Ebd. 86. — Die fraglose Annahme und Unterstützung der staatlichen Obrigkeit liegt wohl darin begründet, daß gerade die staatliche Seite sich mit den Ideen der Aufklärungsliturgiker identifizierte und für die Verbreitung aufklärerischer Ideen sorgte. S. dazu H. *Hollerweger*, Die Gottesdienstreform und A. *Vierbach*, Die liturgischen Anschauungen 32—44.
322 Theorie 89.

sich die Pflicht für alle Menschen, an den öffentlichen Gottesdiensten teilzunehmen. Die Teilnahme am öffentlichen Gottesdienst ist für Winter dabei zunächst „Menschenpflicht"[323]. Der äußere Gottesdienst als die große Schule der Nation, die zur „Veredelung der Menschheit" und „zur religiösen und sittlichen Nationalbildung" unumgänglich notwendig ist, stellt ein Angebot dar, das kein Mensch ausschlagen darf.

Man stelle sich nach Winter nur eine Nation vor, die der Anstalt des äußeren Gottesdienstes entbehrt! Moralität und Religiosität würden als tragende Stützen des Volkslebens verschwinden und damit das Volk selbst dem Untergang preisgegeben sein.

Diese vom Sittlichkeitsideal geforderte Teilnahme am äußeren Gottesdienst hat Christus noch tiefer begründet. Die Teilnahme am äußeren Gottesdienst ist daher in besonderer Weise „Christenpflicht". Christus hat durch seine Worte und sein Beispiel „das Lehramt mit seiner heiligen Religion innigst verkettet, er hat überdem dem mündlichen Unterrichte den Bildlichen zur Seite gesetzt, damit er den Menschen durch das Sinnliche an das Uebersinnliche"[324] fessle.

„Nun wenn Christus eine Bildungsschule errichtete, wenn er einigen Mitgliedern seiner Kirche die Verbindlichkeit auflegte, zu lehren, geht nicht aus dieser ersten Pflicht offenbar eine Zweyte für die Unwissenden hervor, nämlich jene Lehrer zu hören, oder sich belehren – sich bilden zu lassen?"[325] Winter leitet die Pflicht zur Teilnahme also nicht aus einem konkreten Befehl Jesu ab, sondern von seinem allgemeinen Beispiel und seinem Auftrag zur Belehrung und Missionierung der Welt[326].

Die Teilnahme am öffentlichen Gottesdienst ist schließlich auch „Bürgerpflicht"[327]. Kirchliches und staatliches Leben sind für Winter – wie bereits öfter erwähnt – eng verbunden. „Bürgerwohl", „Bürgerruhe" und „Bürgersicherheit" hängen eng zusammen mit der Religiosität der einzelnen Mitglieder des Staates. Da aber der

---

323 Ebd. 90.
324 Ebd. 92.
325 Ebd. 92f.
326 Vgl. zur biblischen Begründung des öffentlichen Gottesdienstes in der Aufklärungszeit A. *Ehrensperger*, Die Theorie 35–39.
327 Theorie 95.

Staat durch seine Gesetzgebung und durch seine politischen Befehle nur eine Art „Zwangsgehorsam" erreichen kann, der noch nicht die ideale Motivation für ein humanes Leben darstellt, schafft die Religion, insbesondere die öffentliche Gottesverehrung, ein allgemeines Bewußtsein der freiwilligen, „liebenden" Unterordnung unter die Gesetze und ermöglicht so nicht nur eine Bestrafung der Verbrechen, sondern deren Verbannung aus dem Kreise der Menschen. Der Mensch als solcher, insbesondere aber der Christ und Bürger ist also zur Teilnahme am öffentlichen Gottesdienst verpflichtet, wollen sie je ihre Möglichkeiten als Mensch, als Christ und als Bürger in vollkommenster Weise realisieren.

Diese Argumentation bezüglich der Pflicht zur Teilnahme am äußeren Gottesdienst läßt erkennen, mit welcher Ernsthaftigkeit und Radikalität die Aufklärung das Erreichen der Glückseligkeit, also das Erreichen wahren und erfüllten Menschseins, mit der Religion und besonders mit der öffentlichen Gottesverehrung in Zusammenhang gebracht hat[328]. Die Aufklärung spürte die Diskrepanz zwischen dem Gottesdienst und dem Leben des Menschen als Christ und Bürger und postulierte daher umso eindringlicher die Synthese von Gottesdienst und Leben.

Die Pflicht zur Teilnahme an der öffentlichen Gottesverehrung wurde aber zur Zeit Winters in keiner Weise unhinterfragt von allen akzeptiert. Es gab sogar Bevölkerungsschichten, die glaubten, daß sie der Belehrung und Erbauung nicht mehr bedürften, daß sie „über das Christenthum, diese Schule der Sittlichkeit und Tugend"[329] schon hinaus seien. Es gab Berufsstände, die am Sonntag „wichtigen Geschäften" nachgingen. Winter denkt hier vor allem an die Geschäftsleute[330]. Es gab einzelne, die den Sonntag für die Erholung in Anspruch nehmen wollten; und schließlich glaubten viele, sich vom Sonntagsgottesdienst dispensieren zu können wegen der vielen Gebrechen, an denen die öffentliche Gottesverehrung litt[331].

Gegenüber diesen Einwänden, die in ihrer Formulierung ganz modern klingen, bemerkt Winter, daß auch gehobene Schichten der

---

328 Vgl. dazu auch A. *Ehrensperger,* Die Theorie 53f.
329 Theorie 98.
330 Vgl. ebd. 100f; s. auch A. *Ehrensperger,* Die Theorie 84f.
331 Vgl. Theorie 102—108.

weiteren Belehrung und Erbauung bedürfen[332], daß eine kurze Zeit vom langen Sonntag wirklich einer so lebensnotwendigen Sache gewidmet werden könne und daß schließlich die Gebrechen des öffentlichen Gottesdienstes nicht zum Deckmantel für die eigene Trägheit und „Verachtung der moralischen Zwecke" gemacht werden dürfen, sondern Ansporn für eigene Verbesserungsvorschläge sein sollten. „Oder wer wird sich wohl den logischen Fehler zu Schulden kommen lassen... aus dem Daseyn *einiger* liturgischer Fehler die Fehlerhaftig- und Unbrauchbarkeit der *ganzen* liturgischen Anstalt überhaupt folgern zu wollen?"[333] Winter und mit ihm viele Aufklärungsliturgiker sehen also die Gebrechen der bestehenden Liturgie. Sie erklären diese Gebrechen damit, daß der äußerliche Gottesdienst als Menschenwerk Fehlern unterworfen ist. Als Menschenwerk läßt er aber auch Verbesserungen zu, ja fordert dazu heraus.

Weil die Pflicht zur Teilnahme am äußeren Gottesdienst in ihrer Notwendigkeit vielerorts nicht eingesehen wurde, glaubt Winter, daß es eigener pädagogischer Bemühungen bedarf, um den Menschen die Notwendigkeit der Pflicht zur Teilnahme am öffentlichen Gottesdienst klarzumachen[334].

In erster Linie ist das nach Winter die Aufgabe der Eltern, denen nicht nur die „körperliche" und „bürgerliche" Erziehung der Kinder anvertraut ist, sondern auch die „religiös-sittliche". Die Eltern sind dafür verantwortlich, daß sie ihre Kinder zum Besuch der *„Belehrungsanstalt des öffentlichen Gottesdienstes, welcher ihnen ihre Ausbildung gratis anbietet"*[335], anhalten. Ein Hauptgrund des immer selteneren „Kirchengehens" sei sicher in der mangelnden „ersten religiösen Erziehung" zu suchen[336].

---

332 Winter meint, daß man seine Wunder bei Gesprächen erlebe: die Schale werde für den Kern genommen, Auswüchse des Kults als deren Wesen, äußere Religion für die innere, die äußere wieder nicht in ihrem Gebrauch, sondern beinahe nur in ihren Mißbräuchen usw. Vgl. Theorie 99.
333 Ebd. 106.
334 Das Erziehen als eine in der Hand des Menschen liegende Möglichkeit wurde ja in der Aufklärung expliziter Gegenstand der Reflexion. Vgl. A. *Ehrensperger*, Die Theorie 96; s. auch S. *Merkle*, Ausgewählte Reden 427.
335 Theorie 109.
336 Vgl. ebd. 110.

Neben den Eltern obliegt dem Staat die Aufgabe, dafür zu sorgen, daß die Bürger die öffentliche Gottesverehrung nicht vernachlässigen: Sowohl in negativer Hinsicht, indem er keine anderen Veranstaltungen zur Zeit des öffentlichen Gottesdienstes ansetzt, wie auch in positiver Hinsicht, indem er die Menschen zur Teilnahme zwingt. Wenn nämlich der Staat die Menschen zum Besuch der „kleinen Schule" zwingt, wievielmehr gilt das in bezug auf die „große Nationalschule", in der es nicht um irgendeine Ausbildung geht, sondern um die intellektuell-moralische[337]. „Schule, und Kirche sind zwey verschiedene Namen; aber sie bezeichnen beynahe eine und eben dieselbe Sache, nämlich beyde eine Bildungsanstalt für die Menschheit, nur daß Eine vorzüglich die Profanen, die Andere aber die religiösen Kenntnisse darbeut, daß die erste die Kleinen; die Letzte vorzugsweise die Erwachsenen im Auge behält."[338]

Schließlich hat auch die Kirche selbst durch Ermahnungen und — wenn nicht anders möglich — durch gesetzliche Vorschriften dafür zu sorgen, daß die Menschen zum Besuch des öffentlichen Gottesdienstes angeregt werden. Und zwar sollte die Kirche nicht nur den Besuch des erbauenden Gottesdienstes, der Messe, zur Pflicht machen, sondern auch den des belehrenden Gottesdienstes, der Predigt. Dieses Anliegen scheint in den Schriften Winters immer wieder auf. Eltern und Schule, Staat und Kirche haben also die Aufgabe, den Menschen die Pflicht zur Teilnahme am äußeren Gottesdienst klar zu machen, ja die Teilnahme gegebenenfalls zu erzwingen!

4.6. Ursachen der Krise des öffentlichen Gottesdienstes: Eine Phänomenanalyse Winters

Weil die Zwecke der äußeren Gottesverehrung und die sich daraus ergebende Pflicht zur Teilnahme am öffentlichen Gottesdienst theoretisch klar einsichtig sind, ist Winter erstaunt, daß in der Praxis der Gläubigen die öffentliche Gottesverehrung sehr an Ansehen verloren hat. Er möchte deswegen einige Gründe für dieses Unbehagen eruieren.

---

337 Vgl. ebd. 111.
338 Ebd. 118.

4.6.1 Der Bedeutungsverlust des öffentlichen Gottesdienstes

Zunächst betont Winter die Allgemeinheit des Phänomens, daß die öffentliche Gottesverehrung in eine Krise geraten ist. Wie er bereits in seinen „Versuchen" angedeutet hat, ist das Unbehagen am öffentlichen Gottesdienst nicht auf einzelne Menschen oder Gruppen beschränkt, auch nicht auf die protestantische oder katholische Kirche. Das Unbehagen zieht sich quer durch die einzelnen Kirchen und die verschiedenen Gesellschaftsschichten. Es drückt sich zunächst darin aus, daß die öffentlichen Gottesdienste sehr oft gestört werden, sowohl von außen als auch im Gottesdienst selbst. Winter nennt als Störungen von außen: Jahrmärkte, Markt- und Krambuden, Tanzböden, Spieltische, Kegel- und Lustplätze, Trinkgelage usw.[339], die alle durch ihre Lärmentwicklung zu den dem öffentlichen Gottesdienst gewidmeten Stunden die Gläubigen vom Gottesdienst ablenken. Genauso schlimm sind die Störungen im Gottesdienst selbst: ungleichzeitiges Kommen und Gehen, Opfergänge[340], der Klingelbeutel[341] und die Verlautbarungen nach der Predigt. Winter fragt mit Recht, ob es nicht paradox sei, „wenn der Verkünder der ethischen Vorschriften auf einmal als Verkünder der politischen Strafgesetze auftritt? — Wenn der Volkslehrer mit Beybehaltung der alten Kostüme in einen Polizeydiener umgeschaffen wird? — wenn von dem der Glaubens- und Sittenlehre Jesu geweihten Lehrstuhle auf einmal Gefängnisse, Galgen und Rabensteine ertönen?"[342]

Das Unbehagen an der öffentlichen Gottesverehrung drückt sich aber bei vielen in der gänzlichen Vernachlässigung des äußeren Gottesdienstes aus. Besonders unter den „höhern Ständen", aber auch

---

339 Vgl. ebd. 123ff.
340 Winter weist in seinem Artikel „Das Opfern beym Gottesdienste" nach, daß die Opfergänge der Katholiken „Ueberbleibsel der Opfer der christlichen Vorwelt" seien und deswegen auf *einen* Gang reduziert werden sollten, der am Ende der Messe stattfinden könnte. S. vor allem ebd. 141. 156. — Vgl. auch A. *Vierbach*, Die liturgischen Anschauungen 228—232.
341 Vgl. Theorie 126f. — Der Klingelbeutel ist nach Winter „eine mächtige Erinnerung an die Opfer der Vorwelt". S. Das Opfern 144; vgl. auch A. *Vierbach*, Die liturgischen Anschauungen 232f.
342 Theorie 129.

schon bei manchen „Aeltern, Hausväter, und Hausmütter aus dem bürgerlichen Stande"[343] gelte die Teilnahme an religiösen Handlungen als antiquiert. Zeuge dafür seien die immer leerer werdenden Gotteshäuser.

4.6.2 Ursachen des Bedeutungsverlustes

Der Rückgang des Gottesdienstbesuches ist für Winter der augenscheinlichste Beweis, daß das Verhältnis der Menschen zum Gottesdienst gestört ist. Eine Therapie des gestörten Verhältnisses kann erst angegeben werden, wenn es gelingt, die Ursachen des gesunkenen Ansehens der öffentlichen Gottesverehrung zu fassen. Damit kommt Winter zu einer sehr umstrittenen Frage der Aufklärungsliturgik. Denn in der Frage nach den Ursachen der Krise der Liturgie — und damit des Glaubens selbst — gehen die Meinungen stark auseinander. Winter sagt, daß keine andere Frage zu so verschiedenen oft einander widersprechenden Resultaten geführt habe als die nach den Ursachen der Krise. „Bald wollte man den Grund davon in der gebildeten Menschenklasse aufgefunden haben... bald in dem Haufen der Ungebildeten... bald selbst bey der Obrigkeit... bald in dem herrschenden Zeitgeist... und in dem moralischen Indifferentismus..."[344] Am häufigsten aber schob man die Schuld am Wegbleiben vom Gottesdienst auf den Gottesdienst selbst. Doch auch in der Sicht des Gottesdienstes kam man zu verschiedenen Ergebnissen. Nach den einen erfüllt der Gottesdienst seine Funktion nicht mehr, „weil er immer in seinem hundertjährigen Gewande auftritt... nach Andern weil er sich an die Launen des Zeitalters anschließt, neue Formen annimmt"[345]. Die Ersteren stützen sich dabei auf die Natur des menschlichen Geistes, der nach Entwicklung, nach Veränderung — nach Leben — drängt, die Letzteren auf die Beobachtung, daß die Kirchen immer weniger Gottesdienstbesucher aufzuweisen hatten, seitdem man die Liturgie so vielen Veränderungen unterwarf.

---

343 Ebd. 134.
344 Ebd. 136. — S. auch A. *Ehrensperger*, Die Theorie 83—95, bes. 84f.
345 Theorie 136.

Theorie der öffentlichen Gottesverehrung

Angesichts der Fülle verschiedener Meinungen teilt Winter die Ursachen des gesunkenen Ansehens des äußeren Gottesdienstes in jene ein, „welche sich in dem Menschen selbst auffinden, für den der äußere Gottesdienst zunächst bestimmt ist, in *Subjektive* oder *Aeußere*, und in jene, deren Grund im äußern Gottesdienst liegt, in *Objektive* oder *Innere*"[346].

4.6.2.1 Subjektive Ursachen

Zu den subjektiven, im Menschen selbst liegenden Ursachen gehört der Aufklärungswahn. Besonders der gebildeteren und höheren Stände bemächtigte sich — so Winter — der Wahn, keine religiöse Belehrung mehr notwendig zu haben. Interessant sei, daß dieser Wahn nur auf die Religion beschränkt bleibe, während die Notwendigkeit fortschreitender Belehrung auf anderen Gebieten der Vernunft und Wissenschaft fraglos vorausgesetzt werde. Es ergebe sich somit die paradoxe Situation, daß die Menschen, während sie „in religiösen *Kenntnissen* vorwärts rücken ... (,) in der *Religiosität* selbst rückwärts"[347] gehen. „Offenbar hat das *einseitige* Fortschreiten in der Ausbildung der Menschheit daran großen Antheil. Man hat ... nur immer dafür Sorge getragen, daß unsere religiösen Begriffe geläutert, gereiniget und in ihre wahre Bestandtheile zerlegt wurden, aber nie, oder doch sehr selten dafür, daß sie auch unserm Herzen theurer und interessanter würden... Daher hat das Herz eine tödtliche Kälte gegen Religion, und gegen die öffentliche Gottesverehrung als Vehikel zu derselben ergriffen, während unsere Vernunft mit ihrem helleren, aber unnützen Lichte prahlet."[348] Wie aus diesem Zitat hervorgeht, täte man Winter Unrecht, wenn man sein liturgisches Bemühen nur als rationalistisches Unterfangen betrachten würde. Er sieht klar, daß eine Absolutsetzung der Vernunft, die sich ihrer Dienstfunktion nicht bewußt bleibt, bei vielen Menschen Ursache für ein Mißverstehen des öffentlichen Gottesdienstes ist.

---

346 Ebd. 137.
347 Ebd. 139. — Unterstreichungen von mir.
348 Ebd. 139.

Als weitere subjektive Ursache nennt Winter den „Mangel der obrigkeitlichen Aufsicht" und den „Mangel des guten Beyspieles der Höhern"[349]. So klagt er, daß die Beamten Baierns öfter die deutschen Schulen besuchen, während sie im öffentlichen Gottesdienst selten zu finden sind[350]. Bei dem „bekannten Nachahmungstriebe" der „niederen Volksklasse" bringe das für den äußeren Gottesdienst die große Gefahr mit sich, daß er als entbehrlich für die wahre Religion und Sittlichkeit angesehen werden könnte.

Winter macht aber andererseits auch jene Menschen für das Sinken des Ansehens der öffentlichen Gottesverehrung verantwortlich, die dem äußern Gottesdienst zu große Achtung entgegenbringen. Er meint damit jene, die den öffentlichen Gottesdienst für den wahren Gottesdienst halten und noch nicht erfaßt haben, „daß der äußere Gottesdienst nicht der Gottheit, sondern der Menschheit wegen da sey, — daß man den Zweck der Gottesverehrung nicht in dem Verehrten, sondern in dem Verehrer, in dem Menschen selbst aufzusuchen habe... Dies heißt dem Mittel den Werth des Zweckes beylegen, dies ist Religionswahn."[351] Er fragt, wieso „der große Haufen noch immer nicht auf dem Standpunkt stehe, von dem er Religion und Liturgie, als zwey ganz heterogene Dinge überschauen kann? In seinen Ideen schmelzen beyde noch immer in Eines zusammen, er hält also Eines so fest, wie das Andere."[352] Die Identifikation von öffentlicher Gottesverehrung mit der Religion selbst qualifiziert den öffentlichen Gottesdienst zu einem Geschehen, in dem jede Veränderung von seiten des Menschen als Sakrileg erscheint, und macht somit eine Verbesserung der Liturgie unmöglich.

Die wesentlichste subjektive Ursache für den Verfall des Ansehens der öffentlichen Gottesverehrung ist für Winter aber die vollständige Gleichgültigkeit gegen die innere Religion. „Der Hauptgrund warum Viele dem öffentlichen Gottesdienste entsagen, ist der unverkennbar zunehmende Hang nach einer ausschweifenden, bloß auf sinnliche Genüsse abzweckenden Lebensart, das dadurch ge-

---

349 Ebd. 140—144.
350 Vgl. A. *Ehrensperger,* Die Theorie 84, der eine Liste anführt, in der Berufsgruppen und Stände genannt sind, die dem öffentlichen Gottesdienst fernbleiben.
351 Theorie 144f.
352 Ebd. 145.

tödtete Gefühl für höhere Zwecke, der immer steigende sittliche und religiöse Indifferentism."[353] Innere Religion ist — wie bereits oben gezeigt — moralische Pflichterfüllung. Wie eng Winter diese Definition gebraucht, bezeugt er in dem eben angeführten Passus[354]. Dieser moralische Niedergang ist im Grunde die Hauptursache für den Verlust des Ansehens des öffentlichen Gottesdienstes[355]. Die moralische Haltung darf dabei nicht im moralistischen Sinn mißverstanden werden, sondern sie verkörpert eine religiöse Ethik. Der Verlust dieser religiös fundierten Ethik bedeutet Verlust von Sinn und Weltdeutung überhaupt.

4.6.2.2 Objektive Ursachen

Einige Ursachen für die krisenhafte Situation in der öffentlichen Gottesverehrung sind schließlich in der Liturgie selbst zu suchen. Daß zwischen „anderseitigem Vorrücken der menschlichen Kultur, und der Liturgie ein schneidender Mißklang eingetreten ist"[356], ist nämlich zu einem großen Teil jenen zuzuschreiben, die dafür verantwortlich sind. Um hier wirklich an die Wurzel des Übels zu kommen, müßte man bereits bei der Ausbildung der Priester als „Volkslehrer" ansetzen. Winter kritisiert, daß bei den Geistlichen das Meßlesen als die Hauptsache angesehen wird. Mit „Gottes Wort", mit der „reinen Sittenlehre" sind sie aber nicht vertraut. Wie sollten sie da andere damit vertraut machen? Ein Mißbrauch sticht Winter besonders ins Auge. Er beklagt, daß sich viele Geistliche Predigten anschaffen, „bey deren Auswahl nicht selten die Oekonomie Sitz und Stimme hat"; und es wundert ihn dann nicht, „daß ihnen sol-

---

353 Ebd. 147.
354 Eine Kritik aufklärerischer Liturgie und Theologie wird daher, über praktische Fragen und Lösungsvorschläge hinaus, bei dem zugrundeliegenden Religions- und Gottesverständnis anzusetzen haben. Vgl. K. *Frielingsdorf*, Auf dem Weg zu einem neuen Gottesverständnis.
355 Dahinter steht nach Winter die Einstellung vieler Zeitgenossen, die „die Vorschriften der Religion als einen Unrath vom Vater ererbt betrachten" und die Bedeutung der Religion für die „neue Zeit" negieren. Vgl. Theorie 148.
356 Ebd. 150.

che Produkte, wie geborgte Kleider anstehen müssen, und daß sie. . .
auch Andere weder rühren, noch auch belehren können"[357]. Noch
schlimmer ist es im Unterricht der Jugend oder in den Christenlehren. „Das Ganze beschränkt sich gewöhnlich darauf, daß man das
Gedächtnis mit einer Menge dem Katechismus abgeborgter, und
entweder gar nicht, oder nur halb verstandener Töne beladet, wobey Verstand und Willen beynahe ganz leer abkommen."[358] Ähnlich verhalte es sich auch bei der Praxis der Sakramentenspendung.
Viele Gläubige könnten die dort verwendeten Symbole gar nie verstehen oder mitvollziehen, weil sie ihnen nie erklärt werden. „Ja
man spendet sie sogar (werden es die folgende Jahrhunderten glauben?) in einer Sprache aus, welche demjenigen, der sie empfängt,
und oft auch dem, der sie austheilt, unverständlich ist. . . Was ist
Mechanism, wenn dieses Verfahren einen andern Namen hat?"[359]
Die Ausbildung der Priester und deren Praxis sind also in keiner
Weise geeignet, den äußeren Gottesdienst als Belehrungs- und Erbauungsanstalt für das Volk wirksam auszunützen.

Die Gebrechen eines solchen öffenlichen Gottesdienstes liegen zu
klar da, als daß sie noch übersehen oder verschwiegen werden könnten.
Winter zieht aber daraus nicht den Schluß, daß der öffentliche Gottesdienst als nicht zeitgemäß aufzugeben sei, sondern will die dort entdeckten Mängel verbessern, um so die öffentliche Gottesverehrung für
die Gestaltung des Lebens wieder relevant zu machen. Darum konzipiert er Grundsätze, die eine wirksame öffentliche Gottesverehrung ermöglichen sollten.

4.7 Winters Grundthesen einer Theorie des Gottesdienstes

Es gab in der Aufklärung viele Verbesserungsvorschläge für die Liturgie[360]. Manche versuchten darüberhinaus sogar die den Verbesserungsvorschlägen zugrundeliegenden Prinzipien zu systematisie-

---

357 Ebd. 153.
358 Ebd. 154. — Winter geht auf die Probleme der Katechese näher in seiner „Katechetik" ein.
359 Theorie 155f.
360 Vgl. W. *Trapp*, Vorgeschichte und Ursprung 21—42.85—189 und A. *Ehrensperger*, Die Theorie 143—290.

ren³⁶¹. Vielen Versuchen fehlte aber ein einheitliches Prinzip der Systematisierung, sodaß die Kriterien der Einteilung oft sekundär oder weit hergeholt erschienen³⁶². Diesem Übel möchte Winter vor allem deshalb abhelfen, weil er überzeugt ist, daß eine wirkliche und wirksame Verbesserung der Liturgie nur aufgrund streng formulierter Grundsätze möglich ist. Viele in seiner geschichtlichen Analyse³⁶³ festgestellten Veränderungen führten deswegen nicht zu Verbesserungen der Liturgie, weil ihnen nicht feste Grundsätze, also eine Theorie der Liturgie, zugrunde lagen. Aus dem Anliegen, möglichst viele der zur Diskussion stehenden Grundsätze zu systematisieren, erwuchs bei Winter eine Theorie, die alle derartigen Versuche der katholischen Aufklärung vereinigt³⁶⁴.

Er teilt die von ihm aufgestellten Grundsätze in negative und positive ein. Die negativen Grundsätze sollten aussagen, „was der öffentliche Gottesdienst nicht seyn darf", und die positiven, „was er seyn soll"³⁶⁵. Die negativen Grundsätze bezwecken also eine Beseitigung der Hindernisse, die einer „wahren" öffentlichen Gottesverehrung im Wege stehen, die positiven dienen zur Auffindung und Anpassung der geeigneten Mittel für die öffentliche Gottesverehrung. Die negativen Grundsätze umfassen acht Prinzipien: „Der öffentliche Gottesdienst fördere 1) den Unglauben nicht, 2) den Aberglauben nicht, 3) er verdränge den Mechanism, 4) den Eigennutz, 5) er beleidige die guten Sitten nicht, 6) den guten Geschmack nicht, 7) er verschmähe alle Überladung, und 8) allzugroße Länge."³⁶⁶ Die positiven Grundsätze bestehen aus sieben Forderungen: „In positiver Beziehung fordert unsere Vernunft von den kirchlichen Anstalten 1) Bedeutung, 2) Popularität, 3) Zweckmäßigkeit, 4) Gründlichkeit, 5) ästhetische Kraft, 6) Mannigfaltigkeit, 7) Einheit."³⁶⁷

---

361 S. dazu A. *Vierbach*, Die liturgischen Anschauungen 72 Anm. 2.
362 Vgl. ebd. 72.
363 Vgl. Versuche.
364 „Betrachten wir sie im ganzen, finden wir sie alle in Winters Grundsätzen vereinigt." A. *Vierbach*, Die liturgischen Anschauungen 72.
365 Theorie 159.
366 Ebd. 160.
367 Ebd.

4.7.1 Die negativen Grundbedingungen

4.7.1.1 Kampf gegen den Unglauben

Als erste Grundbedingung des öffentlichen Gottesdienstes in negativer Abgrenzung fordert Winter: „Der öffentliche Gottesdienst fördere den Unglauben nicht, oder weise alle Fabeln zurück."[368] Die Suche nach der Wahrheit, nach klaren und gründlichen Erkenntnissen, und die Suche nach unverfälschter Mitteilung der Wahrheit sind Grundanliegen aufklärerischen Denkens. Darum ist auch für Winter die Wahrheit „das Erste, was allen Theilen nicht nur der belehrenden, sondern auch der erbauenden äußern Religion zur Seiten stehen muß"[369]. Die Wahrheit, also verantwortbare Information und Vermittlung kritisch gesichteter Ideen, soll der tragende Grund des Gottesdienstes sein. Es geht nicht an, daß man unter dem Vorwand Frömmigkeit zu wecken, der Wahrheit Gewalt antut. Die vielen im Gottesdienst erzählten Biographien, die „ein ununterbrochenes Gewebe von lauter Erdichtungen" darstellen, Kirchengemälde, „die auf offenbare Fabeln hinweisen", „Christoferusbilder" usw. sind Zeugen für die Mißachtung der Wahrheit im öffentlichen Gottesdienst[370]. Winter bedauert, „daß ... auch in unserer Periode, wo überall ein reger Geist der Prüfung erwacht ist, wo das Licht der Kritik auch auf unserer Feld ihre wohlthätigen Strahlen ausgießt"[371], die geschichtliche Kritik in der öffentlichen Gottesverehrung noch immer zu kurz kommt. Das ist für ihn auch der Grund, warum so viele Menschen ungläubig werden, indem sie „das Unzuverläßige, Zwecklose und Schädliche dessen erkennen und fühlen, was man uns mit der Lehre Christi als Beymischung giebt, und daß sie eben deswegen mit den Einschiebseln, und Anhängseln die Sache selbst

---

[368] Ebd. 161. — Winter versteht unter Unglauben nicht atheistische Tendenzen, sondern den Glauben an nicht als wahr erweisbare Dinge. Die Möglichkeit des Atheismus steht bei ihm noch gar nicht zur Diskussion. Insofern stellt Cassirer mit Recht fest, daß in der Aufklärungstheologie „der eigentliche radikale Gegensatz zum Glauben ... nicht der Unglaube, sondern der *Aberglaube*" ist. E. *Cassirer*, Die Philosophie der Aufklärung 215.
[369] Theorie 162.
[370] Vgl. ebd. 163f.
[371] Ebd. 164.

wegwerfen"[372]. Winter versteht demgegenüber die Suche nach der Wahrheit als Reinigung und Kritik überkommener Formen und Traditionen. Das Wahrheitsverständnis selbst ist dabei nicht explizit reflektiert, sondern wird pragmatisch vom Zeitgeist her definiert. Winter will aber z. B. nicht alle Statuen und Bilder aus der Kirche verdrängen, wohl aber das „Unzuverläßige und Unhaltbare", das einer kritischen Prüfung nicht standhält.

4.7.1.2 Abwehr des Aberglaubens

Weiters fordert Winter, daß der öffentliche Gottesdienst den Aberglauben nicht fördere[373]. Der Kampf gegen den Aberglauben steht im Zentrum der Theologie der Aufklärung[374]. Bereits Kant hat den Versuch, „durch religiöse Handlungen des Cultus etwas in Ansehung der Rechtfertiggung vor Gott auszurichten" als religiösen Aberglauben qualifiziert: „Es ist abergläubischer Wahn, durch Handlungen, die ein jeder Mensch thun kann, ohne daß er eben ein guter Mensch sein darf, Gott wohlgefällig werden zu wollen (z. B. durch Bekenntniß statutarischer Glaubenssätze, durch Beobachtung kirchlicher Observanz und Zucht u. d. g.)."[375] Das Grundübel des Aberglaubens besteht darin, „daß er das, was bloß Mittel sein kann, zum unmittelbar Gott wohlgefälligen Gegenstand macht"[376]. Der Aberglaube hat nach Winter auch mitten im Christentum seinen Thron aufgeschlagen. Er hat sogar in den Kirchen „an Wänden und auf den Altären sehr viel Fremdartiges aufgehäuft, das von reinem Lebenswandel abzieht, und auf Pietismus, Bigottismus und Monachismus hinleitet"[377]. Als bezeichnendes Beispiel führt er die Verehrung der Heiligen an. Ursprünglich als Fürsprecher und Diener Gottes geehrt, wurden sie in der Praxis der Gläubigen bald selbst zum Objekt der Verehrung. „Bey der täglichen Praxis unserer Christen nimmt die Verehrung Gottes in eben dem Maße ab, in welchem

---

372 Ebd.
373 Vgl. ebd. 165.
374 Vgl. S. *Merkle*, Die katholische Beurteilung 7; Ed. *Lichter*, Johann Wilhelm Josef 210; E. *Cassirer*, Die Philosophie der Aufklärung 215.
375 I. *Kant*, Die Religion 174.
376 Ebd. 175.
377 Theorie 166.

jene seiner Diener zunimmt. So oft ein Gut errungen, oder ein Uebel abgewendet werden soll, läuft der Katholik zu den Heiligen Gottes."[378] Eine solche Heiligenverehrung setzt für Winter sogar das „Vaterherz Gottes in ein nachtheiliges Licht..., als wenn es nur durch fremde Fürbitten, abgesehen von unserm moralischen Lebenswandel, gerührt werden könnte, und müßte?"[379] Die Darstellung der Heiligen in Bildern und deren Verehrung hat nur insofern einen Sinn, „damit das des Bücherlesens unkündige Volk aus denselben den reinen moralischen Lebenswandel herauslese"[380] und dem Beispiel der Heiligen folge.

Winter kritisiert damit die latente Gefahr, das Bild, die Darstellung nicht mehr als Zeichen zu sehen, sondern es als Bezeichnetes zu verabsolutieren. Zum Teil seien auch die Pfarrer daran Schuld, die mehr Mühe auf die Heiligenfeste, Verehrung der Schutzpatrone, Statuen und Gemälde verwenden als auf die Verkündigung des rein moralischen Lebenswandels. Darum fordert er, endlich einmal anzufangen, „den Afterglauben aus den Gemälden und Statuen, aus liturgischen Büchern und Handlungen zu verdrängen, und vom äußern Gottesdienste, der Schule der Sittlichkeit, alles zu entfernen, was von dem höchsten und unbedingten Gute der Menschheit ab- und auf gefährliche Nebenwege lenkt! — man entlaste unsere religiösen Anstalten von allem dem, was ihnen vom Juden- und Heydenthume aufgedrungen wurde! — man entkleide die Kirchen von dem betäubenden Prunke, den Gottesdienst von seiner Ueberladung mit fremdartigen Theilen, und bringe ihn in Hinsicht auf Materie und Form nach der Vorschrift, und dem Befehle Christi der Verehrung Gottes im Geiste und in Wahrheit wieder näher!!"[381]

Die in diesem Zitat enthaltene bilderstürmende Tendenz ist nur verständlich aus dem pragmatischen Ethos eines Aufklärers, der alles, was nicht in seiner Funktionalität zum Hauptzweck der äußern Gottesverehrung beschrieben und erklärt werden kann, zu eliminieren trachtet. Trapp sieht in dieser Tendenz ein Anliegen der gesamten Aufklärung: „Fast am bekanntesten ist die Aufklärung durch ihren Kampf gegen kirchliche Gebräuche und besonders ge-

---

378 Ebd. 167f.
379 Ebd. 168.
380 Ebd. 169.
381 Ebd. 170f.

gen religiöse Volksgebräuche geworden."³⁸² Die Frage bleibt, ob bei der Verfolgung dieses Anliegens die Bedeutung der gewachsenen Frömmigkeitsformen wie Andachten, Prozessionen, Heiligenverehrung (in legendarischen „Biographien", in Bildern und Statuen), Wallfahrten und Bruderschaften genügend gesehen wurde.

4.7.1.3 Vermeidung des Mechanismus

Der dritte Grundsatz in negativer Beziehung heißt: „Der öffentliche Gottesdienst gebe dem Mechanism keine Nahrung."³⁸³ Aberglaube und Mechanismus bedingen sich gegenseitig. Denn wenn der Mensch nicht einsieht, daß alles, was er außer dem guten Lebenswandel noch tun zu können vermeint, um Gott wohlgefällig zu werden, bloßer „Religionswahn und Afterdienst Gottes"³⁸⁴ ist, und wenn der Mensch „einmal zur Maxime eines vermeintlich Gott für sich selbst wohlgefälligen, ihn auch nöthigenfalls versöhnenden, aber nicht rein moralischen Dienstes übergegangen ist, so ist in der Art, *ihm gleichsam mechanisch zu dienen,* kein wesentlicher Unterschied, welcher der einen vor der andern einen Vorzug gebe"³⁸⁵. Darum ist der Mechanismus als Ausdruck des Aberglaubens für die Aufklärung eine immer wieder zu bekämpfende Erscheinung in der äußern Gottesverehrung³⁸⁶.

Der „Religionsmechanismus" hat nach Winter drei Quellen. Die erste und einflußreichste ist die religiöse Erziehung. Sie ist der großen Gefahr ausgesetzt, daß sie eine Erziehung zu mechanischen Vollzügen wird. Die Gefahr des „religiösen Mechanismus" ist bereits beim Kleinkind gegeben, das angewiesen wird, „anstatt sich der Gottheit mit reinen Gesinnungen zu nähern, ... mit den Händen oder Lippen einige auf Religion hinweisende Bewegungen zu machen, ohne daß ihm der Sinn davon aufgeschlossen wird"³⁸⁷.

---

382 W. *Trapp,* Vorgeschichte und Ursprung 33f; vgl. auch A. L. *Mayer,* Liturgie, Aufklärung und Klassizismus 97—111.
383 Theorie 172.
384 I. *Kant,* Die Religion 170.
385 Ebd. 172. — Unterstreichungen von mir!
386 Vgl. W. *Trapp,* Vorgeschichte und Ursprung 21.41; A. *Vierbach,* Die liturgischen Anschauungen 74 und A. *Ehrensperger,* Die Theorie 205f.
387 Theorie 172f. — Winter meint wahrscheinlich, daß man sich bereits bei der religiösen Erziehung des Kleinkindes der „hervorlockenden" Methode bedienen sollte, wie er sie in seiner „Katechetik" dann dargestellt hat. Auf

Die Erziehung zum Mechanismus beginnt also beim ersten Religionsunterricht im Elternhaus und setzt sich fort im Katechismusunterricht der Schule: „Kann das Gedächtniß, dessen Kraft sich immer am ersten und thätigsten zeigt, mehr auffassen, so rückt man mit dem Katechismus an, und um ja nichts Verständiges zu sagen, so wird von der Idee Gottes, der Schwersten von Allen, von dem Geheimnissen der heiligen Dreyfaltigkeit, der Erlösung, der Gnade usw. ausgegangen."[388] Werden wirklich einmal „vernünftige" Handlungen – z. B. Kreuzzeichen — „mit Absicht und Hinsicht auf den Zweck" vermittelt, so arten diese durch ihr ewiges Wiederkehren „in eine leere geistlose Bewegung" aus. „Dieser Religionsmechanismus geht auch gewöhnlich von dem Knaben auf den Jüngling und Mann über", und zwar nicht zuletzt darum, weil alle Riten und Sakramente in lateinischer Sprache vollzogen werden[389].

Eine weitere Quelle für den religiösen Mechanismus liegt für Winter in der „passiven Frömmeley"[390]. Er greift damit einen Gedanken Kants auf, der darüber klagt, daß sich die meisten Gläubigen „der *Frömmigkeit* (einer passiven Verehrung des göttlichen Gesetzes) statt der *Tugend* (der Anwendung eigener Kräfte zur Beobachtung der von ihm verehrten Pflicht)"[391] befleißigen. Aktives Tätigsein (Tugend) und passives Annehmen (Frömmigkeit) gehören bei Winter zusammen. Die liturgischen Bücher sollten deshalb nicht die beiden Gesichtspunkte trennen, sondern beide den Menschen unaufhörlich vor Augen stellen[392]. Nur so wäre die Gefahr des Mechanismus aus der öffentlichen Gottesverehrung zu bannen.

---

jeden Fall ist die sprachliche Vermittlung der Sinnhaftigkeit von religiösen Vollzügen für das Kleinkind sicher nur begrenzt möglich. Aber die Forderung Winters ist bezeichnend dafür, wie umfassend man sich die Funktion der Belehrung vorgestellt hat.

388 Theorie 174.
389 Vgl. ebd. 174f. — „Muß es nicht noch mehr befremden, daß man uns den Sinn davon durch eine fremde Sprache verhehlt, auch dann noch, wenn wir vermöge der mit dem Alter heranreifenden Denkkraft, auf dem Standpunkt stehen ihn aufzufassen? — Befremden, daß uns das Ritual gleich in der Periode unsers Werdens lateinisch begrüßt, uns durch die ganze Lebensbahn lateinisch zuredet, und endlich am Ziele unserer Wanderschaft wieder mit etlich lateinischen Sprüchelchen in die Ewigkeit fortschickt?" S. ebd. 175.
390 Ebd.
391 I. *Kant*, Religion 201.
392 Theorie 176.

Und schließlich führt Winter die Gewohnheit als dritte Quelle des Mechanismus an. Bücher und Hilfsmittel, die die Priester und das Volk zu Belehrung und Erbauung führen sollten, sprechen eine deutliche Sprache. „Ist da nicht das ewige alles Denken tödtende Einerley zu Hause?"[393] Z. B. bei der Spendung der Sakramente, bei den Gebeten, im Brevier, im Ritual usw. „Kurz so weit unser Aug in unserm Gebiete reicht, begegnet ihm überall Mechanism."[394]

Mechanismus ist aber nicht nur Ausdruck des Aberglaubens, sondern er schadet auch der Sittlichkeit. Sittlichkeit als rein moralischer Lebenswandel, „der nur unter stetem Hinblicke auf das Sittengesetz und unter achtendem Aufblicke zur Gottheit"[395] gedeihen kann, ist in der Aufklärung vor allem als geistiger Vorgang konzipiert. Sittlichkeit als „Spiritualism" widerspricht so im Wesen dem Mechanismus. Je mehr der Mechanismus zunimmt, umso stärker wird der Spiritualismus – und damit die Sittlichkeit – verdrängt. Winter bringt als Beispiel die Buße. „Die Formel, die der Büßende, und jene, welche der Priester sprechen, und überhaupt der äußere Gottesdienst wirken nicht als magische Mittel ohne unser Zuthun, ohne unsere thätige Theilnahme."[396]

Hier deutet Winter bereits seinen „Angriff" auf das opus operatum an, den er im „Kritischen Ritual" explizit machen wird, der aber vom positiven Anliegen der participatio actuosa getragen ist. „Nur das Bewußtseyn und die Ueberzeugung von Sittengesetzen, nur der heilige Ernst und die Beherzigung dessen, was bey religiösen Handlungen vorgeht, nur das unausgesetzte Streben, weiser und besser zu werden, das uns in den öffentlichen Gottesdienst treibt, und nie verläßt, mit einem Worte, nur Spiritualism kann unsern religiösen Handlungen einen wahren und bleibenden Werth verschaffen – kann ihnen den Stempel der Wirksamkeit aufdrücken..."[397] Mechanismus dagegen verhindert den bewußten Vollzug der Sittlichkeit und der Religion und widerspricht daher einer Grundtendenz aufklärerischen Bemühens.

---

393 Ebd. 177.
394 Ebd. 178.
395 Ebd.
396 Ebd. 180. — Ähnliche Bedenken gegen das Fehlen des aktiven Elementes im Bußsakrament wurden auch unter Wessenberg in Hohenzollern laut. Vgl. A. *Rösch*, Das religiöse Leben 17ff.
397 Theorie 181.

4.7.1.4 Eliminierung des Eigennutzes

Die vierte Forderung Winters: „Der öffentliche Gottesdienst verdränge den Eigennutz"[398] entspringt dem Tugendstreben einer aufgeklärten Religion. Religion verstanden als moralisches Bemühen ist in ihrem Wesen unvereinbar mit „Eigennutz". Der öffentliche Gottesdienst hat deshalb die Aufgabe, der Tugend Vorschub zu leisten. Tugend wird dabei verstanden als „die herrschende Gesinnung und das rastlose Streben, die der Sittlichkeit widerstrebende Sinnlichkeit zu beschränken, und sich in allem seinem Wollen und Handeln bloß nach den Vorschriften des Moralgesetzes, und bloß aus reiner Achtung für dasselbe und für die Gottheit, aus der es ausfließt, zu bestimmen"[399]. Dazu braucht es keine großen Beweise, denn sowohl „die Stimme der Natur" als auch „jene der Offenbarung" lassen keinen Zweifel übrig, daß echte Tugend jeden Eigennutz ausschließt. Darum wundert sich Winter umso mehr, daß viele Philosophen gegen die „Natur" und viele Theologen gegen den Geist Christi „den Eigennutz auf den Thron setzen und wahre Tugend herabstürzen könnten"[400]. Winter denkt an jene Philosophen und Theologen, die das „Glückseligkeitsprinzip" als oberste Regel der Sittlichkeit ansehen und fragt, ob sie damit nicht die Vernunft „zur Magd der Sinnlichkeit"[401] herabwürdigen. Dieses Denken finde seinen Niederschlag in Predigten und Gebetbüchern, die nur mehr den Menschen als Sinnenwesen reizen. Sinnliche „Beweggründe" sind zwar notwendig, aber man darf nicht dabei stehen bleiben. Denn damit würde der Eigennutz die Tugend ablösen.

4.7.1.5 Vermeidung von Fehlern in bezug auf die Ästhetik

Diesen mehr grundsätzlichen Forderungen hinsichtlich dessen, was Gottesdienst nicht sein soll, fügt Winter noch vier mehr praktische Bemerkungen an. Dazu gehört als erste, daß der Gottesdienst die guten Sitten nicht beleidige[402]. Wenn nämlich die öffentliche Gottes-

---

398 Ebd. – Vgl. Fr. *Zoepfl*, Dr. Benedikt Peuger 47–50.
399 Theorie 181.
400 Ebd. 183.
401 Ebd.
402 Vgl. ebd. 185.

verehrung dazu bestimmt ist, den „reinen moralischen Lebenswandel" zu fördern, so sollte man sie wenigstens nicht in ihr Gegenteil umfunktionieren und sie zu einem Ort der Sinnlichkeit machen. Dies geschieht, wenn der Gottesdienst „zu eben nicht sehr erbauenden Zusammenkünften bloß Gelegenheit giebt, wo man nicht wegen Christus, sondern oft nur wegen Lazarus, noch öfter wegen der Martha kommt, z. B. bey Morgen- und Abendandachten... bey Prozessionen, bey Wallfahrten..."[403]. Noch öfter werden die guten Sitten im Gottesdienst durch Lieder, Statuen und Bilder verletzt, „die selbst in jedem profanen Ort das feinere Gefühl des Wohlstandes und der Sittlichkeit beleidigen würden... Zu dieser Klasse gehört auch die eitle Kirchenmusik, wenn dieselbe hüpfende Tänze nachahmt, oder an diese hingränzt."[404]

Zweitens sollte der öffentliche Gottesdienst den guten Geschmack nicht beleidigen, weil ästhetisches Empfinden nicht auf eine Schicht beschränkt, sondern in niederen wie in höheren Bevölkerungsschichten zu finden ist. Wahre Mißgeburten an Statuen und Bildern, verwahrloste Kircheneinrichtungen, dilletantische Musik, Kirchen, die „kerkerähnlich, düster und finster aussehen, wie der Geist des Mittelalters"[405], sündigen gegen den Sinn und das Gefühl für das Schöne. Von Belehrung und Erbauung kann bei einer solchen Gestaltung des Gottesdienstes keine Rede mehr sein.

Hierher gehört drittens auch die Forderung, daß der öffentliche Gottesdienst alle Überladung vermeiden müsse, die viel eher zur Ablenkung denn zur Vermittlung geistiger Ideen und Empfindungen beiträgt. „Durch Anhäufung der Zermonien werden eine Menge fremder, dunkler, oft durchaus nicht verketteter Ideen erzeugt, eine Menge vielleicht ganz heterogener Empfindungen und Gefühle aufgeregt; und muß nicht ein solches Kaos im Geiste und Herzen des Menschen eine totale Verwirrung herbeyführen...?"[406] Winter bestreitet nicht den Wert der Zeremonien. Er tritt aber gegen ihre all-

---

403 Ebd. — So bemerkt Winter etwas sarkastisch: „Manches Brautpaar kam nach der unverdächtigen Aussage eines Augenzeugens in Rom an, um sich ehelich einsegnen zu lassen, begleitet von einer Reihe der Nachkommenschaft, die es unter lauter Wallfahrten erworben hatte." Ebd.
404 Ebd. 186.
405 Ebd. 189f; vgl. auch A. *Ehrensperger*, Die Theorie 276f.
406 Theorie 190.

zu große Zahl auf, durch die viele Bereiche des Gottesdienstes der Aufklärungszeit belastet waren.

Schließlich kritisiert Winter viertens auch die allzu langen öffentlichen Gottesdienste. Besonders auffallend ist in seiner Zeit die Länge der Predigten, die mancherorts „eine volle Stunde, und darüber"[407] dauern. „Darauf folgt in vielen Orten ein stundenlanges Amt mit hundert Zeremonien, deren Bedeutung das Volk eben so wenig versteht, als die Sprache, in der alles vorgeht."[408] Abgesehen vom Beispiel Jesu und der Apostel, deren Gottesdienst durch „edle Einfalt" ausgezeichnet war, überfordert ein zu langer Gottesdienst den „gemeinen Mann". Das Auffassungsvermögen sowohl des Herzens als auch des Kopfes sei begrenzt. „*Kurz und gut,* ist daher das bekannte Sprüchwort"[409], das auch in der öffentlichen Gottesverehrung seine Anwendung finde.

Winters Grundsätze der öffentlichen Gottesverehrung in negativer Hinsicht haben von ihrer Intention her nur kritische Funktion. Vier Grundsätze schirmen die öffentliche Gottesverehrung gegen Aberglaube, Magie, Mechanismus und Eigennutz ab; vier weitere schützen den Gottesdienst vor Verirrungen in Hinsicht auf den ästhetischen Geschmack. In ihrer kritischen Funktion ziehen diese Grundsätze Grenzen, die der Gottesdienst nicht übertreten sollte. Sie sind insofern eine systematische Zusammenfassung all jener Mängel des Gottesdienstes, an denen sich Winter und die aufklärerischen Liturgiker gestoßen haben.

4.7.2 Die positiven Grundsätze der öffentlichen Gottesverehrung

Die Bestimmung dessen, was öffentliche Gottesverehrung nicht sein sollte, ist bei Winter vom positiven Anliegen motiviert, einen für sein

---

407 Vgl. ebd. 193. — Vgl. z. B. die Predigten Werkmeisters, die fast alle im Stil einer Abhandlung konzipiert sind. So hielt Werkmeister Predigten „Ueber das moralische Böse" — B. M. v. *Werkmeister,* Predigten I 1—17 —, „Vom öffentlichen Gottesdienste" — ebd. 219—234 —, „Von den Folgen unserer Handlungen" — Predigten II 137—156 —, „Vom guten Beyspiele" — Predigten III 1—19 — und „Von den Vortheilen der Gesellschaft" — ebd. 99—118.
408 Theorie 193f.
409 Ebd. 195.

Zeit- und Lebensgefühl relevanten Gottesdienst zu gestalten. Darum versucht er über die negativen Grundsätze hinaus positiv zu bestimmen, wodurch die öffentliche Gottesverehrung geprägt sein soll.

4.7.2.1 Verständlichkeit

Als wichtigstes Element führt Winter zunächst die Verständlichkeit der öffentlichen Gottesverehrung an. Wenn die Bedeutung der im Gottesdienst verwendeten Zeichen und Symbole nicht klar ersichtlich ist, dann kann der äußere Gottesdienst seiner Funktion als Hinführung zur inneren Religion nicht gerecht werden. Darum spielt die Erklärung im öffentlichen Gottesdienst eine große Rolle. „Erst... wenn die Zeremonien in Gesellschaft der mündlichen Erklärung auftreten, können sie Tugendmittel werden, erst auf dem Wege der Belehrung... bekommen sie Kraft, Geist und Leben, ohne diese sind sie bloß todte Massen, bloß Sittlichkeit lähmender Mechanism."[410] Winters historische Analysen haben gezeigt, daß in der Liturgie die vorrangige Bedeutung des belehrenden Elementes oft nicht gesehen wurde, ja daß man lange Zeit der Überzeugung war, daß der „bildliche" Unterricht des „mündlichen" im Gottesdienst nicht bedarf. Die Folge der Trennung des bildlichen vom mündlichen Unterricht war ein unzulänglicher äußerer Gottesdienst, der ein „bloßes Maulchristenthum, immer steigende Gleichgültigkeit, endlich volle Kälte gegen die Religion selbst" bewirkte[411]. Außerdem trug noch die lateinische Sprache dazu bei, „daß der gemeine Mann unter hundert religiösen Bildern... oft nicht sechs kennt... daß die lateinischen Vespern ihrer Unzulänglichkeit wegen den deutschen Gemeinden nicht frommen können"[412]. Selbst die Messe kann ohne Erklärung weder zur Belehrung noch zur Erbauung etwas beitragen[413]. Die Verständlichkeit der äußern Gottesverehrung durch entsprechende Deutung ist die erste Voraussetzung ihrer Wirksamkeit. Daß somit die Vernunft in ihrer klärenden und erklärenden Funktion obenansteht, weist Winter als echtes Kind seiner Zeit aus.

---

410 Ebd. 200f.
411 Vgl. ebd. 201.
412 Ebd. 201f.
413 Eine ausführliche Kritik und positive Vorschläge zu ihrer Reform hat Winter in seinem kritischen „Meßbuch" unternommen. S. unten Kap. 5.

4.7.2.2 Popularität

Eng mit der Verständlichkeit des äußeren Gottesdienstes hängt seine „Popularität" zusammen. Der Gottesdienst soll nach Winter „populär", d.h. dem Volke angepaßt sein. Das Volk stellt die Zielgruppe dar, die der Bildung und damit insgesamt der öffentlichen Gottesverehrung bedarf. Der Gottesdienst darf deswegen nie unter Absehung dieser Zielpruppe gestaltet werden. Winter spürte, daß derjenige Gottesdienst die Menschen verliert, der das Volk „in seiner Hochheit oder Urtiefe verliert"[414]. Die Popularität des öffentlichen Gottesdienstes bezieht sich dabei auf „die mitzutheilenden *Lehren* und *Gefühle* — auf ihre *Bezeichnung* — auf die *Beyspiele*"[415]. Die in der äußeren Gottesverehrung vermittelten Lehren und angesprochenen Gefühle müssen — wie Winter es ausdrückt — in die „Fugen des Volkes" passen. Nur wenn im Volk vorhandene und verankerte Begriffe und Gefühle angesprochen werden, hat der öffentliche Gottesdienst die Möglichkeit, so zu belehren und zu erbauen, daß eine Änderung im religiössittlichen Leben der Gläubigen erreicht werden kann. „Wer also darauf ausgeht, die äußere Religion populär zu machen, der setze sich in den Gesichtskreis des gemeinen Mannes, hole nur aus diesem jene unmittelbaren Anschauungen ... und unterlege sie den Religionsbegriffen, die er entwickeln will."[416] Winter klagt, daß in der liturgischen Praxis viele Priester den gemeinen Mann überfordern, indem sie zu viele „Lehren" und „Gefühle" auf einmal bringen, die sie selbst oft noch nicht verdaut haben, oder daß sie mit abstrakten Allgemeinbegriffen operieren, ohne sie durch erklärende Beispiele oder Bilder zu konkretisieren. Die dadurch verschuldete Isolierung des öffentlichen Gottesdienstes widerspricht der Aufgabe der äußeren Gottesverehrung, konkrete Ideen und Gefühle zu vermitteln. Verantwortlich ist dafür nach Winter wiederum vor

---

414 Theorie 203; vgl. auch A. *Ehrensperger,* Die Theorie 198—204. — Daß das Bemühen der Aufklärungsliturgiker trotzdem nicht vom Volk rezipiert wurde, ist sicher zum Teil darin begründet, daß das Volk zwar als zu erziehendes Objekt ernstgenommen wurde, daß aber die Erziehungsziele *nicht* vom Volk, nicht von dem im religiösen Brauchtum des Volkes lebendigen Bedürfnis nach Transzendenz bestimmt wurden, sondern von Postulaten der reinen und — wo diese nicht mehr ausreichen — der praktischen Vernunft einer gewissen gebildeten Oberschicht.

415 Theorie 204.   416 Ebd. 204f.

allem die „unpopuläre" Sprache der Formulare, Gebete und Lieder, die zwar oft „gute Nahrung" enthalten, diese aber „in einer undurchdringlichen Schale" anbieten.

Wenn der Inhalt der zu vermittelnden religiösen Ideen und Gefühle manchmal wirklich eine eigene, schwer verständliche Sprache verlangt, dann sollten „populäre" Beispiele weiterhelfen. Beispiele wirken aber nur, wenn sie aus dem Verständnishorizont jener Menschen kommen, denen sie vorgehalten werden. Aus diesem Grund fordert Winter einerseits Beispiele aus der Welt, denn „Menschen in der Welt frommen nur Beyspiele aus der Welt"[417]; andererseits fordert er eine Differenzierung der Beispiele für Stadt- und Landgemeinden, die in bezug auf Bildung und „Geistesthätigkeit" auf verschiedenen Stufen stehen. Zudem treten innerhalb der Gemeinden selbst starke Unterschiede zwischen Gebildeten und „Menschen niederer Stuffe" auf. Und dennoch werde „für Stadt- und Landgemeinden, für ganze Diözesen, für ganze Königreiche, ja bey den Katholiken für alle in dem Weltall zerstreute Brüder — für Menschen, die an den beyden Endpunkten der Kultur, so wie an den beyden Endpunkten des Erdenkreises stehen, nur *Eine* Liturgie bestimmt[418]. Indem die Liturgie so vielen Menschen die gleichen Worte und Bilder vorhält und „alle Theile befriedigen will", befriedigt sie niemanden.

Winter verlangt somit im Zusammenhang mit der Verwendung von Beispielen eine differenzierte äußere Gottesverehrung, deren Zweck zwar nur einer ist, nämlich die Hinführung zur inneren, moralischen Gottesverehrung, während die Mittel, diesen Zweck zu erreichen, kulturspezifisch sind. „Wir ringen zwar Alle nach einem Zwecke, aber verschieden, wie wir, und dem Maße unserer Kultur angepaßt, müssen die Mittel seyn, welche uns dem ausgesteckten Ziele näher rücken sollen."[419]

Die Popularität des öffentlichen Gottesdienstes, dessen Volksverbundenheit, ist damit für Winter — wenigstens der theoretischen Forderung nach — eines der wichtigsten Kriterien für einen gelungenen öf-

---

417   Ebd. 208. — Winter wendet sich z. B. gegen die vielen Heiligen, Könige und Ordensmänner, die den Gläubigen in Erzählungen und Bildern der Liturgie als Vorbilder hingestellt werden, obwohl sie für gewöhnlich außerhalb des Anschauungshorizontes des „gemeinen Mannes" liegen. Die „Macht der Beispiele" hätten vor allem die Väter bereits gekannt und auch vielfältig angewandt. S. Kritische Geschichte 19.
418   Theorie 219f.   419   Ebd. 211.

fentlichen Gottesdienst. Daß bei ihm aber die im Volk gewachsenen Frömmigkeitsformen und die darin versprachlichten Anliegen trotzdem so negativ beurteilt werden, muß einen dogmatischen-ideologischen Grund haben. Wenn nähmlich von einzelnen Menschen oder Gruppen entschieden wird, was für das Volk gut ist und was zu dessen Glückseligkeit beiträgt, ohne das in Brauchtum und Normen internalisierte religiöse Leben des Volkes zu berücksichtigen, so erscheinen die Verbesserungs- und Veränderungsvorschläge als aufoktroyierte Ideologie. Darin lag sicher auch ein Grund, warum aufklärerische Liturgiereform weder von der kirchlichen Hierarchie noch vom gläubigen Volk in größerem Ausmaß rezipiert wurde [420].

4.7.2.3 Zweckmäßigkeit

Die dritte Grundbedingung für authentische äußere Gottesverehrung ist die Zweckmäßigkeit des öffentlichen Gottesdienstes. Winter hat bereits einen Katalog der Zwecke der äußeren Gottesverehrung erstellt[421]. Öffentlicher Gottesdienst ist demnach die „Schule des *Menschen,* der durch dieselbe auf seine erhabene Bestimmung aufmerksam gemacht, seinen bessern Theil, sein besseres Ich, seinen unsterblichen Geist veredelt, und von der Seite, von welcher er ein Abkömmling der Gottheit ist, sich derselben zu nähern strebt — er ist die Schule der *Christen;* das Große, das Göttliche, das Unendliche, das Ewigunerschöpfliche unserer Religion wird hier dem Menschen geöffnet, und ihm die Schätze des Himmelreiches dargeboten — er ist die Schule des *Bürgers...* — er ist die Schule für Alle, er zeichnet jedem Stande, jedem Alter, jedem Geschlecht die Summe der ihm obliegenden Pflichten vor"[422]. Auf diese Zwecke, die Erfüllung der religiösen Pflichten durch einen sittlich-moralischen Lebenswandel, soll jede öffentliche Gottesverehrung hingeordnet sein. „Sittlichkeit als das unbedingte Gut der Menschheit sey, und bleibe immer das Vorzüglichste, was hier zur Sprache kommen soll! — Sittenlehre ertöne von den Kanzeln! Sittenlehre von den Beichtstühlen! Sittenlehre verkündigen die Gemälde an den Wänden unserer

---

420 Vgl. auch Anm. 414.
421 S. o. Abschnitt 4.4.
422 Theorie 212f. — Unterstreichungen von mir.

Tempel! — Sittenlehre die Statuen auf den Altären! — Sittenlehre die Zeremonien und Gebräuche im Heiligthume der Messe, und bey Ausspendung anderer Geheimnisse!"[423]

Der öffentliche Gottesdienst ist damit radikal in den Dienst einer Religion gestellt, die sehr streng — und sicher zu eng — als Erfüllung religiös-sittlicher Pflichten konzipiert ist. Selbst die Verkündigung der Dogmen, die Winter nicht aus dem öffentlichen Gottesdienst verdrängen will, dient der Weckung sittlich-religiöser Gesinnungen. Darum wünscht er z. B., „daß dogmatische Meynungen aus den Gebeten und Gesängen weggelassen, und dagegen eine reine praktische Idee zur Besserung des Menschen durch das Ganze durchgeführt werden möchte — Wer dürfte uns Christen des neunzehnten Jahrhunderts ein Recht bestreiten, Gott als Vater, frey von allen dogmatischen Zwisten und Ansichten, die unserm Herzen oft so fremd sind, im Geiste und in der Wahrheit anzubeten?"[424] In der öffentlichen Gottesverehrung werde also Sittlichkeit verkündet und nicht Dogma! Nur jener Gottesdienst, der diesem Zweck zugeordnet ist, trägt bei zur Glückseligkeit des Menschen und erbringt darin den Beweis, echter äußerer Gottesdienst zu sein.

4.7.2.4 Gründlichkeit

Eine weitere Wesenseigenschaft, die die öffentliche Gottesverehrung auszeichnen sollte, ist für Winter die Gründlichkeit. Der äußere Gottesdienst dient ja dazu, dem Menschen religiöse Wahrheiten und sittliche Pflichten vorzuhalten, damit jene seinen Willen beeinflussen. Damit die religiösen Wahrheiten und sittlichen Pflichten „Bestimmungsgrund" für Entschlüsse und Handlungen des Menschen werden können, muß sie der Mensch „mit Beweisen der Gewißheit" überschauen können. Die äußere Religion soll also darauf ausgehen, dem Menschen „die beabsichtete Lehre so klar, so faßlich, so gewiß zu machen, daß sie seine Seele gleich den Sonnenstrahlen beleuchte... und das Herz zu guten Entschließungen erwärme"[425]. Winter versteht dabei unter der Gründlichkeit des Gottesdienstes, daß nicht

---

423 Ebd. 213.
424 Ebd. 214f.
425 Ebd. 216.

„nur das offenbar Falsche, sondern auch alles Unerweisliche, bey dem die historische, philosophische oder theologische Kritik den Kopf schüttelt"[426], aus den religiösen Vorträgen und aus der Liturgie entfernt werde.

Diese Gründlichkeit sieht er im Menschen selbst und auch durch gesellschaftliche Einflüsse gefährdet. Im Menschen „sind es die niedern Triebe, deren Kunstgriff immer dahin geht, gegen das ihnen entgegenstehende Sittengesetz Zweifel und Einwendungen aufzuregen, so den Verstand zu umnebeln, und auf ihre Seite zu lenken"[427]. Andererseits ist auch in der Gesellschaft „die Anzahl derjenigen nicht klein..., welche vor unbändiger Begierde nach sinnlichen Genüssen den ihnen entgegenstehenden Damm des Sittengesetzes, und der Religion durchzubrechen streben, und das Feste mit dem Morschen einreißen"[428].

So entbehrt nach Winter der augenblickliche Zustand der öffentlichen Gottesverehrung weitgehend in Texten, Statuen und Bildern der Gründlichkeit, weil weder die Basis, auf der sie stehen, kritisch abgesichert ist, noch die Erklärung und Aussage, die sie darstellen, auf den richtigen Gesichtspunkt — die Sittlichkeit — hinweist. Ein „gereinigter" Gottesdienst soll sich daher besonders durch gründliche, klar faßbare und beweisbare Ideen und Gefühle auszeichnen.

4.7.2.5 Ästhetische Kraft

Eine weitere Forderung Winters bezüglich des öffentlichen Gottesdienstes ist die, daß sich die äußere Gottesverehrung durch besondere ästhetische Kraft auszeichnen müsse. Im Gottesdienst sollte man daher nicht nur negativ alles meiden, was gegen den guten Geschmack und gegen die Sitten verstößt, sondern positiv die ‚Sinnlichkeit' aufnehmen, um sie als wichtige Vermittlerin religiöser Ideen und Gefühle zu gebrauchen. Die Schwierigkeit, auf die Winter dabei stößt, ist wieder die der rechten Zuordnung von Vernunft und Sinnlichkeit. Vernunft und Sinnlichkeit sind bei Winter (und der gesamten Aufklärung) — wie bereits öfter betont — nicht gleich-

---

426 Ebd. 219.
427 Ebd. 217.
428 Ebd.

wertig, sondern werden nur dann ihrer je spezifischen Aufgabe gerecht, wenn in der menschlichen Person die Vernunft „Gebieterinn" und die Sinnlichkeit ihre „Magd" ist. Winter formuliert diese Maxime folgenderweise: „Soll nun der Mensch aus dem Stande der Unmündigkeit heraustreten, sollen die ihn beschwerenden Ketten der niedern Triebe zertrümmert, soll er in den Kreis der selbständigen moralischen Wesen versetzt werden, so muß Vernunft nicht Magd, sondern Gebieterinn seyn, der Geist muß befehlen, der Leib gehorchen, die Vernunft soll sich zur souveränen Monarchinn unserer Neigungen emporschwingen."[429] Erst wenn diese Unterordnung erkannt und beachtet wird, bekommt die Sinnlichkeit eine eminent positive Rolle. Sie kann nämlich mit Hilfe der Ästhetik zu wahren, moralischen Zwecken erziehen. Darum sind Sinnlichkeit und Ästhetik für die öffentliche Gottesverehrung unentbehrlich.

Winter nimmt in dieser Frage eine gegensätzliche Position zu einigen radikalen Liturgiereformern der Aufklärungszeit ein, die in der liturgischen Gestaltung auf den Bereich des Sinnlichen überhaupt verzichten wollten. Sinnlichkeit hat zwar bei ihm keinen Wert in sich, sie ist aber als Vermittlungsinstanz für die Gewinnung reiner Ideen und echter Gefühle unerläßlich. Winter sieht deshalb die Forderung, alle sinnlichen Formen aus der öffentlichen Gottesverehrung zu eliminieren, als überspannt an. Der äußere Gottesdienst ist so zu gestalten, „daß die durch die schönen Formen geweckten Gefühle mit der Erkenntniß der Wahrheit gleichen Schritt halten, und dem Menschen für das Höhere, Uebersinnliche und Göttliche Interesse abgewinnen"[430].

Die ästhetische Kraft zeige sich daher bereits in den „Raumverhältnissen", in denen die öffentliche Gottesverehrung gefeiert wird. Winter verweist auf die Schulgebäude des Staates, die mit viel Sorgfalt erbaut werden. „Wird man mir es verargen, wenn ich für die Nationalbildungsanstalt eine gleiche Stimme erhebe, gleiche Anforderungen mache?"[431] Weiters meint Winter, daß sich die Ästhetik im Vortrag des Predigers niederschlagen soll, indem er sich eines ‚blühenden' Stiles, fließender Beredsamkeit, Eleganz der Wörter, Abwechslung der Wendungen und differenzierter Darstellung be-

---

429 Ebd. 221f.
430 Ebd. 223f.
431 Ebd. 224.

fleißige. Ebenso wähle man in den Gebetbüchern reinere, das Herz erhebende Ideen und „einen dem Fassungskreise des Volkes, und dessen religiöse Bedürfnisse ansprechenden Stoff, und umhänge denselben mit einem ästhetischen Kleide"[432]. Schließlich zeichne sich die religiöse Musik in Text und Melodie durch „Wahrheit" und „Harmonie der Töne" aus. Kurz: „Alle sollten Alles, was innerhalb ihres Wirkungskreises liegt, aufbieten, um den oft durch höhere und niedere Triebe getrennten Menschen in ein friedliches Ganze umzuschaffen; aber nirgends werden sie mit mehr Würde und Wirkung einen schwesterlichen Bund schließen, als in unsern Tempeln, um die Sinnlichkeit zur Vernunft, die Menschheit zur Gottheit, das Endliche zum Unendlichen zu erheben."[433] Ästhetisches Empfinden und ästhetische Kriterien spielen daher für die Gestaltung aller Teile des öffentlichen Gottesdienstes eine wichtige Rolle.

4.7.2.6 Mannigfaltigkeit

Die ästhetische Aussagekraft der äußern Gottesverehrung wird erhöht, wenn die im öffentlichen Gottesdienst verwendeten Symbole, Zeichen und Bilder mannigfaltig sind. Die immer wiederkehrende „Affizierung des nämlichen Objektes"[434] stumpft nämlich nach Winter das „äußere" und „innere" Gefühlsvermögen ab und ist die Hauptursache für den schädlichen Mechanismus der Gebete und Zeremonien der äußeren Gottesverehrung. „Der Kopf wird also zuletzt eben so wenig denken, als das Herz fühlen, beyde kommen leer weg, und das Ganze geht in einen herabwürdigenden Mechanism über."[435] Dagegen fordert das Gesetz der Mannigfaltigkeit für die Gestaltung des öffentlichen Gottesdienstes einen dauernden Wechsel der Formen, die nur durch Veränderung neue Anschauungen, neue Wirkungen und damit neues Leben hervorrufen können. Winter findet den Rythmus der Veränderung bereits im „Felde der Natur" z. B. im Wechsel von Tag und Nacht oder im Wechsel der Jahreszeiten vorgegeben. Was für die Natur gilt, gilt bei ihm natürlich

---

432 Ebd. 225.
433 Ebd. 227.
434 Ebd. — Vgl. auch B. *Thiel,* Die Liturgik 28f; A. *Ehrensperger,* Die Theorie 205—214.
435 Theorie 228f.

in noch größerem Maße auf dem sittlichen Gebiet. Mannigfaltigkeit ist deswegen notwendig, weil nicht einmal der erhabenste Gegenstand sich gegen die „niederdrückende und erkaltende Macht der Gewohnheit"[436] behaupten kann. Als Beispiel führt Winter das „Abendmahl" an[437]. Er fragt sich, warum diese Anstalt „weder für den Priester, noch für den Layen das Erbauungs- und Tugendbeförderungsmittel" ist, „welches es mit Hinblick auf den erhabnesten Gegenstand seyn könnte — seyn sollte? "[438]. Einen wesentlichen Grund sieht er darin, „daß der Kanon der Messe... täglich der nämliche ist, daß täglich beynahe immer die nämlichen Gebete wiederkehren, daß dem Layen... täglich die nämlichen Zeremonien vorgeführt werden"[439]. Ähnlich verhält es sich bei den übrigen liturgischen Büchern, die für jeden liturgischen Vollzug nur ein Formular enthalten. Der eben gerügte Fehler hat nach Winter den gesamten erbauenden Gottesdienst angesteckt. „Das volle Jahr hindurch läuft die Reihe unserer Religionsakten an einem Faden ab, immer wiederkehrende Zeremonien, immer die nämlichen Gebete, immer die nämlichen Gesänge, immer dieselben Formulare, immer dieselben Anreden aus dem Rituale."[440] Aber selbst im belehrenden Gottesdienst, der doch thematisch in der Sittenlehre ein unerschöpfliches Gebiet hat, vermißt Winter die Abwechslung. Gewohnheit und ‚Mechanismus' sind die unausweichlichen Folgen einer derartig eintönigen äußeren Gottesverehrung. Mannigfaltige Formen, abwechselnde Themen und rituelle Variationsmöglichkeiten für die einzelnen Sakramente würden dagegen Abwechslung und Belebung in den öffentlichen Gottesdienst bringen.

---

436 Ebd. 229.
437 Die zwar nicht einheitlich aber doch fallweise durchgeführte Übernahme protestantischer Termini — wie hier „Abendmahl" — charakterisiert den Versuch Winters, konfessionelle Unterschiede als nicht relevant zu qualifizieren. „Winter zeigt sich hier am extremsten, indem er auf den protestantischen Gottesdienst als Vorbild hinweist." W. *Trapp*, Vorgeschichte und Ursprung 47. — Daß Winter den protestantischen Gottesdienst aber nur in ganz wenigen Punkten als Vorbild hinstellt, im gesamten aber der Meinung ist, daß er sich in derselben Krise befindet wie der katholische Gottesdienst, wird die Analyse des „Meßbuches" und des „Rituals" zeigen. S. unten Kap. 5 und 6.
438 Theorie 229f.
439 Ebd. 230.
440 Ebd. 230f.

Winter redet aber nicht einem immerwährenden Wechsel das Wort. Denn dauernde Veränderung ist für ihn nur das Pendant zum Mechanismus. Sie wirkt zwar für den Augenblick, läßt aber den Menschen gar nicht zum Denken kommen. Winter muß sich deswegen so scharf gegen ‚permanentes Verändern' in den liturgischen Vollzügen aussprechen, weil einige radikal denkende Zeitgenossen darin das einzige Heilmittel sahen, die Kirchen wieder zu füllen. Im Gegensatz dazu fürchtet er eher, daß dauerndes Verändern im äußern Gottesdienst auch jene noch vertreibt, die Geschmack und Sinn für echte Erbauung haben[441]. In diesem Zusammenhang fügt Winter die Beobachtung an, die ihn im gesamten liturgischen Leben befremdet, daß man nämlich „bey liturgischen Aenderungen bloß die Wegeilenden, und nicht die bey Weitem zahlreichere Klasse der Zurückbleibenden berücksichtigt? – daß man jenen geben will, was sie nie hatten; diesen aber rauben, was sie immer besaßen? . . ."[442].

Mannigfaltigkeit als bestimmendes Merkmal des öffentlichen Gottesdienstes bedeutet somit für Winter das Ausschöpfen vieler Gestaltungsmöglichkeiten durch Variation von Texten, Symbolen und Bildern, in denen sich die Gottesverehrung als verändernde und damit als lebendige Kraft ausdrückt.

4.7.2.7 Einheit

Winter setzt aber der Mannigfaltigkeit im öffentlichen Gottesdienst ein ergänzendes Prinzip an die Seite. Das Streben nach Mannigfaltigkeit ist nämlich ohne ordnende Linie in Gefahr, ein Konglomerat verschiedener, nicht zusammenpassender Teile zu schaffen. Darum gehört zum Prinzip der Mannigfaltigkeit unbedingt das der Einheit[443]. Die „Meisterhand der Natur" ist Winter hiefür wiederum Vorbild, indem sie z. B. die zwei sehr heterogenen Teile des Menschen, Körper und Geist, zu einem physischen Ganzen verbindet. Wie nun in der Natur mannigfaltige Teile zu einem organischen Ganzen verwachsen sind, so sollten im Menschen religiös-sittliche

---

441 Vgl. dazu ebd. 232f.
442 Ebd. 233f.
443 Ebd. 234–240. – Vgl. auch B. *Thiel*, Die Liturgik 16–28 und A. *Ehrensperger*, Die Theorie 121–133.197f.

„Teile" zu einer „moralischen Einheit" verschmelzen. Für Winter vollzieht sich das dadurch, „daß der Mensch, was er wird, durch Selbstbestimmung und Freyheit wird, daß er in seinen Urtheilen, in seinen Gefühlen, und Handlungen die Sinnlichkeit dem Moralischen, dem Heiligen, welches den bessern Theil von uns ausmacht, und der übersinnlichen Welt angehört, unterordnen, und so sich selbst zu einem friedlichen Ganzen, zu einem Wesen von einer höhern Ordnung umschaffen kann"[444]. Und dazu sollte der öffenliche Gottesdienst eine Stütze sein. Diese Aufgabe kann er aber nach Winter nur leisten, wenn er selbst ein harmonisches Ganzes bildet, indem er auf die moralische Einheit als Zielpunkt hingeordnet ist und von diesem Zielpunkt her auch gestaltet wird. So lasse der öffentliche Gottesdienst „immer und überall den nämlichen Zweck durchblicken, den erbauenden Anstalten gebe er mit den Belehrenden Eine Richtung". Dieser *eine* Zweck ist für Winter der „unverfälschte Geist des Christenthums"[445]. Dieser „wehe nicht bloß in dem, was in einer religiösen Versammlung gelehrt, gebetet und gesungen, sondern auch in dem, was gesehen wird, in den zu den erhabnesten Zwecken bestimmten Oertern, selbst in ihren innern Verzierungen, in Gemälden und Statuen"[446].

Winter klagt darüber, wie wenig diese große Aufgabe, das Mannigfaltige zu einem schönen Ganzen zu verbinden, in den Gottesdiensten seiner Zeit gelöst ist. Diesbezüglich befinde sich der öffentliche Gottesdienst in einem „kaotischen" und gestaltlosen Zustand. Er werde es immer bleiben, „solang nicht die unförmliche Masse durch Ausscheidung des Heterogenen, durch Verkettung des Zweckdienlichen, durch Zusammenstellung der Theile... zu einem schönen, auf einen wirksamen Eindruck hinarbeitenden Ganzen umgebildet ist"[447]. Als erste kleine Schritte, dem Gottesdienst den Einheitscharakter wiederzugeben, versteht Winter die Anregungen, z. B. die Sakramente nicht außerhalb der versammelten Gemeinde zu spenden oder den Empfang der Kommunion nicht am Ende der Messe

---

444 Theorie 235.
445 Ebd. 236. — Daß dieser „unverfälschte Geist des Christenthums" identisch ist mit der Sittlichkeit, geht aus dem Gesamtwerk Winters klar hervor.
446 Theorie 236.
447 Ebd. 237.

oder vorher, sondern innerhalb der Messe gemeinsam mit Volk und Priester zu feiern. Solche Schritte sollten den Weg zu einem mannigfaltigen, aber durch ein einheitliches Prinzip gestalteten Gottesdienst bahnen.

Winters positive Grundsätze für eine wirksamere Gestaltung und Feier des öffentlichen Gottesdienstes berühren wesentliche liturgietheologische Aspekte. Sowohl Volksverbundenheit, Zweckmäßigkeit und Verständlichkeit, wie auch ästhetisch-künstlerische Aussagekraft des Gottesdienstes, die von Winter eindringlich gefordert werden, gehören zum „Wesen" liturgischer Vollzüge. Sind diese Elemente nicht mehr oder nur rudimentär in der Liturgie vorhanden, kann nach Winter die Liturgie ihrer genuinen Aufgabe nicht gerecht werden. Von einer Leugnung der Notwendigkeit des öffentlichen Gottesdienstes oder einer rationalistischen nur kritisch-negativen Verkürzung liturgischer Vollzüge kann deshalb bei Winter nicht gesprochen werden.

4.8 Pastorale Forderungen für eine sachgerechte Umbildung der Liturgie

Winter fügt seinen theoretischen Grundsätzen über die Beschaffenheit der äußeren Gottesverehrung einige pastorale Hinweise an, die bei der Umbildung der öffentlichen Gottesverehrung zu beachten sind. Die Notwendigkeit einer Umbildung der Liturgie ist für ihn evident. Dagegen spricht auch nicht die Tatsache, daß gerade diejenigen, die noch am öftesten in die Kirche gehen, zugleich „die erklärtesten Feinde aller Abänderung" sind. Denn Winter glaubt nicht, daß die Reformen und Änderungen daran schuld sind, „sondern sehr oft, und *vorzüglich in dem Mangel der nöthigen Vorsicht lag,* mit der die Reformatoren bey ihrer Operation zu Werke giengen"[448]. Außerdem muß jede Änderung daraufhin befragt werden, ob sie eine wirkliche Verbesserung ist, vor allem dann, wenn feste Grundsätze für eine Reform fehlen oder utopisch-idealistische Ziele angestrebt werden. Winter ist darum überzeugt, daß Reformen scheitern müssen, wenn von ihnen nicht „mit einem Scharfblicke in das gerade jetzt Passende und Wirkende und mit der reifesten Beurthei-

---

448 Ebd. 242.

lung der vorhandenen Geistesbedürfnisse Gebrauch gemacht wird, und daß mithin aller Segen der trefflichsten Vorschläge zur Reinigung und Vervollkommerung des äußern Gottesdienstes einzig auf der freyen; aber bescheidenen Selbstthätigkeit des sie benützenden Reformators, auf seiner richtigen Menschenkenntniß, auf seiner weisen Auswahl nicht nur von Gegenständen, sondern auch von Zeit und Ort, kurz, auf seiner den Umständen sich anschmiegenden Klugheit beruhe"[449]. Die Hauptrolle bei liturgischen Reformen spielt also der durch Erkenntnis und Klugheit ausgezeichnete Reformer.

In dieser Auffassung spiegelt sich das für die Aufklärung als typisch zu bezeichnende individualistische Vermittlungsmodell wider: Ein einzelner oder eine Gruppe, die sich bereits im Besitz einer Erkenntnis befinden, sollen diese dem „Haufen", dem Volke, dem kantischen „Publicum", vermitteln. Diese Vermittlung will zunächst nicht manipulierend vergewaltigen, sondern sie ist vom missionarischen Ethos getragen, den anderen Erkenntnis und Bildung und damit Glückseligkeit zu bringen. Der „Reformator" hat die Aufgabe, das Volk durch kleine Schritte zu einem neuen ‚aufgeklärten' Verständnis von Liturgie zu führen. Damit das aber gelingen kann, sollte er verschiedene Punkte beachten.

Die wichtigste Voraussetzung für das Gelingen einer liturgischen Reform sieht Winter darin, daß der „Reformator" — und Winter meint damit immer einen Priester — das Zutrauen und die Liebe seiner Gemeinde besitzt. Das Beziehungsverhältnis zwischen Priester und Gemeinde, das bereits für die Wirkung von Predigt, Beichte, Hausbesuchen und Katechese wichtig ist, ist in den liturgischen Vollzügen von entscheidender Bedeutung. „In keinem Zweige seines Amtes ist ihm das Zutrauen mehr Bedürfniß, als wenn er das Messer an die Liturgie ansetzt, und das Veraltete, den Zeiten nicht mehr Anpassende wegschneiden will."[450] Denn dort ist — wie Winter richtig urteilt — die Anhänglichkeit an das „Hergebrachte" besonders groß[451]. Um

---

449 Ebd. 243f.
450 Ebd. 244f. — S. auch B. *Thiel*, Die Liturgik 14.
451 Winter sieht diese Anhänglichkeit vielleicht zu negativ nur als ein Verwechseln der Nebensachen mit dem Wesentlichen. Ist diese Anhänglichkeit des Volkes an traditionelle Formen in der Liturgie nicht eher Ausdruck eines sich organisch entwickelnden Glaubenslebens? — So meint auch Hollerweger: „Die Gottesdienstordnung (Josephs II.; der Verf.) wurde

dieses Zutrauen des Volkes zum Priester zu erreichen, sieht Winter zwei Möglichkeiten: „Wärme gegen die unserm Hirtenamte anvertraute Heerde und Wärme für die gute Sache, für die Religion"[452]. Viele, vor allem junge Priester lassen nach Winter oftmals die Liebe zum Volk außeracht, indem sie „über den niedern Pöbel außer, und selbst oft in der Kirche wegsehen, und demselben ihre Nichtachtung nur zu sehr fühlen lassen"[453]. Eine positive Einstellung auch zum weniger Wissenden und weniger Aufgeklärten ist Voraussetzung für ein Vertrauensklima, das besonders bei Umänderungen in der Liturgie notwendig ist. Das Vertrauensklima wird noch durch eine „strenge Anhänglichkeit" des „Reformators" an die Religion erhöht. Wenn nämlich die Menschen bemerken, daß es dem „Reformator" „nicht um Behauptung seiner Meynung, sondern um den Geist der Religion"[454] geht, dann schwindet auch der Verdacht, daß der „Reformator" mit seinen Neuerungen die Religion infragestellen möchte. Kommunikation zwischen Priester und Gemeinde und gegenseitiges Vertrauen sind darum Grundbedingungen für liturgische Umbildungsversuche. Deshalb findet es Winter pastoral ungeschickt, wenn viele ‚Neulinge' kurz nach ihrem Amtsantritt mit Neuerungen beginnen, ohne sich vorher das Zutrauen der Gemeinde erworben zu haben. Das Scheitern mancher solcher Versuche hat darin seinen Grund und das sollte für andere ein warnendes Beispiel sein.

Wenn nun eine Vertrauensbasis zwischen Priester und Gemeinde geschaffen ist, kann der „Reformator" darangehen, auf dem Wege der Information und Belehrung die Gemeinde „für die Idee des Bessern" empfänglich zu machen[455]. Dabei ist behutsames Vorgehen gefordert. Weder beleidigende und zynische Kritik noch herablassendes Besserwissen sind die idealen Mittel, Erkenntnis zu vermitteln.

---

erst zum Stein des Anstoßes durch die in den ‚Randbemerkungen' eingeführten Normen, die tief in das bisherige religiöse Leben des Volkes eingriffen ... Es handelte sich dabei fast durchgehends um Andachtsformen, die stark im Emotionalen verwurzelt sind." H. *Hollerweger*, Die Gottesdienstreform 457. Und ebd. 456: „Die Unterbewertung des Emotionalen zugunsten des Rationalen war ... vielfach die eigentliche Ursache der Unzufriedenheit."
452 Theorie 245.
453 Ebd. 246.
454 Ebd. 247.
455 Vgl. ebd. 249. – Vgl. auch B. *Thiel*, Die Liturgik 12f.

Winter hält es für ein schlechtes Vorzeichen für das Gelingen reformerischer Ideen, „wenn man die Erhebung der einzuführenden Reformen auf die Herabsetzung von etwas Andern gründen muß, das auf der unerschütterlichen Basis angebohrner Ehrfurcht ruht, und daß man durch solches Losstürmen gegen die durch das Alter ehrwürdig gewordene Heiligthümer bey Weitem eher sich selbst, als jene Anstalten in Verdacht bringt"[456].

Eine Hauptquelle der Widerstände, die das Gelingen liturgischer Reformen hemmen, sieht Winter darin, daß die meisten Menschen „zwischen innerer und äußerer Religion, zwischen der Sache und ihrer Form, der Lehre und Lehrmethode, zwischen dem Wesentlichen und Zufälligen nicht zu unterscheiden"[457] wissen. Nur andauernde Unterweisung und Belehrung, die bereits bei der Jugend anzusetzen hätte, kann diesem Mißstand abhelfen. „Wenn nämlich die Jugend beym ersten religiösen Unterrichte die Hülle von der Religion selbst streng zu sondern lernt — wenn bey ihr der Sinn für das Bessere — der Geschmack nach erhebenden und unserm Geistesbedürfnisse ansprechenden Gebeten und Liedern geweckt wird"[458], dann ist damit die Vorarbeit für ein Bewußtsein geleistet, das Reformen und Veränderungen der Liturgie als zu ihrem Wesen gehörend erkennt.

Bei der Belehrung sollte der „Reformator" die verschiedenen Abstufungen der Gemeinde in bezug auf Bildung und Wissen berücksichtigen. Winter nimmt aufgrund seiner seelsorglichen Praxis an, daß jede Gemeinde in zwei Gruppen eingeteilt werden kann. „Die ältere und bey Weitem überwiegende Partey bilden diejenigen, welche am Hergebrachten kleben, welche im bildlichen Gottesdienste über das Gegebene nichts Höheres anerkennen, und daher alle Abänderung, wenn sie nicht eines Bessern belehrt werden, für Skandal und Verderben ansehen."[459] Dem steht eine „zweyte minder Zahlreiche, aber mehr Ausgebildete gegenüber, welche Liturgie und Religion streng voneinander trennt, diese für den Kern, jene bloß für die Schale, für Form, für Darstellungsart ansieht, und eben daraus die ganz richtige Folge ableitet, daß, die Unveränderlichkeit der

---

456 Theorie 249f.
457 Ebd. 250.
458 Ebd. 251.
459 Ebd. 253.

Lehre zugestanden, die Liturgie, wie jede andere Lehrmethode, nicht nur eine Veränderung zulasse, sondern ihrer Natur nach fordere, und mit andern Theilen des menschlichen Wissens vorwärts schreiten müsse"[460]. Innerhalb dieser zweiten Gruppe sind nach Winter wiederum zwei Parteien festzustellen: eine, der es wirklich um „Re-Formen" in der Liturgie geht — also um „die alten Lehren in einer neuen Form" —, und eine zweite, für die die Reformen nur Vorwand und Deckmantel sind, sich der Religion zu entledigen[461]. „Konservative" und „Progressive" — um eine volkstümliche Einteilung von heute aufzugreifen — bestimmen nach Winter das geistige Klima jeder Gemeinde. Beide Gruppierungen muß der „Reformator" in seinen Bemühungen berücksichtigen. Die „Konservativen" erfordern mehr Rücksichtnahme[462], während die Ideen der „Progressiven", die manche Gebrechen und manches Anstößige in der öffentlichen Gottesverehrung bemerken und Mittel zu deren Behebung vorschlagen, aufgenommen und nach Möglichkeit realisiert werden sollten. Nur unter Respektierung aller in der Gemeinde vorhandenen Meinungen und Ideen ist ein Gelingen liturgischer Reformen möglich.

Bei der Durchführung liturgischer Erneuerungen vermeide der „Reformator" außerdem den „Schein der Neuheit" seiner Reformen[463]. Weder große Ankündigungen noch viel Reklame sind für die Einführung von Veränderungen in der Liturgie günstig. Winter redet dabei nicht einem bewußten Täuschen oder Irreleiten das

---

460 Ebd. — Diese genauere soziologische Erhebung der Gemeindestruktur zeigt, wie stark das pastorale Anliegen der Aufklärungsliturgik war. Sie begnügte sich nicht nur mit der Klärung des liturgisch zu vermittelnden Inhalts, sondern analysierte auch die Situation und die Bedürfnisse der in Frage kommenden Empfänger. — Vgl. A. *Ehrensperger,* Die Theorie 278: „Die Motive der Kritik an Liturgie und Formularwesen stammten nicht in erster Linie aus der ratio, sondern aus der Erfahrung mit den Gemeinden, die sich immer wieder zum traditionellen öffentlichen Gottesdienst versammelten, und in deren Lebenshorizont doch dieser Gottesdienst zusehends ein fremdes, unverstandenes Unternehmen wurde."
461 Vgl. Theorie 253f.
462 „Vorzüglich aber muß der Reformator bey liturgischen Zuschnitten die minder gebildete, aber zahlreichere, und im Kirchengehen fleißigere Menschenklasse immer streng im Auge halten, und niemals mehr vorrücken, als daß sie ihm folgen kann." Theorie 256. — Vgl. auch A. *Ehrensperger,* Die Theorie 282ff.
463 Vgl. Theorie 259.

Wort, sondern er hält das stille Vorgehen aus Gründen der Klugheit für angemessen, damit nicht „mißverstandener Religionseifer", „Leidenschaften", „Rachebegierde" und Bequemlichkeit den Reformen voreilig ein Ende setzen[464].

Weiters schreite der „Reformator" nur allmählich vorwärts. Je enger sich nämlich das „ungewohnte Neue" an das „bekannte Alte" anschließt, umso eher werden die Veränderungen vom Volk aufgenommen. Winter verweist in diesem Zusammenhang auf das Vorgehen des „Stifters" der katholischen Religion, der schrittweise unter Respektierung jedes Menschen und jeder Anschauung seine neue Lehre verkündet hat. Radikale Reformer verkennen nach Winter das Wesen der Liturgie. „Ist ... Liturgie ein Gebäude, das man, wie jedes andere gleich umstürzen, und nach Gefallen wieder neu errichten kann, ohne diejenigen zu hören, welche bisher bequem darin wohnten? — Liturgie gleicht vielmehr einem organischen Leibe, der, wenn seine Gesundheit zerrüttet ist, nicht aufgelößt, und neu zusammengefügt werden kann, sondern welcher nur Reinigung und Stärke bedarf."[465] Zudem seien sich die meisten Neuerer nur darin einig, was niederzureißen sei, nicht aber in dem, was sie aufbauen wollen.

Schließlich gibt Winter den „Reformatoren" den Rat, bei ihren Reformbestrebungen nie beim einmal Erreichten stehen zu bleiben. Liturgie als „Bildungsschule unseres Geschlechts" erfordert permanente Veränderung. Sie darf nie auf einer Stufe der Entwicklung stehen bleiben, sondern sie muß hinaufsteigen „vom Schlechtern zum Guten, vom Guten zum Bessern, vom Bessern zum Vollendeten, und als ein Endliches und Unvollkommenes" fortschreiten zum „unendlichen Ziele"[466]. In der Liturgie sind zu jeder Zeit rückblickende Analysen, die negative Entwicklungen der Liturgie freilegen, und Schritte nach vorn, die Veränderungen zum Bessern einleiten, erfordert. Stillstehen würde für Winter ein Zurückgehen bedeuten[467]. Für ihn ist es evident, „daß von der Beobachtung, daß

---

464 Vgl. ebd. 260f. — Thiel interpretiert also sicher zu weit, wenn er sagt, Winter empfehle, daß „das Neue den Anstrich des Alten" haben soll. B. *Thiel*, Die Liturgik 14.
465 Theorie 264f. — Vgl. auch A. *Ehrensperger*, Die Theorie 284.
466 Theorie 266.
467 Vgl. ebd. 266ff.

nicht geändert *wird*, nur ein leichter Sprung zu dem Wahne führt, daß nicht geändert werden *darf*"[468].

4.9 Zusammenfassung und Kritik

Winter systematisiert in seiner „Theorie" die für die Gestaltung der Liturgie wichtigen Faktoren. Er läßt das „Religionsprinzip" in Verstand und Herz gelegen sein und teilt die Verstand und Herz betreffende wahre Religion in innere und äußere. Er zeigt als Zwecke der öffentlichen Gottesverehrung, die zur äußeren Religion gehört, die sittlich-religiöse Aufklärung des Verstandes, die Erbauung des Herzens, die Verbrüderung der Menschen und die Verkettung der Bürger auf. Daraus folgt für alle Menschen die Notwendigkeit der Pflicht zur Teilnahme am öffentlichen Gottesdienst. Andererseits zeigt eine genauere Analyse des öffentlichen Gottesdienstes, daß er im augenblicklichen Zustand seiner Funktion nicht gerecht wird und deshalb reformiert werden muß. Für die Notwendigkeit der Reform gibt es subjektive und objektive Gründe. Der wichtigste subjektive Grund ist die Gleichgültigkeit gegenüber der inneren Religion, der wichtigste objektive die defiziente Gestalt des bestehenden Gottesdienstes. Für eine Erfolg versprechende liturgische Reform müssen negative und positive Grundprinzipien berücksichtigt werden. Es geht einerseits um die Beseitigung von Unglauben, Aberglauben, Mechanismus, Eigennutz und ästhetischem Machwerk und andererseits um Verständlichkeit, Popularität, Gründlichkeit, Mannigfaltigkeit und Einheit der öffentlichen Gottesverehrung. Bei der Durchführung dieser Reformen entstehen pastorale Fragen, die vor allem das Verhältnis zwischen Pfarrer und Gemeinde, die pastorale Klugheit und eine gesunde Pädagogik betreffen.

4.9.1 Vergleich

So unmittelbar wie sich im Ansatzpunkt und in der Ausweitung der Kritik auf die Gesamtliturgie Parallelen zwischen den Entwicklungsstufen Winters und den Perioden der Liturgiereform des 20. Jahr-

---

468 Ebd. 269f.

hunderts anboten, zeigt sich auch in der Frage der theoretischen Grundlegung der Reform eine erstaunliche Parallele zwischen dieser Entwicklungsstufe Winters und der Liturgiereform des 20. Jahrhunderts. Die Parallele, die sich aus der Liturgiereform des 20. Jahrhunderts aufdrängt, ist die Liturgiekonstitution des Zweiten Vatikanischen Konzils. Jeweils herkommend von der historisch-kritischen Vorarbeit formuliert Winter in „Liturgie was sie seyn soll" ebenso wie das Zweite Vatikanische Konzil in der Liturgiekonstitution eine Theorie der Liturgie, deren Ziel es ist, Prinzipien für die als notwendig erachtete Reform der Gesamtliturgie zu erstellen. Zu dieser Theorie gehört beidemale, daß die Absicht ausdrücklich formuliert wird: es geht um pastorale Fragen, nicht um dogmatische. Das wird in der Grundhaltung des Zweiten Vatikanischen Konzils deutlich, insofern es keine Dogmen formulieren will, sondern sich als Pastoralkonzil versteht[469]. Beidemale ist das zentrale Anliegen, die Grundlagen der Liturgie so darzustellen, daß ihre Rolle und Zielsetzung für das kirchliche und religiöse Leben in einer solchen Weise deutlich wird, daß daraus Prinzipien für eine Reform ableitbar sind. Als zentrales Anliegen zeigt sich in beiden Fällen die Veränderung der Liturgie in der Weise, daß die Gläubigen sowohl vom Verständnis als auch von der Betroffenheit her wieder stärker an das liturgische Geschehen herangeführt werden. Dementsprechend ist das Leitmotiv der Liturgiekonstitution die participatio actuosa[470]. Sowohl bei Winter als auch beim Zweiten Vatikanischen Konzil wird von diesem Anliegen her die Notwendigkeit der Reform gefordert und die Art ihrer Durchführung bestimmt. Beidemale spielen ent-

---

469 Das geht bereits klar aus der Liturgiekonstitution hervor, die „in der Hauptsache Richtlinien für die Erneuerung und Förderung der Liturgie enthält". E. J. *Lengeling*, Die Liturgiekonstitution 115. Ebenso meint J. A. *Jungmann*, Einleitung 5: „Man wird von der Reform, deren Grundriß in der Constitutio geboten wird, sagen dürfen, daß sie eine wahrhaft pastorale Reform ist." — Die Pastoralkonstitution, Art. 3 spricht es dann explizit aus: „Der Mensch also, der eine und ganze Mensch, mit Leib und Seele, Herz und Gewissen, Vernunft und Willen, steht im Mittelpunkt unserer Ausführungen."
470 Vgl. Liturgiekonstitution, bes. Art. 11.14.19.21.30.33f.48.55.59. — Lengeling bezeichnet die Sicht der Liturgie als Handlung des ganzen Gottesvolkes als „kopernikanische" Wende innerhalb der Liturgiegeschichte. E. J. *Lengeling*, Die Liturgiekonstitution 112.

sprechend der Aufgabenstellung die pastoralen Fragen und Folgerungen eine bedeutsame Rolle.

Auf dem Hintergrund dieser Parallelen zeigen sich in der Konzeption der Theorie des Gottesdienstes, die die Reform fordert, auffallende Unterschiede. Im Falle Winters handelt es sich um einen katholischen Wissenschaftler, der als solcher einen Entwurf darbietet; im Falle der Liturgiereform des 20. Jahrhunderts um ein Konzil und damit um den Ausdruck gesamtkirchlichen Bewußtseins und Veränderungswillens. Winter hat somit die Rolle, als kritische Instanz eine auch bei anderen Wissenschaftlern und Gläubigen seiner Zeit vorfindbare Glaubensnot und auf eine von der geschichtlich-gesellschaftlichen Situation vorgegebenen Fragestellung eine Antwort zu suchen, die sich damit im wesentlichen als Diskussionsbeitrag und als relativ unverbindliche Meinungsäußerung, ja geradezu als Randerscheinung kirchlichen Lebens darstellt. Das Zweite Vatikanische Konzil konnte dagegen in keiner Weise so verstanden werden. Es wußte sich selbst — getragen von den Erwartungen des „pilgernden Gottesvolkes" — als inspiriert vom Heiligen Geiste und unter der Verantwortung stehend, autoritativ Wege für eine Reform der Liturgie — verbindlich für die Gesamtkirche — aufzeigen zu müssen. Die Theorie des Gottesdienstes, die bei Winter ein relativ zum kirchlichen Leben isolierter und ihm fremder Entwurf war, betraf im Falle der Liturgiekonstitution „Gipfel" und „Quelle"[471] kirchlichen Lebens und veränderte sie.

4.9.2 Problemstellung

Parallelität und Unterschiedenheit decken das Problem auf, das dieser dritten Phase liturgischer Reform innewohnt. Das Anliegen lautet: Die Liturgie muß reformiert, d. h. verändert werden. Der Grund dafür ist die zum Teil verlorengegangene Verständlichkeit eben dieser Liturgie und die Betroffenheit durch sie. Nun sind aber sowohl Veränderung als auch der Versuch, Verständlichkeit und Betroffenheit zu erreichen, Faktoren, die das Mysterium, das nicht Durchschaubare bedrohen. Denn die geplante Veränderung zeigt auf, daß der Mensch selbst es ist, der sein Verhältnis zur Gottheit bestimmen will. Verständlichkeit

---

471 Vgl. Liturgiekonstitution Art. 10.

und Betroffenheit als durch eine Reform gewollt und angestrebt zeigen auf, daß der Mensch es ist, der durch psychologische und soziologische Erkenntnisse seine Liturgie „macht", daß er die gewünschten Gefühle selbst „erzeugt". Das Problem besteht also darin, daß sowohl die durch Veränderung als auch die durch Verständlichkeit und Betroffenheit angestrebte Verlebendigung der Erfahrung Gottes und der neuen Begegnung mit Christus als dem Erlöser durch eben diese Faktoren selbst in Frage gestellt und bedroht wird. In dem Maße, in dem das nicht Durchschaubare und nicht Planbare diskutiert und operationalisiert wird, kommt Rationalität und Planung in direktem Widerspruch zum angestrebten Ziel. Das Geheimnis Gottes und das Geheimnis seiner Erlösungstat in Jesus Christus werden gerade bei den durch die Reform Betroffenen untergraben und oft auch zerstört. Daraus folgt, daß sowohl der Inhalt als auch die Art und Weise, in der ein grundsätzliches Reformprogramm der Liturgie vorgelegt werden, von dort her zu beurteilen sind, ob inhaltlich und methodisch die Spannung zwischen dem Zwang zur reflektierten und damit rational begründeten und machbaren Veränderung und der im Rahmen der Liturgie auferlegten und dazu im Widerspruch stehenden Zielsetzung — Raum für das alleinige Wirken Gottes und sein begnadendes Handeln — durchgehalten wird.

Inhaltlich versucht Winter dieses Problem zu bewältigen, indem er aus der Kantischen Unterscheidung in inneren und äußeren Gottesdienst die Konsequenzen für eine Theorie der Liturgie ableitet. Daraus ergibt sich bei ihm, daß negative und positive Grundprinzipien Maßstab für die Richtigkeit einer liturgischen Form sind. Die positiven Prinzipien — Verständlichkeit, Popularität, Einheit, Vielfalt, Ästhetik des Gottesdienstes — haben selbst in der Formulierung nichts mit der inneren Gottesverehrung zu tun und erscheinen als zeitgeschichtlich bedingte Forderungen sinnvoll, indem sie eine für alle Zeiten bedenkenswerte Akzentuierung der öffentlichen Gottesverehrung zum Ausdruck bringen. Die Problematik der Vermittlung zwischen dem Zwang zur Veränderung und der Bewahrung des Mysteriums, d. h. des Primats der Gnade, wird durch sie nur indirekt berührt. Anders steht es mit den negativen Prinzipien. Im ersten und zweiten handelt es sich um die Behauptung, daß im äußeren Gottesdienst Unglauben und Aberglauben, also die Feinde der inneren Gottesverehrung, mächtig geworden sind. Auch in den übrigen — Machanismus, Eigennutz und ästhetisches Machwerk — wird die Behauptung aufgestellt, daß sich im äußeren Gottesdienst der inneren Religion fremde und feindliche Faktoren breitgemacht haben. Damit steht fest, daß Winter in seinen negativen Prinzipien nicht nur die fast absolute Trennung zwischen innerem und äußerem Gottesdienst voraussetzt, sondern in deren Aufstellung ein zwar negativ formuliertes, nichtsdestoweniger aber inhaltlich bestimmtes Bild von dem zeichnet, was wahrer Glaube, wahre Gottesverehrung und deren Ausdruck ist.

Die Art und Weise, in der Winter in seiner „Theorie" zur Begründung seiner Prinzipien kommt, entspricht der radikalen Trennung zwischen innerer und äußerer Religion, sowie der absoluten Vorherrschaft der inneren — die äußere ist nur „Vehikel". Winters Art und Weise, die Prinzipien der äußeren Religion abzuleiten, ist dadurch gekennzeichnet, daß er — ohne irgendeine dogmatische Aussage zu machen oder eine dogmatische Aussag einschränken zu müssen — einzig aus der Darstellung des äußeren Gottesdienstes die Prinzipien zur Veränderung ableiten kann. Damit wird aus der Methode, mit der Winter seine Prinzipien ableitet, sichtbar, daß er den äußeren Gottesdienst als ein vom Menschen gemachtes und deshalb in sich selbst kritisierbares Werk sieht. Winter braucht von daher in keiner Weise die Bedeutung Gottes zu leugnen. Er kann — ohne den argumentativen Zusammenhang zwischen äußerem Gottesdienst und seiner Kritik auch nur zu tangieren — ständig darauf hinweisen, daß das Entscheidende die Frömmigkeit und der Glaube seien. Gleichzeitig sind aber vom Methodischen her dadurch alle liturgischen Vollzüge der humanwissenschaftlichen Kritik unterstellt. Die historisch-kritische Untersuchung der zweiten Phase Winters wird durch die anthropologische Fragestellung abgelöst. Die Methode wechselt: anstelle der historischen Kritik an der Liturgie tritt die humanwissenschaftliche.

Die Liturgiekonstitution des Zweiten Vatikanischen Konzils steht dem Inhalt nach in einem krassen Gegensatz zu Winters „Theorie". Dem Wortbefund nach handelt ein großer Teil der Liturgiekonstitution von Gott und seinem Wirken, der Erlösungstat Christi und deren heilsgeschichtlicher Entfaltung. Dieser durch den Textbefund ausgewiesene Unterschied zu Winter findet seine Bestätigung darin, daß die Liturgiekonstitution zwar in bezug auf die positiven Prinzipien Winters eine erstaunliche Ähnlichkeit im Aufbau und in den Forderungen zeigt[472], daß sie die negativen Prinzipien Winters aber schlechthin nicht hat. Weder Aberglaube noch Unglaube, auch nicht Mechanismus, Eigennutz und ästhetisches Machwerk werden als in der Liturgie vorfindliche und darin dem Glauben widersprechende Größen genannt. Der Inhalt, mit dem sich die Liturgiekonstitution beschäftigt, ist die positive Weiterführung der bis in alle Einzelheiten hinein anerkannten und als Darstellung des Heilshandelns Gottes bejahten Form der gegenwärtigen Liturgie. Im Gegensatz zu Winter ist der Inhalt, den die Liturgiekonstitution behandelt, sowohl von der Tatsache her, daß der größere Teil dem Heilshandeln Gottes gewidmet ist und nur der kleinere den Prinzipien für Veränderung, als auch von der Tatsache her, daß keine negativen Prinzipien formuliert werden, der Liturgie und ihrem Wirklichkeitsbezug näher. Die Liturgiekonstitution stellt den Gläubigen unter das Geheimnis des Heilshandelns Gottes und verhindert dadurch — für sich selbst und für die Gläubigen — jede Instrumentalisierung der Dogmatik. Zugleich werden innerer und äußerer Gottesdienst dadurch so eng miteinander verbunden, daß die Bedeutsamkeit der aus der Tradition überkommenen Zeichenhandlung trotz aller Veränderungsbedürftigkeit bewahrt bleibt.

Die Art und Weise, wie die Liturgiekonstitution aus ihren bekenntnishaften Ausführungen über den Willen und das Handeln Gottes, also über die Heilsgeschichte, zu den ihr eigenen Prinzipien der Veränderung kommt, steht wiederum Winter sehr nahe. Die gleichen Schwächen werden sichtbar. Denn die Problematik einer Reform liturgischen Lebens — reden zu müssen, worüber man nicht reden kann — wird methodisch dadurch vernachlässigt, daß das Prinzip der participatio actuosa fast ausschließlich für die Ableitung der der Reform zugrundeliegenden Prinzipien verwendet wird. Mag es sich auch um eine vom Menschen nicht auflösbare Problematik handeln — feststeht, daß die Frage der Unterstellung, des Hörens und Staunens dadurch in ähnlicher Weise wie bei Winter verkürzt wird. Es stellt sich die Frage, ob bei solchem Vorgehen das Verhältnis von Reflektierbarem und nicht Reflektierbarem, das Verhältnis von Durch-

---

472 S. E. *Fastenrath*, Liturgische Reform 5: „Obwohl man den einseitigen Rationalismus Winters nicht billigen kann, zeigt uns das Vat. II., daß das Anliegen der Aufklärung nicht immer falsch war..." — S. auch G. *Schwaiger*, Die Aufklärung 566.

schaubarem und nicht Durchschaubarem, das Verhältnis von Planbarem und nicht Planbarem genügend berücksichtigt ist. Wenn zuviel über das Planbare geredet wird, tritt gegenüber dem verbal zwar genannten Aspekt des Geheimnisses die Komponente des Planbaren zusehr in den Vordergrund. Gottes Handeln — und damit die wesentlichste Bestimmtheit des Menschen — und die nicht durchschaubaren und nicht reflektierbaren Tiefendimensionen des Menschen werden zwar nicht geleugnet, aber vernachlässigt. Obwohl gegen die Grundsätze einer liturgischen Reform, wie sie sowohl Winter als auch die Liturgiekonstitution systematisch darbieten, kaum Gegengründe vorgebracht werden können[473], wird in ihnen doch eine eindeutige Akzentsetzung sichtbar[474]. Die Dimensionen des Menschen, die der ratio nicht zugänglich sind und in denen Gottes Heilshandeln vorzüglich geschieht, werden nicht genügend gesehen. Die participatio actuosa wird zwar angesprochen, aber wegen der zu wenig reflektierten und deshalb vordergründig verwendeten Dimension gottesdienstlichen Handelns, wie sie besonders in der anamnetischen Vergegenwärtigung der Person und der Heilsgaben Christi in Wort und Zeichen besteht, nicht genügend tief motiviert und damit der Gefahr der Einseitigkeit ausgeliefert. Meditation und persönliches Beten werden auch in der Liturgiekonstitution zusehr als vorhanden vorausgesetzt.

---

473 Die Abhängigkeit von Kant oder vom „Zeitgeist" kann Winter wohl nicht vorgeworfen werden, weil sich darin doch positiv seine Nähe zum Denken und zum Lebensgefühl seiner Zeit manifestiert, auch wenn man sagen muß, daß die Rezeption Kant's — z. B. in Hinsicht auf dessen Bestimmung von Moralität und Sittlichkeit — doch zu wenig reflektiert geschieht.

474 Darum ist das Urteil Vierbachs über Winter sicher zutreffend: „Wie die übrigen rationalistischen Aufklärungstheologen und Reformliturgiker kennt deshalb auch Winter einen eigentlichen Kult in seiner zweifachen Bedeutung als colere Deum (Hingabe an Gott) und coli a Deo (Herabsteigen Gottes zum Menschen) nicht. Die Hauptsache des Kultes, der latreutisch-sakramentale Zweck, wird geleugnet oder wenigstens unberücksichtigt gelassen . . ." A. *Vierbach*, Die liturgischen Anschauungen 51; vgl. ebd. 55.62.145. „Der mystisch-sakrale Charakter, der nach heutiger Auffassung das eigentliche Wesen der Liturgie bildet, tritt völlig in den Hintergrund." Ebd. 236.

4.9.3 Impulse

Der Vergleich zwischen Winter und der Liturgiekonstitution ergibt eine deutliche Darstellung der Problematik, in die ein Reformversuch der Liturgie gestellt ist, der sich nicht als Reformation bzw. Neugründung versteht, sondern im Rahmen der bestehenden Kirche verändern will. Die Absicht ist, mangelnde Gottes- und Heilserfahrung zu beheben. Aktive Teilnahme, bessere Verständlichkeit und entsprechende liturgische Veränderungen sind dazu nötig. Gerade das aber bedroht das angestrebte Ziel. Das unverbundene Nebeneinander zwischen theologisch-heilsgeschichtlicher Reflexion und konkreten Anweisungen, gefolgert aus der Prämisse der participatio actuosa, ist für die Liturgiekonstitution symptomatisch und erweist sich im Vergleich mit Winter als Schwäche. Bei Winter wird sichtbar, daß seine humanwissenschaftlich begründeten Prinzipien, die im wesentlichen eine Entfaltung des Prinzips der participatio actuosa sind, keiner heilsgeschichtlichen oder theologischen Ableitung bedürfen. Die kritische Frage stellt sich, inwieweit auch die die participatio actuosa der Gläubigen begründenden und legitimierenden Bibelzitate der Liturgiekonstitution in vielen Fällen mehr sind als eine fromme Garnierung. Wie bei Winter wird dort, wo die Prinzipien der Veränderung formuliert werden, die Bedeutung des inneren Gottesdienstes im Verhältnis zum äußeren nicht reflektiert.

Andererseits zeigt derselbe Vergleich, daß die Liturgiekonstitution im Gegensatz zu Winter das Nützlichkeitsdenken innerhalb der Liturgiereform relativierte. Nur in Teilbereichen wird die Veränderung der Liturgie gefordert. Form und wesentliche Inhalte werden nicht in Frage gestellt[475]. Ein Symptom dafür ist, daß die Rolle des Bösen, die Sanktion und die Verheißung in ihrer Bedeutung innerhalb der Liturgie nicht geschmälert werden. Damit zeigt sich wiederum die Bedeutung der zwar methodisch nicht fundierten, aber wirksamen Ehrfurcht vor der in der bestehenden Liturgie überkommenen Form und Tradition.

Durch den Vergleich zwischen Winters „Theorie" und der Liturgiekonstitution des Zweiten Vatikanischen Konzils wird also sowohl die Schwäche als auch die Stärke der Liturgiekonstitution sichtbar. Die Schwäche besteht darin, daß in ihr die Verbindung zwischen

---

475 Vgl. E. J. *Lengeling*, Die Konstitution passim.

heilsgeschichtlich-theologischen Erwägungen und konkreten Anweisungen für die Praxis nicht gelungen ist. Das Prinzip der participatio actuosa wird dadurch in einseitiger Weise bestimmend und wegen der Vernachlässigung des aus dem Mysteriencharakter der Liturgie folgenden Aspektes einseitig formuliert. Aktive Teilhabe wird durch deren Gewolltsein der Teilhabe entkleidet und zusehr als Aktivität verstanden. Andererseits ist die Offenheit der Liturgiekonstitution im Gegensatz zu Winter beachtenswert, in der gerade diese Teilhabe im Sinn der religiösen Erfahrung, des persönlichen Betens und der Meditation gefordert und erwünscht wird. Die Liturgiekonstitution des Zweiten Vatikanischen Konzils hat deswegen eine veränderte Form der Liturgie erzeugt, die eine neue Füllung und Bereicherung durch Elemente der inneren Gottesverehrung nicht ausschließt, sondern geradezu fordert.

5 Experiment Messe:
Erstes deutsches, kritisches Meßbuch

Nachdem Winter seine liturgischen Anschauungen in einem System theoretisiert hatte, ging es ihm in einem weiteren Schritt um die Konkretisierung — und damit Verifizierung — seiner liturgischen Ideen in den Hauptvollzügen kirchlich-liturgischen Lebens. Wie aus seinen „Versuchen" bereits hervorgeht, war sich Winter bewußt, daß sich ein theologisch-theoretisches Gebäude nur dann als tragfest und wirksam erweist, wenn es sich in die konkreten Vollzüge kirchlichen Lebens übersetzen läßt. Nun sind die zentralen Orte, an denen sich Kirche am intensivsten realisiert, die Sakramente, insbesondere die Eucharistiefeier. Sie sind zeichenhafte „Gnadenmittel" und stellen die ausdrücklichsten „Momente der wesentlichen Konstitution der Kirche" dar[476]. In der Eucharistiefeier und in der Feier der Sakramente nehmen deshalb theologische Denksysteme Gestalt an; in diesen kirchlichen Grundvollzügen bekommt das jeweilige Glaubensverständnis Form und Ausdruck. Umgekehrt muß sich jedes theologische Denksystem dadurch ausweisen, daß es in Sakramente, in die Eucharistiefeier „übertragbar", „einformbar" ist. Darum ist der nächste Schritt Winters nach der theoretischen Bestimmung von Liturgie die Anwendung dieser Theorie auf die Eucharistiefeier. Sein „Erstes deutsches, kritisches Meßbuch", das 1810 in München erschien, ist das Ergebnis des Bemühens, seine theoretischen Anschauungen über Liturgie an der Eucharistiefeier zu konkretisieren.

Winter ist sich bewußt, daß der Versuch, die „Meßanstalt" aufgrund seiner Theorie der öffentlichen Gottesverehrung umzuwandeln, erstmalig und somit gefährlich ist. Denn ein Umbildungsversuch der Messe kann allzuleicht als Angriff auf eine von Christus gestiftete „Anstalt" erscheinen. Darum betont Winter, daß er Meßbuch und

---

[476] Vgl. K. *Rahner*, Art. Sakrament LThK² IX (1964) 225–229, bes. 226.

Messe nur insofern einer kritischen Prüfung unterziehen und positive Vorschläge zu ihrer Umwandlung bringen will, als sie „Menschenwerk" sind. Es wäre nämlich ein sträflicher Frevel, „wenn es ich oder jemand anderer wagen sollte, dasjenige, was Christus, der Stifter der reinsten Religion, in die Messe zu unserer Heiligung legte, bekriteln, oder gar abändern zu wollen. Vielmehr ist der von ihm in dem heiligen Mahle zurückgelassene Geist für mich die Norm, welche mir bei meinem Unternehmen immer vorschwebt."[477] Winters Arbeit bezieht sich also ausschließlich auf das, was *Menschen* im Laufe der Geschichte zum „Heiligthum der Messe" hinzugefügt haben. Wenn er deshalb in seinen Verbesserungsvorschlägen z. B. manche Evangelien- oder Epistellesungen kritisiert, so ist das nicht als Angriff auf die Bücher des Alten und Neuen Testament zu sehen, sondern als Angriff „auf das, was Menschenwerk ist, nämlich auf die von ihnen gemachte minder glückliche Auswahl der Epistel- und Evangelienstellen"[478]. Er kritisiert nicht die Religion, sondern die Verfasser der liturgischen Bücher.

Weiters versteht Winter seine Arbeit an der Umbildung des Meßbuches und der Messe als Vorbereitung für eine nur von der hierarchischen Kirche vorzunehmende Reform der Messe. Er betont, „daß das Recht, die Messe und das neue Meßbuch umzubilden, zu sanktionieren und einzuführen nur den Oberhirten der Kirche zukomme", denen er dieses Werk als eine bloße Vorarbeit anbietet und sowohl dem Inhalt als auch der Form nach den „Einsichten" und dem „Urtheile" der Kirche unterwirft[479]. Seine Überlegungen sollten nur deutlich machen, daß die Messe als Kernstück der öffentlichen Gottesverehrung ihrer Bestimmung gemäß „wirklich in allen Theilen zur Heiligkeit führe, daß sie für das Non plus ultra der religiössittlichen Belehrung und Erbauung anerkannt werden müsse, daß selbst der Aufgeklärte darin Geistesnahrung finden möge"[480]. Er will das Verhältnis zwischen der „Meßanstalt" und ihrer Wirkung für das

---

477 Meßbuch Vf.
478 Ebd. VI. — Diese Einteilung impliziert ein entscheidendes Problem. Ist in der Liturgie nur das „Menschenwerk" operationalisierbar — und damit kritisierbar? Muß nicht gerade in der Liturgie auch auf die sachgemäße Vermittlung des „Werkes Gottes" Mühe und Phantasie verwendet werden, damit es die Menschen je neu erfahren und bezeugen können?
479 Vgl. Meßbuch VIIf. — Vgl. auch A. *Ehrensperger,* Die Theorie 285—289.
480 Meßbuch VIII.

Leben neu zur Frage stellen, sowie Fehlentwicklungen und Lösungsmöglichkeiten aufzeigen.

Methodisch geht Winter von einer Prüfung des Vorhandenen aus. Er unterzieht die Messe und das Meßbuch aufgrund seiner liturgischen Theorien einer kritischen Prüfung. In einem zweiten Schritt zeigt er eigene und von anderen Gelehrten vorgeschlagene Lösungsmöglichkeiten zur Umbildung der Gemeindemesse auf. Seine Vorschläge illustriert er an vier neu entworfenen Meßformularen. Winter beschließt seine Ausführungen mit einigen Überlegungen zur Privatmesse.

Aus dem Aufbau seines Werkes ersieht man, daß Winter weder bei der Kritik noch bei der Benennung dessen, was zur Umbildung der Messe geschehen müßte, stehen bleibt, sondern im Gegensatz zu vielen anderen aufklärerischen Liturgiereformern über rein formale Postulate hinaus eigene Modelle der Meßumgestaltung zur Begutachtung und Kritik vorlegt.

5.1 Allgemeine Bestimmung des Begriffes der Gottesverehrung

Winter hat in seiner Theorie der Liturgie den Sitz des Religionsprinzips im Herz und im Verstand des Menschen gelegen sein lassen. Dieses im Herzen und im Verstand liegende Vermögen realisiert sich nach Winter auf zwei verschiedene Arten: geistig-innerlich in der „innern" Religion und dinghaft-äußerlich in der „äußern" Religion. Die äußere Religion und der aus ihr hervorgehende öffentliche Gottesdienst haben dabei nur vermittelnde Funktion als Hinführung zur wahren, inneren Religion. Das diesem Religionsbegriff zugrundeliegende Gottesverständnis hat Winter in seiner Theorie der Liturgie noch nicht versprachlicht. Die Beschäftigung mit einem konkreten religiösen Vollzug, nämlich mit der Messe, zwingt ihn nun, das Phänomen der Gottesverehrung genauer zu reflektieren. Er muß wenigstens ansatzweise definieren, was er unter Gottesverehrung versteht. Dabei ergibt sich logisch eine Reflexion über den Gottesbegriff selbst. Erst wenn der Gottesbegriff und die ihm entsprechende Gottesverehrung begrifflich gefaßt sind, kann die konkret vorhandene Gottesverehrung in der Messe kritisiert und können Vorschläge zu ihrer Umbildung gemacht werden.

Winter geht bei der Bestimmung des Phänomens der Gottesverehrung ‚genetisch' vor. Die Menschheit sei auf einem gewissen Bewußtseinsstand aufgrund des Kausalitätsprinzips auf die Existenz höherer Wesen gestoßen. Die vorhandene Welt und das Leben verwiesen in ihrer Größe und Geheimnishaftigkeit auf höhere, größere und weisere Wesen. „Die Verbindung also zwischen Wirkung und Ursache, zwischen Werk und Werkmeister, zwischen Welt und Weltschöpfer, scheint zuerst in dem Menschen den Begriff höherer Wesen erzeugt zu haben."[481] Natürlich können auch andere Komponenten wie Freude, Dankbarkeit, „Betrachtung der schönen Natur", „Vorbedeutungen der Zukunft" und „Furcht bei den schrecklichen Naturerscheinungen" für das Entstehen der Begriffe von höheren Wesen eine Rolle gespielt haben. Sie sind aber an Bedeutung dem Kausalitätsprinzip untergeordnet[482]. Die Begriffe, die sich die Menschen in diesem ersten Entwicklungsstadium von den höheren Wesen machten, waren „einfach und beschränkt", indem „man sich dieselben meistens nur unter dem einzigen Zug der Ursachen von Naturerscheinungen dachte"[483]. Dementsprechend bestand in diesem Stadium der Entwicklung die Verehrung der Götter im Opfern von Pflanzen, Gras, Baumblättern, Korn und Mehl. Fügt man noch einige Loblieder und Sprüche dazu, dann hat man nach Winter den gesamten Bereich der religiösen Handlungen jener Zeit erfaßt. Auf diese Weise entstand eine Art Religion, die Winter als „Kinder-Religion" bezeichnet.

Wie Winter bereits die Geschichte der Liturgie als dekadentes Abweichen von einem ursprünglich idealen Zustand ansieht, so ist für ihn auch die Entwicklung der ursprünglich einfachen und schlichten Gottesverehrung gekennzeichnet durch anthropomorphistische Tendenzen[484]. Die Begriffe und Bilder der Götter verloren im Laufe der Zeit weitgehend ihre transzendente Geheimnishaftigkeit und erhielten immer menschlichere Züge. Man begann, sich die Gottheiten körperlich vorzustellen und meinte, sie in den Winden, Bergen, Meeren und Flüssen zu finden. Man begann, ihnen wie Menschen ein ausgeprägtes und wechselhaftes Gefühlsleben zuzuschreiben. Die Götter wurden immer mehr Produkte der menschlichen Phantasie.

Mit den Bildern, unter denen man sich die Götter vorstellte, änderte sich deren Verehrung von seiten der Menschen. Die Opfer nah-

---

481 Ebd. 2.
482 Vgl. ebd.
483 Ebd. 4.
484 Vgl. ebd. 5f.

men an Zahl und Qualität zu bis hin zu Menschenopfern. Man begann für die Götter „Wohnungen" zu bauen und weihte ihnen Menschen, die nur mehr für den Dienst an den Göttern bestimmt waren. Die einfachen religiösen Handlungen der Urzeit wurden durch Spiele, Tänze und sogar Wettkämpfe erweitert. Durch Statuen, Bilder und Erzählungen versuchte man, die Götter in verschiedenen Situationen ihres Handelns und Erscheinens darzustellen. Den Maßstab für eine derartige Verehrung haben nach Winter die Menschen immer nur von sich selbst genommen. Darum begann in der Gottesverehrung der ‚Vorzeit' „grober Anthropomorphism" zu wuchern[485].

Leider ging dieser „Anthropomorphism der Begriffe von höhern Wesen der Vorzeit" auch auf den „Begriff von Gott im neuesten Zeitalter und aus dem Götterdienst der Heiden zum Theile in den Gottesdienst der Katholiken über"[486]. Die Opfergaben der Christen, die Erbauung der Tempel und Gotteshäuser, die Heiligen in ihrer Stellung als „Untergottheiten", die Priesterschaft usw. sind für Winter sichtbarer Ausdruck dafür. Überall dort, wo sie als Mittel auftreten, Gottes Gnade und Seligkeit zu vermitteln, verfehlen sie ihre wesenliche Aufgabe. Nur insofern sie „im Verbande mit der Sittlichkeit und als Vehikel zu derselben auftreten"[487], haben sie für Winter eine positive Funktion.

Die Sittlichkeit nimmt auch in der Auffassung Winters von der Gottesverehrung die zentrale Stelle ein. Werden ihr die religiösen Handlungen zugeordnet, dann erfüllen diese die ihrem Wesen entsprechende Funktion. Die Sittlichkeit wird zum Maßstab, an dem die Gottesverehrung gemessen wird. Es geht mit anderen Worten in der Gottesverehrung bei Winter nur mehr insofern um die Verehrung Gottes, als diese etwas für die Sittlichkeit und den moralischen Lebenswandel einbringen kann. Nur eine solche Gottesverehrung ist nach ihm nicht anthropomorphistisch. Dahinter steht der kantische Grundsatz der Moralität, „der kein Postulat, sondern ein Gesetz ist, durch welches Vernunft unmittelbar den Willen bestimmt"[488] und der als moralisches Gesetz „das einzige Faktum

---

485 Vgl. ebd. 8.
486 Ebd. 9.
487 Ebd. 11.
488 I. *Kant,* Kritik der praktischen Vernunft 132.

der reinen Vernunft sei, die sich dadurch als ursprünglich gesetzgebend (sic volo, sic iubeo) ankündigt"[489].

5.2 Gottesbegriff und Gottesverehrung bei Winter

Damit aber eine der Sittlichkeit zugeordnete Gottesverehrung nicht in reinen diesseitigen moralischen Lebenswandel aufgelöst werde, muß Winter den transzendenten Ermöglichungsgrund einer so gefaßten Gottesverehrung angeben: d. h. er muß sein Gottesverständnis explizieren.

Winter geht nun bei der Bestimmung des „aechten" Begriffes von Gott von der nach ihm allgemein anerkannten — wiederum von Kant inspirierten — Definition aus, „daß Gott das heiligste, weiseste, mächtigste und allwissende Wesen, mit einem Worte der moralische Weltregent sei"[490].

Kant hat unter den Eigenschaften, die man Gott zuschreibt, zwei Arten unterschieden. Eine Gruppe von Eigenschaften sind jene, „deren Qualität man auch den Geschöpfen angemessen findet, nur daß sie dort zum höchsten Grade erhoben werden"[491]. Dazu gehören die Allmacht, die Allwissenheit, die Allgegenwart, die Allgütigkeit usw. Daneben gibt es noch drei Eigenschaften, „die ausschließungsweise und doch ohne Beisatz von Größe Gott beigelegt werden, und die insgesammt moralisch sind: er ist der *allein Heilige*, der *allein Selige*, der *allein Weise*; weil diese Begriffe schon die Uneingeschränktheit bei sich führen"[492]. Kant folgert aus der Ordnung dieser Eigenschaften, daß Gott „also auch der *heilige Gesetzgeber* (und Schöpfer), der *gütige Regierer* (und Erhalter) und der *gerechte Richter*"[493] sei. Auf diese Unterscheidung der Eigenschaften Gottes geht Winter aber nicht näher ein, sondern er zählt sie ohne nähere Erörterung auf.

Gott als moralischen Weltregenten zu bezeichnen, ist nur im Gefolge Kants möglich, der für das aus dem autonomen moralischen

---

489 Ebd. 31. — Vgl. auch J. *Hirschberger,* Geschichte der Philosophie II 337f.
490 Meßbuch 11f.
491 I. *Kant,* Kritik der praktischen Vernunft 131.
492 Ebd.
493 Ebd.

Gesetz hervorgehende höchste Gut — das ist die Sittlichkeit und die ihr angemessene Glückseligkeit — eine dieser Wirkung adaequate Ursache postuliert. Das höchste Gut ist nach Kant in der Welt ja nur möglich, „so fern eine oberste Ursache der Natur angenommen wird, die eine der moralischen Gesinnung gemäße Causalität hat. Nun ist ein Wesen, das der Handlungen nach der Vorstellung von Gesetzen fähig ist, eine *Intelligenz* (vernünftig Wesen) und die Causalität eines solchen Wesens nach dieser Vorstellung der Gesetze ein *Wille* desselben. Also ist die oberste Ursache der Natur, so fern sie zum höchsten Gute vorausgesetzt werden muß, ein Wesen, das durch *Verstand* und *Willen* die Ursache (folglich der Urheber) der Natur ist, d. i. *Gott*. Folglich ist das Postulat der Möglichkeit des *höchsten abgeleiteten Guts* (der besten Welt) zugleich das Postulat der Wirklichkeit eines *höchsten ursprünglichen Guts*, nämlich der Existenz Gottes."[494] Indem nun Winter Gott als moralischen Weltregenten definiert, der aus reinster und unbegrenzter Vernunft das Sittengesetz hervorgehen läßt, das sich als Gesetz mit unauslöschlichen Buchstaben in unser Herz eingeprägt hat, „welches uns das Böse ohne Hinsicht auf Folgen hassen, und das Gute seiner selbst wegen achten heißt"[495], erscheint als einzig möglicher Weg der Verehrung eines solchen Gottes die Erfüllung des Sittengesetzes. Der „achtende Aufblick zu Gott" und die unbegrenzte Verehrung des höchsten Wesens in Glaube, Hoffnung und Liebe sind dabei nicht mehr Zweck sondern Mittel. Sie fördern in besonderer Weise die Sittlichkeit, indem sie uns das in unser Herz geschriebene und von der Vernunft verkündigte Sittengesetz immer zugleich als das Gesetz Gottes, des „moralischen Weltregenten" vor Augen halten und unseren „oft unbändigen und der Moralität widerstrebenden Trieben das Gleichgewicht halten"[496]. Zudem zwingt der „achtende Aufblick zu Gott",

---

494 Ebd. 125. — Dieser ‚moralische' Gottesbeweis ist der einzige, den Kant erkenntnistheoretisch für möglich hält. Vgl. J. *Hirschberger*, Geschichte der Philosophie II 348f. — Vgl. auch W. *Weischedel*, Der Gott der Philosophen I 211: „Die Gründung in der Moral macht es auch aus, daß der Gottesbegriff (Kants; der Verf) den Charakter eines Postulates besitzt und daß die ihm zukommende Gewißheit sich als philosophischer Glaube darstellt."
495 Meßbuch 12.
496 Ebd. 13f. — Einen kurzgefaßten Überblick zum Gottesverständnis der Aufklärung gibt K. *Frielingsdorf*, Auf dem Weg zu einem neuen Gottesverständnis 7—14.

stets auf das vollkommenste Wesen als Ideal und Vorbild reiner Gesetzlichkeit hinzublicken. Für sich und um seiner selbst willen bedarf Gott keiner Verehrung oder Huldigung. Darum gibt es auch keine besonderen Pflichten der Gottheit gegenüber. Dieses kantische Axiom will Winter so verstanden wissen, daß alles, was die Moraltheologen unter „Pflicht gegen Gott" anführen, „Pflichten gegen die Menschheit" sind. Denn für die Menschheit (!) ist es wichtig und lebensnotwendig, daß sie in der Erkenntnis Gottes fortschreite und die Ehrfurcht ihm gegenüber erhöhe. Will man das aber durchaus als Pflicht gegen Gott bezeichnen, „so könnte sie doch nie eine besondere Pflicht heißen, da die aus der Erkenntniß Gottes hervorgehende Verehrung allen unsern freien Handlungen erst eine religiös-sittliche Tendenz geben muß"[497]. Im strengen Sinn des Wortes „Gottesverehrung" kann also „Gott nicht viel und nicht wenig, sondern geradezu nicht gedient werden"; nur im weitern Sinne „mögen wir ihm ... dienen, in soferne wir nämlich dessen Zwecke zu den unserigen machen"[498]. Im Laufe seiner Ausführungen gebraucht Winter das Wort Gottesverehrung in diesem letzteren Sinne.

Weil nun Gott als moralischem Weltregenten nur durch einen moralischen Lebenswandel gedient werden kann, sind alle äußeren religiösen Handlungen und Zeremonien zunächst Produkte eines „krassen Anthropomorphism". Nach Winter steckt hinter einer so verstandenen Gottesverehrung die Vorstellung, Gott einen „Hofdienst" schuldig zu sein und „auf diesem Weg dessen Gnade zu erringen ... Allein Gott durch Dinge, bei denen man ohne alle Herzensbesserung ein durchaus schlechter Mensch bleiben kann, dienen wollen, diese zum Ersatz anstatt der beschwerlichen und ununterbrochenen Pflichterfüllung ihm darbieten, und sich so nicht dessen gerechten Beifall durch Verdienste erringen, sondern dessen Hofgunst gleichsam erschleichen wollen, ist nicht ächte Frömmigkeit, ist thörichter Aberglauben, den die gesunde Vernunft mit Unwillen zurückweisen muß."[499] Eine solche Denk- und Handlungsweise sei besonders für die „Moralität" schädlich, weil nämlich ein Mensch, „der an das Opus operatum des Kirchengehens glaubt"[500] und die

---

497 Meßbuch 18.
498 Ebd. 20. — Vgl. A. *Vierbach*, Die liturgischen Anschauungen 50f.
499 Meßbuch 21f.
500 Ebd. 23.

religiösen Handlungen der Kirche als wahren Gottesdienst ansieht, gerade nicht das Wesen des äußeren Gottesdienstes als Hinführung zu Tugend und Sittlichkeit erfaßt. Als typisches Beispiel einer verfehlten Auffassung von Gottesverehrung führt Winter den Gottesdienst der Juden an, die sich „in genauer Beobachtung des äußern Zeremoniendienstes gegen die Gottheit den Ersatz der oft schändlich verletzten Pflichten gegen die Menschheit erträumten"[501].

Der wahre Gottesdienst besteht nach Winter in der „Erfüllung der Pflichten des Menschen gegen Menschen"; wahrer Gottesdienst ist „Menschendienst, verrichtet unter achtendem Aufblick zur Gottheit"[502]. Diese Auffassung von Gottesverehrung bestätige in erster Linie Jesus selbst, dessen Leben und Sterben ein dauernder Einsatz für „Wahrheit und Tugend" unter den Menschen war, damit jene „im Gebiete der Sittlichkeit vorwärts ... rücken", wobei Jesus „immer und überall unter achtendem Aufblick zu seinem himmlischen Vater"[503] handelte. „Menschendienst also unter achtendem Aufblick zur Gottheit verrichtet, ist selbst nach diesem göttlichen Ideal wahrer Gottesdienst."[504] Der bisherige Gottesdienst der Kirche ist damit für Winter ‚wahrer' und ‚edelster' Menschendienst, weil er die geistige Ausbildung und das sittliche Fortschreiten der Menschen entscheidend förderte. Andererseits sind für ihn viele mitmenschliche, karitative Tätigkeiten, insofern sie „unter achtendem Aufblick zur Gottheit" getan werden, auch wahrer Gottesdienst.

5.3 Das Verhältnis von Religion und Gottesverehrung

Der wahre Gottesdienst als Erfüllung der moralischen Pflichten „unter achtendem Aufblick zur Gottheit" läßt sich für Winter nicht nur aus dem Gottesbegriff, sondern auch aus dem Religionsbegriff ableiten. Religion besagt wesentlich „Glaube an eine Gottheit"[505]. Das ergibt eine Analyse des Sprachgebrauches des Wortes ‚Religion'.

---

501 Ebd. 24.
502 Ebd. — Zur Auswirkung dieses Gottesbegriffes auf die Katechetik s. K. *Frielingsdorf*, Auf dem Weg zu einem neuen Gottesverständnis 15—22.
503 Meßbuch 25. — Vgl. auch A. *Ehrensperger*, Die Theorie 36ff.
504 Meßbuch 26.
505 Ebd. 29.

Sowohl die Vernunft als auch die Offenbarung verstehen unter Religion den Glauben an eine Gottheit. Neben diesem Glauben an eine Gottheit erheischt der Begriff Religion „auch noch ein analoges sittlich-gutes Handeln, nämlich Erfüllung der Pflichten des Menschen gegen Menschen"[506]. Auch dieser Aspekt von Religion ist durch die Vernunft und die Offenbarung bezeugt. „Der wahre Gottesdienst ... fällt daher mit dem, was nach Vernunft und Offenbarung Religion heißt, in eines zusammen. Sittlichkeit unter achtendem Aufblick zur Gottheit geübt, begründet das Wesen von beiden."[507] Innere und damit wahre Religion ist für Winter nicht mehr der Inbegriff besonderer auf Gott unmittelbar bezogener Pflichten, sondern ein auf Tugend und menschliche Pflichterfüllung ausgerichtetes Handeln.

Nachdem aber der Mensch ein „vernünftig-sinnliches" Geschöpf ist, braucht die innere, die wahre Religion die Vermittlungsinstanz der äußeren Religion. Die äußere Religion hat die Aufgabe, die „religiösen Ideen aus dem Reiche der Vernunft in jenes der Empfindung, aus der intelligiblen Welt in jene der Sinne"[508] zu übersetzen und den Geist der inneren Religion durch Bilder und Symbole zu verkörpern. Aufgrund der Vermittlungsfunktion der äußeren Gottesverehrung findet auch die öffentliche Gottesverehrung, also die Versammlung einer Gemeinde zu bestimmten Zeiten und an bestimmten Orten, ihren Platz im religiösen Leben. In dieser Vermittlungsfunktion sieht Winter auch die Messe. Als Schule des Menschen, als Schule des Christen und als Schule der Bürger[509] hat sie eine zentrale Stellung in dem Vermittlungsprozeß, den die äußere Gottesverehrung leisten soll. Sie durch Umbildung ihrem Wesen und ihrer Funktion wieder näher zu bringen, ist die Intention seines kritischen Meßbuches.

5.4 Kritik des „Meßbuches"

Wie in der Aufklärung jede geschichtliche Größe nach ihrem Ursprung befragt wird, so fragt Winter auch nach dem Ursprung der

---

506 Ebd. 30.
507 Ebd. 31.
508 Ebd. 35. – Vgl. auch Abschnitt 4.2 und 4.3.
509 Vgl. Abschnitt 4.4.5 und 4.4.6 und Meßbuch 36.

„Meßanstalt". Dieser Ursprung liegt gemäß der eindeutigen Tradition der Kirche im Abendmahl Jesu. Nun ist für Winter mit Ausnahme dessen, was Jesus beim letzten Abendmahle mit seinen Jüngern gesprochen oder getan hat, alles in der „Meßanstalt" „Zusatz der Menschen und der folgenden Jahrhunderte"[510]. Er wendet damit das in seinen „Versuchen" erarbeitete Geschichtsbild einer dekadenten liturgischen Entwicklung konkret auf die „Meßanstalt" an und sagt, daß auch die geschichtliche Entwicklung der Messe als ein Sich-entfernen von einem ursprünglichen Idealzustand zu betrachten ist[511]. Er hypostasiert das Abendmahl Jesu als die Form der Messe schlechthin. Obwohl er betont, daß auch in der späteren geschichtlichen Entwicklung der „Meßanstalt" „viele Lehren, Gebete und Materialien, welche reinsittliche Ideen, Gefühle und Gesinnungen erzeugen, nähren und festigen"[512], hinzugekommen sind, richtet sich sein Augenmerk doch ausschließlich auf eine Kritik jener Phänomene in der „Meßanstalt", die ein Abweichen von der ursprünglichen Intention Jesu bedeuten. Er meint damit die „Einschiebsel" und „Anhängsel" des Aberglaubens, die sich im Laufe der Zeit in die „Meßanstalt" eingeschlichen haben. Winters Bemühungen tendieren somit auf eine möglichst getreue Annäherung der „Meßanstalt" an das Ideal reiner Gottesverehrung, wie es Christus und die Apostel überlieferten.

Methodisch geht Winter in seiner Kritik von einer Aufteilung der „Meßanstalt" in *„Meßbuch"* und *„Messe"* aus. Im „Meßbuch" faßt er jene Teile der Messe zusammen, die alle Tage oder oftmals wechseln, wie z. B. die Orationen, Episteln, Evangelien usw. Unter „Messe" versteht Winter jene Teile der „Meßanstalt", die alle Tage gleich sind, wie z. B. das Stufengebet, der Kanon usw. Er stellt sowohl bei der Kritik des „Meßbuches" als auch der „Messe" den einzelnen Teilen einige geschichtliche Anmerkungen voran, vergleicht sie mit den Grundsätzen seiner Theorie von Liturgie und untersucht

---

510 Meßbuch 48.
511 Die idealisierende Reduktion einer geschichtlichen Größe auf deren ursprünglichen Zustand ist Ausdruck für den Verlust ihrer selbstverständlichen Wirksamkeit. Nun haben zwar Reduktion und Idealisierung heuristischen Wert, um die Kritik an augenblicklichen Zuständen objektivieren zu können. Es besteht aber die Gefahr, daß die idealisierende Reduktion naiv und ohne wirkliches geschichtliches Bewußtsein geschieht.
512 Meßbuch 48.

dann die einzelnen Stücke kritisch daraufhin, inwieweit sie zur Förderung der Sittlichkeit des Menschen beitragen oder nicht. Die Geschichtstheorie von der Dekadenz der Entwicklung und die Theorie von der Sittlichkeit als höchstem Gut der Menschen sind die beiden Kriterien, mit denen Winter bei seiner kritischen Prüfung des „Meßbuches" und der „Messe" arbeitet. Zunächst unterzieht er das „Meßbuch" einer kritischen Prüfung.

5.4.1 Streichung des Introitus

In einem kurzen historischen Rückblick zeigt Winter, daß der Introitus ein späterer Einschub ist. Justin der Märtyrer und ebenso der heilige Augustinus lassen die Messe mit der Lesung der heiligen Schrift beginnen. Nur nach den Apostolischen Konstitutionen begann die Messe mit dem Absingen von Psalmen — ein Brauch, den Winter als „orientalische Sitte" bezeichnet[513]. Dieser Psalm sei zuerst von einem Chor gesungen und nicht von einem Priester gebetet worden, weil er nicht in den vom Priester benützten Sakramentaren enthalten sei[514]. Erst gegen das zehnte Jahrhundert seien die Psalmen in die Sakramentare aufgenommen worden und die Priester hätten „aus Privatandacht" angefangen, alles, „was ... öffentlich gelesen oder gesungen wurde, auch in der Stille zu lesen oder zu beten"[515]. Winter möchte sich nicht länger über Wert oder Unwert des Introitus aussprechen. Daß nämlich dem Introitus als Textbuch das Psalterium zugrunde liegt, besagt alles. Die Psalmen sind für ihn ja „Fremdlinge" in der Liturgie, weil sie einerseits „in Hinsicht auf

---

513 Vgl. ebd. 53.
514 Vgl. ebd. 53f. — Vgl. auch J. A. *Jungmann*, Missarum I 414f. — Winters geschichtliche Beobachtungen sind zwar bruchstückhaft und manchmal willkürlich ausgewählt; sie stützen sich aber — wie ein fragmentarischer Vergleich mit den Analysen über die Genese der Messe, wie sie Jungmann angestellt hat, zeigt — auf seriöse liturgische Quellenforschungen, wie sie seiner Zeit vorgelegen haben. Winter wollte ja nicht mit seinen historisch-kritischen Hinweisen neue liturgische Quellen erforschen, sondern nur Belege für seine Reformvorschläge erhalten: nämlich den Beweis, daß die Liturgie immer eine veränderbare Größe war. Daraus folgt dann logisch, daß sie auch in Zukunft veränderbar sein wird.
515 Meßbuch 53.

ihren Inhalt zur Förderung der Sittlichkeit wenig oder gar nicht beitragen" und weil sie andererseits in Sprache und Vorstellungswelt — trotz Übersetzung — dem aufgeklärten Menschen fremd sind[516]. Der Introitus muß deshalb in einem „aufgeklärten Meßbuch" wegfallen[517].

5.4.2 Neue Orationen

Winter sagt, historisch gesehen seien die Orationen vor der Epistel, vor der Präfation und nach der Kommunion, wie sie bereits im ältesten Sakramentar zu finden sind, Werke unbekannter Autoren[518]. Er glaubt außerdem, daß ein Großteil dieser Orationen sein Entstehen Häresien und Ketzereien zu verdanken habe, weil gegen jene nicht nur gelehrt, sondern viel öfter gebetet worden sei. Er kann sich viele Gebete mit polemischen Inhalt nur so erklären. Dazu kommt, daß viele Gebete mit ihrem Inhalt besser in eine Synagoge passen als in eine christliche Kirche[519].

Die Hauptkritik Winters an den Orationen besteht im Vorwurf, „daß das Meßbuch dem Christen viele Gebete in den Mund leget, welche ihn zur passiven Frömmelei führen, oder was eines ist, welche ihn anleiten, Gott zu bitten, daß er aus ihm einen guten Menschen machen möchte, anstatt ihn aufzufordern, es durch eigene Thätigkeit zu werden"[520]. Darum fordert er die Streichung der

---

516 Vgl. Versuche 95ff und Meßbuch 54.
517 Es wäre eine eigens zu untersuchende Frage, inwieweit Winter den evangelischen Gottesdienst als Vorbild für seine Reformvorschläge im Auge hatte. Die Parallelen sind manchmal frappierend, wie ein — in diesem Rahmen nur fragmentarisch durchgeführter — Vergleich mit dem evangelischen Gottesdienste an seinem Ursprung anhand des Buches von H. B. Meyer zeigt. Eines kann aber jetzt schon festgestellt werden: Die Argumente, die Winter für seine Reformvorschläge bringt, legitimiert er nie durch Hinweise auf den evangelischen Gottesdienst, sondern immer durch seine theoretisch-pastoralen Postulate, die er in seiner „Theorie" aufgestellt hatte. Daher kommt er auch immer wieder zu einer Wertung einzelner Elemente der „Messe" und des „Meßbuches", die dem evangelischen Gottesdienst nicht korrespondiert.
518 Vgl. Meßbuch 55f; s. auch J. A. *Jungmann,* Missarum I 478f.
519 Vgl. Meßbuch 57.
520 Ebd.

überlieferten Gebete und die Schaffung neuer, die die Selbsttätigkeit und Autonomie des Menschen mehr in den Vordergrund stellen.

5.4.3 Neue Auswahl der Episteln

Am Anfang des Christentums seien die Briefe der Apostel – und nur die meint Winter mit Episteln – bei den religiösen Versammlungen vollständig vorgelesen worden. Erst im dritten Jahrhundert begann man – so vermutet Winter – einzelne Abschnitte aus dem Alten und Neuen Testament in einer gewissen Ordnung vorzutragen. Einige Lektionare legen dafür Zeugnis ab. Die Epistelordnung, die Winter im Meßbuch zu seiner Zeit vorfindet, scheint ihm gänzlich ungeeignet, „den höchsten Strebpunkt der Menschheit, die Sittlichkeit"[521] zu erreichen. Die jedes Jahr wiederkehrenden, ohne jede Erklärung aus dem Zusammenhang einer größeren Geschichte genommenen, „stoff- und gedankenleere(n) und ganz oder wenigstens halb unverständliche(n) Abschnitte"[522] aus der Bibel brächten für das zudem nur teilweise gebildete Volk keinen Nutzen. Dazu kommen nach Winter viele Perikopen, die noch nicht einmal von gelehrten Exegeten genau auslegbar seien. Es sei unsinnig, solche Abschnitte für das Volk zur Unterweisung und Erbauung zu verwenden. Er plädiert darum zwar für die Beibehaltung des Brauches, in der „Meßanstalt" Abschnitte aus dem Alten und Neuen Testament vorzulesen. Diese sollten aber neu ausgewählt werden. Sie sollten außerdem zusammenhängend, für die Sittlichkeit brauchbar und wenn nötig mit einigen Erklärungen versehen sein.

5.4.4 Die Abschaffung des Graduale, Alleluja und Traktus

Diese erst in späterer Zeit eingeführten Teile des Meßbuches will Winter vollständig entfernt sehen[523]. Auf das hohe Alter dieser

---

521 Ebd. 60.
522 Ebd. 61. – Luther kam aus einem inhaltlich anderen Anliegen zur Forderung nach einer neuen Leseordnung. Ihn störte, „daß in den Episteln viele Texte gelesen wurden, die sich auf gute Werke beziehen, und wenige, in denen vom Glauben die Rede ist". H. B. *Meyer*, Luther 62.
523 Vgl. Meßbuch 62f.

Elemente, das aus ihrer ursprünglich responsorischen Struktur zu erschließen ist[524], und auf ihre verzweigte Entwicklungsgeschichte geht Winter nicht näher ein. Das Graduale sei in seiner Form als abgekürzter Psalm unbrauchbar; ebenso sei der hebräische Ausdruck Alleluja in einer deutschen Messe fehl am Platz. Nachdem bereits die lateinische Sprache ein Hindernis für eine wirksame Belehrung und Erbauung in der öffentlichen Gottesverehrung ist, sollte die Belehrung und Erbauung nicht noch durch hebräische und griechische Ausdrücke erschwert werden. Schließlich habe auch der Traktus nur die Funktion eines Lückenbüßers. Mit der Eliminierung von Graduale, Alleluja und Traktus verliere somit das Meßbuch nur drei unfruchtbare, oft sogar schädliche Elemente.

5.4.5 Neue Auswahl der Evangelienperikopen

Die hohe Wertschätzung der Evangelien als wichtigster Quelle des geistigen Lebens ist nach Winter eine der unbestrittensten Tatsachen kirchlich-liturgischen Lebens. Das Verlesen eines Evangelienabschnittes bildete bereits im Urchristentum einen wichtigen Teil der öffentlichen Gottesverehrung[525]. Da sich aber Zeiten und Bedürfnisse ändern, muß sich nach Winter auch die für bestimmte Zeiten und Bedürfnisse getroffene Auswahl und Anordnung der Evangelienperikopen ändern. Für die Urchristen sei das Auswahlprinzip durch die Intention gekennzeichnet gewesen, „die göttliche Sendung Jesu aus den Wundern zu beweisen" und „dem Menschen seine Pflichten mit den Worten des Evangeliums recht nahe zu legen"[526]. Nun ist für Winter gerade der Verweis auf die „Wunderwerke" eine Beweisführung, an der sich die aufgeklärte Vernunft besonders stößt. Diese versucht die Göttlichkeit Jesu auf anderen Wegen plausibler und wirksamer zu beweisen. Darum sollten die vielen Wundergeschichten durch andere Evangelien ersetzt werden[527]. Außerdem entspricht die vorhandene Auswahl der Evangelienabschnitte nicht in Hinsicht auf die Unterweisung der Sittlichkeit. „Auf wie viele für das Feld

---

524 Vgl. J. A. *Jungmann*, Missarum I 539—565.
525 Vgl. Meßbuch 64f; s. auch J. A. *Jungmann*, Missarum I 565f.
526 Meßbuch 65.
527 Vgl. ebd. 67.

der Sittlichkeit ganz unfruchtbare Abschnitte stossen wir nicht bei Durchblätterung der Evangelienstellen in dem Meßbuche."[528] Es ist somit auch unter dem Gesichtspunkt der Sittlichkeit eine neue Auswahl der Evangelien gefordert. Daß zudem Evangelium und Epistel oft nicht zusammenpassen und sich manchmal sogar widersprechen und weiters viele Evangelienperikopen für eine Predigt gänzlich ungeeignet sind, bestärkt Winter in seinem Anliegen, eine neue Ordnung der Evangelien zu schaffen.

5.4.6 Die Bedeutung der Predigt

Die Hochschätzung, die die Liturgie der Aufklärung der Belehrung in der öffentlichen Gottesverehrung zuerkennt, drückt sich besonders in der Beurteilung von Predigt und Homilie aus[529]. Winter betont, daß „im ersten Zeitraum des Christenthums *bei jeder Messe*" eine belehrende Unterweisung stattfand[530]. Daß für dieses Faktum

---

528 Ebd. 65.
529 Über die Predigt in der Aufklärungszeit informieren Ch. *Schreiber,* Die katholische Predigt im Aufklärungszeitalter; W. *Schütz,* Geschichte der christlichen Predigt 159—171; J. *Kehrein,* Geschichte der katholischen Kanzelberedsamkeit I 148—235; J. B. *Schneyer,* Geschichte der katholischen Predigt 305—324 und Fr. *Stingeder,* Geschichte der Schriftpredigt 174—176. — Die Vorzüge der Predigt der Aufklärung sieht Schütz in ihrem „Sinn für das Praktizieren und Konkretisieren, für Verwirklichung in der Welt, in Öffentlichkeit und Beruf, die Übersetzung traditioneller theologischer Begriffe in eine moderne Denk- und Sprechweise, den Versuch der Interpretierung von Dogmen, die Rücksicht auf den Hörer und seine Situation, das Gespräch mit der Bildung und mit den Gebildeten der Zeit, den Kampf gegen Freigeisterei und Atheismus ..." W. *Schütz,* Geschichte der christlichen Predigt 159. Vgl. auch A. *Ehrensperger,* Die Theorie 99—103. 126—141 und H. *Hollerweger,* Die Gottesdienstreform 459. — Natürlich wirken auch die negativen Seiten der Aufklärungspredigt nach: Bekämpfung des Brauchtums von der Kanzel aus — vgl. vor allem Ch. *Schreiber,* Die katholische Predigt 39—131 —, eine individualistische und rationalistische Gesamttendenz — s. J. B. *Schneyer,* Geschichte der katholischen Predigt 305f. und J. *Kehrein,* Geschichte der katholischen Kanzelberedsamkeit I 148—235 — und der Mißbrauch der Schrift als Grundlage für moralphilosophische Reflexionen. Vgl. dazu Fr. *Stingeder,* Geschichte der Schriftpredigt 174f.
530 Vgl. Meßbuch 69; vgl. auch J. A. *Jungmann,* Missarum I 583—588.

die alten Sakramentare und Missale keinen Beleg liefern, hängt nach ihm damit zusammen, daß der Stoff der Predigt und dessen Bearbeitung weitgehend der Phantasie und dem Vermögen des einzelnen „Volkslehrers" überlassen blieben.

Den Brauch, den erbauenden Gottesdienst mit dem belehrenden zu verbinden, findet Winter bereits im synagogalen Gottesdienst grundgelegt[531]. Die Apostelgeschichte, Justin der Märtyrer, Tertullian und die Apostolischen Konstitutionen bezeugen ebenso, daß im christlichen Gottesdienst die unterweisende Predigt einen festen Platz hatte[532].

Neben dem Zeugnis des christlichen Altertums ist für Winter — wie er bereits in seiner Theorie der Liturgie dargelegt hat — die Stimme der Vernunft entscheidend, die dem belehrenden Gottesdienst vor dem erbauenden „bei weitem den Vorrang aneignet"[533], weil der erbauende Gottesdienst ohne den belehrenden dem Volk gänzlich unzugänglich wäre. Es war deshalb nach Winter eine unglückliche Entwicklung, daß in der gottesdienstlichen Praxis seiner Zeit Predigt und Messe getrennt wurden, daß damit der belehrende Gottesdienst vom erbauenden losgelöst und sogar das Gebot der Teilnahme an der Messe auf den erbauenden Gottesdienst beschränkt wurde. Diese „widernatürliche und zweckdestruierende Trennung"[534] sollte wieder aufgehoben werden. Die Pflicht zur Teilnahme an der Messe sollte auch auf Predigt und Homilie ausgeweitet werden. Schließlich sollte für eine gründliche rhetorische Ausbildung der Prediger gesorgt werden.

---

531 Vgl. Meßbuch 70. — Das ist eine der wenigen Stellen, an denen Winter Gebräuche des jüdischen Gottesdienstes als Vorbild hinstellt.
532 Vgl. Meßbuch 70f.
533 Vgl. ebd. 71.
534 Ebd. 72. — Winter fordert von der Belehrungsfunktion des äußeren Gottesdienstes her einen engen Zusammenhang zwischen Predigt und Sakramentsgottesdienst. Auch für Luther war diese Verbindung ein wesentliches Problem des evangelischen Gottesdienstes. Als Exeget versuchte Luther, die Predigt stärker an die Schrift zu binden und damit die Einheit von Predigt und Sakramentsgottesdienst zu erreichen. Daß Luther später die Predigt und die Liturgie „zum theologischen Kampfplatz und zum Ort für religiösen Unterricht gemacht hat", hat diese angestrebte Verbindung wieder gefährdet. Vgl. H. B. *Meyer*, Luther 95.105.

5.4.7 Abschaffung der Offertorium- und Kommunionverse

Die Zahl der ursprünglich während des Opfer- und Kommunionganges der Gläubigen gesungenen Psalmen und Wechselgesänge nahm nach Winter in dem Maße ab, in dem das Opfern und der Kommunionbesuch der Gläubigen zurückgingen[535]. Darum haben die Verse für Winter auch keinen Zweck mehr, da sie in ihrer reduzierten Form isoliert dastehen und unverständlich geworden sind. Der Offertoriumvers sollte deshalb ganz wegfallen. Anstelle des Kommunionverses möchte Winter ein Lied setzen, das während des Kommunionganges der Gläubigen, den Winter sinnvollerweise wieder in das Meßgeschehen anschließend an die Kommunion des Priesters hereinnehmen will, gesungen werden sollte[536].

5.4.8 Ersatz der Präfation durch das Hauptlied

Winter betont zunächst das hohe Alter des die Präfation einleitenden Dialogs, der bereits bei Cyprian und Augustinus des öfteren erwähnt sei[537], und die Zweckmäßigkeit der Aufforderung, ähnlich wie Jesus vor jeder wichtigen Handlung die Augen und das Herz zu Gott zu erheben. Allein das darauffolgende Dankgebet sei in keiner Weise dazu geeignet, „den Geist in der Höhe zu erhalten"[538]. Denn Winter setzt voraus, daß Lob und Dank Gott viel eher durch Handlungen als durch Worte erwiesen werden können. Darum fordere jede Präfation „zu dem Lob und Danke auf, den nur der Gute mit seinem rein-sittlichen Leben abzustatten im Stande ist"[539]. In Wirklichkeit seien die gebräuchlichen Präfationen nur „anthropomorphistischer Hofdienst", der ohne Hinblick auf die Sittlichkeit abgesungen oder gesprochen wird. Die Präfation von der allerheiligsten Dreifaltigkeit z. B. ist für Winter ein besonders krasses Beispiel dafür, wie an Stelle von Sittlichkeit nur dogmatische Streitigkeiten zur Sprache kommen. Ähnlich verhält es sich nach ihm

---

535 Vgl. Meßbuch 72f.
536 Vgl. ebd. 74.
537 Vgl. ebd. 74f. 77; vgl. dazu J. A. *Jungmann*, Missarum II 138f.
538 Meßbuch 77.
539 Ebd. 78.

mit den Präfationen an Marien- und Heiligenfesten. Wenn wirklich einmal der Gehalt einer Präfation dem Anspruch der Sittlichkeit entspreche, dann sei wieder die zu geringe Anzahl solcher Präfationen Anlaß zu „Mechanismus" und Eintönigkeit.

Im Gegensatz zum Römischen Meßbuch seiner Zeit hätten frühere Zeiten eine große Menge an Präfationen aufzuweisen. So enthielte das älteste Sakramentar „zweihundert sieben und sechzig" Präfationen, das Gelasianum „sechs und fünfzig". Erst Gregor der Große hätte die Zahl der Kollekten und auch jene der Präfationen vermindert, zuungunsten der auch im Gottesdienst geforderten Mannigfaltigkeit[540].

An die Stelle der bisherigen Präfation möchte Winter nun das „Hauptlied" setzen. Unter Hauptlied versteht er jenes Lied, „welches sich um eben den Zentralpunkt, wie die Predigt und die ganze Messe herumdreht, und also denselben Stoff, z. B. dieselbe Pflicht zum Gegenstand hat, welches mithin, so wie der Stoff der Messe, alle Tage wechselt, und deren eigentliche Richtung diese ist, den durch den mündlichen Vortrag geweckten guten Gedanken und mitgetheilten Ansichten durch die Anregung, Verstärkung und Belebung analoger Gefühle eine recht lebhafte und dauernde Wirksamkeit auf den Willen zu verschaffen"[541]. Das Hauptlied schließt also inhaltlich und formal eng an die Predigt an. Inhaltlich sollte es den Gedanken der Predigt wieder aufnehmen und mit Hilfe der Musik den

---

540 Vgl. ebd. 79f; s. dazu auch J. A. *Jungmann*, Missarum II 148–151.
541 Mit der Betonung des Hauptliedes geht Winter mit einer von der Aufklärungsliturgik besonders gepflegten Bestrebung konform, nämlich mit der Pflege des Kirchenliedes. So meint J. A. *Jungmann*, Missarum I 205: „Während andere Programmpunkte der Aufklärungsliturgiker im gottesdienstlichen Leben der folgenden Zeit keinerlei Spuren zurückgelassen haben, war ihre Arbeit auf einem Gebiet von dauerndem Erfolg gekrönt, nämlich auf dem Gebiet des deutschen Kirchengesanges." Vgl. auch J. *Hacker*, Die Messe 10: „Wir haben hier ein unbestreitbares Verdienst der Aufklärung festzustellen: Das deutsche Kirchenlied und das Singen beim Gottesdienst haben einen gewaltigen Aufschwung genommen..."
— Vgl. auch R. *Giessler*, Die geistliche Lieddichtung; U. *Leupold*, Die liturgischen Gesänge; E. E. *Koch*, Geschichte des Kirchenliedes VI 189–554. — S. auch S. *Merkle*, Die katholische Beurteilung 33. — Winter hat in seinen Meßformularen eigenständig Lieder entworfen und wollte sogar ein Gesangbuch herausgeben. S. Meßbuch 332. Sein überraschender Tod hinderte ihn daran.

Eindruck der Predigt vertiefen. Lieder haben nähmlich nach Winter die Kraft, Gefühle zu wecken und zu beleben. Dazu sind sie aber nur imstande, wenn vorher — z. B. in der Predigt — geistige Anschauungen oder Ideen im Zuhörer grundgelegt oder geweckt worden sind. So stellt sich Winters Hauptlied als Pendant zum belehrenden Gottesdienst dar, indem es auf Predigt und Unterweisung aufbauend wesentlich auf die durch Gefühl und Empfindung hervorgerufene Erbauung tendiert. Im Ersatz der Präfation durch das Hauptlied gipfelt Winters Reformprogramm bezüglich des „Meßbuches".

Winter reflektiert dabei nicht den Zusammenhang zwischen Präfation und Kanon. Darum kann er auch die Präfation ohne Bedenken zu einem Hauptlied umfunktionieren. Ähnlich verfuhr ja auch Luther, der an dieser Stelle die „Vermahnung der Kommunikanten" einfügte, „die mit der alten Präfation gar nichts mehr gemein hatte"[542].

5.4.9 Winters „Meßbuch"

Winters umgebildetes „Meßbuch" würde also aus neuen Orationen, aus neu ausgewählten Epistel- und Evangelienstellen, aus Anleitungen zur Predigt und Homilie und aus Hauptliedern bestehen. Alle anderen bisher im Meßbuch vorhandenen Teile werden wegen ihrer Untauglichkeit für die Verkündigung der Sittlichkeit und wegen ihrer späten Entstehung aus dem Meßbuch eliminiert. In seinem umgebildeten „Meßbuch" ist das Element der Belehrung in Gebeten, Bibellesungen und in der Predigt grundgelegt, die Elemente der Erbauung und des Gefühls sind durch ein großangelegtes Hauptlied gesichert.

5.5 Kritik der „Messe"

Unter „Messe" versteht Winter die gleichbleibenden Teile der „Meßanstalt": das Stufengebet, das Confiteor, das Kyrie, das Gloria, das Credo, den Kanon, das Vater unser, die Kommunion und die Ent-

---

542 H. B. *Meyer*, Luther 187. — Winter steht damit in der Tradition mittelalterlicher Liturgiker, für die das Kernstück der Messe, der Kanon, mit dem Te igitur einsetzt. Vgl. ebd. 172.

lassung des Volkes. Auch bei der kritischen Prüfung dieser Teile schickt er jedem Punkt einige geschichtliche Beobachtungen voran, um das Wandelbare in seinem Wert oder Unwert zu erfassen, und fügt dann einige aus der Analyse der einzelnen Teile hervorgehende Konsequenzen für deren Umbildung an.

5.5.1 Streichung des Stufengebetes und des Confiteor

Ein Blick auf die geschichtliche Entwicklung der „Meßanstalt" zeigt Winter, daß das christliche Altertum weder das „Staffelgebet", also den Psalm Judica, noch das Confiteor als Vorbereitung auf die Messe kannte. Dafür bürgen die ältesten Sakramentare, die römischen Ordines und die alten Schriftsteller[543]. Erst im 11. und 12. Jahrhundert hätte der Psalm Judica in vielen Kirchen und zuletzt auch in die römische Kirche Eingang gefunden[544]. Die Praxis sei aber auch später noch in den verschiedenen Meßordnungen abweichend gewesen, wie z. B. bei den Dominikanern und Karthäusern[545]. Ebenso sei das Confiteor erst spät entweder in der Sakristei oder öffentlich in verschiedenen Fassungen gebetet worden.

Winter sieht den Grund dafür, daß der Psalm Judica am Beginn der Messe gebetet wird, in der rein zufälligen Tatsache gegeben, daß in diesem Psalm das Wort „Altar" vorkomme: Introibo ad altare Dei. Nicht der Geist des Psalmes, sondern der Buchstabe sei für seine Auswahl verantwortlich gewesen[546]. Winter verbindet nicht nur mit dem Confiteor, sondern auch mit dem Psalm Judica den Gedanken der Reue. Er könnte sich inhaltlich ein besseres Formular der Reue vorstellen als diesen Psalm. Denn kein Priester könne den Psalm traditionsgeschichtlich richtig einordnen und damit in der richtigen Intention beten. Zudem bewirke seine tägliche Wiederkehr beim Priester und bei den Ministranten den „nämlichen Mechanism". Die „mechanische Wahl, die Unverständlichkeit des Psalmes, dessen geringe Ausbeute für den Anfang der Messe und endlich die tägliche Wiederkehr desselben"[547] sind Grund genug, den Psalm Judica und das Confiteor zu streichen.

---

543 Vgl. Meßbuch 86.
544 Vgl. ebd. — S. auch J. A. *Jungmann*, Missarum I 377—386.
545 Vgl. Meßbuch 87. — S. auch J. A. *Jungmann*, Missarum I 379f.
546 Vgl. Meßbuch 89.
547 Ebd. 90.

Winters Umbildungsvorschlag geht dahin, den Akt der Reue in einem neuen Formular an das Ende der Messe zu verlegen. Denn Reue ist für ihn nicht Sache eines Augenblicks oder das Produkt eines gesprochenen Psalmes, sondern die Wirkung „der in der Messe gehörten Lesestücke, der Anrede, und des die schlummernden Gefühle weckenden Kirchengesanges"[548]. Das Hintreten zum Altare sollte deswegen durch eine vorhergehende, der Messe vorausliegende, private Prüfung des Priesters und der Gläubigen erfolgen. „Diese Vorbereitung bleibe also der Privatandacht jedes Priesters überlassen, wie sie es das erste Jahrtausend war!"[549]

5.5.2 Streichung des Kyrie

Obwohl der griechische Ruf Kyrie eleison in der Liturgie ein hohes Alter beansprucht[550], ist für Winter trotzdem sicher, daß sein neunmaliger Gebrauch erst um das 11. Jahrhundert verordnet worden sei[551]. Den Zweck dieser Kyrierufe bestimmt Winter ziemlich negativ als eine Art Beschäftigungstherapie für das Volk. „Der Zweck vom Absingen des Kyrie war nämlich ehedem kein anderer, als das Volk zu beschäftigen, bis es ganz versammelt war, und der Priester zum Altare kam."[552] Deswegen sei das Kyrie auch in jenen Messen, in denen vorher Litaneien gebetet wurden, zusammen mit dem Introitus weggefallen. Winter plädiert für dessen gänzliche Ab-

---

548 Ebd. 91. — Vielleicht ist Winter hier vom Sündenbewußtsein der mittelalterlichen Frömmigkeit beeinflußt, das besonders durch das Hören des Wortes Gottes hervorgerufen wird. Vgl. den Brauch der „Offenen Schuld" nach der Predigt — s. H. B. *Meyer*, Luther 121—131. — Winter hat aber in keinem seiner Formulare den eigenen Vorschlag, den Reueakt an das Meßende zu verlegen, durchgeführt.
549 Meßbuch 91.
550 Vgl. J. A. *Jungmann*, Missarum I 430f.
551 Vgl. Meßbuch 92.
552 Ebd. 93. — Daß Winter damit die Funktion des Kyrie verkennt, braucht wohl nicht betont zu werden. Vgl. J. A. *Jungmann*, Missarum 429—446. — In der Beurteilung des Kyrie wird besonders deutlich sichtbar, wie sehr Winter von seinen philosophisch-ästhetischen Kategorien aus urteilt und nicht in Anlehnung an den evangelischen Gottesdienst. Denn „die lutherischen Gottesdienstordnungen erweisen sich ... bezüglich des Kyrie als durchaus traditionsgebunden". H. B. *Meyer*, Luther 47.

schaffung, weil das Hersagen unverständlicher Worte für vernünftige Wesen „widersinnig" sei. Zudem gäben diese Worte weder dem Verstande Licht noch dem Herzen Wärme, sondern förderten im Gegenteil nur eine mechanische Gebetspraxis.

5.5.3 Die Bedeutung des Gloria

Der Lobgesang des Gloria gründet nach Winter auf der unerschütterlichen Basis des Evangeliums. Die Art und Weise, wie er in der öffentlichen Gottesverehrung vorgetragen wurde, sei zwar verschieden gewesen. Im ersten Jahrtausend genossen nur die Bischöfe das Vorrecht, das Gloria anzustimmen, und zwar gegen das Volk gewendet[553]. Erst ab dem 11. Jahrhundert durften auch die Priester das Gloria anstimmen — und zwar nicht mehr dem Volk zugekehrt, sondern „gegen Osten gewandt"[554]. Auch der Platz, an dem das Gloria angestimmt wurde, änderte sich. Zunächst intonierte man es auf der Epistelseite, später in der Altarmitte.

Dem Inhalt nach bezeuge das Gloria seine Nähe zum Evangelium. Es entspricht nämlich nach Winter in hohem Maße den Zwecken der öffentlichen Gottesverehrung, indem es „mit dem Lobe Gottes auch die Sittlichkeit des Menschen ... innigst verkettet"[555] und zwar durch die Verbindung der Ehre Gottes mit dem Frieden der Menschen auf Erden, die eines guten Willens sind. Diese Grundgedanken des Hymnus — Achtung gegen den Urheiligen und die religiös-sittliche Tendenz — sollten weiter ausgefaltet werden. Aber nicht wie bisher durch Aufforderungen zum „Hofdienst" als besonderer Pflichten gegen Gott — wie z. B. in den Worten „wir loben dich, wir preisen dich, wir beten dich an" —, sondern durch „Aufforderung des Menschen zum Fortschreiten auf dem Pfade der Sittlichkeit"[556]. So könnte das Gloria im „achtenden Aufblick zu Gott" erhabene Gefühle wecken. Ein derart verbessertes Gloria hätte dann

---

553 Vgl. Meßbuch 94; s. dazu auch J. A. *Jungmann*, Missarum I 458.
554 Vgl. Meßbuch 94; s. auch J. A. *Jungmann*, Missarum I 459.
555 Meßbuch 95. — Dagegen legte Luther dem Gloria gegenüber eine „gewisse Indifferenz" an den Tag. Die Gründe dafür sind nicht ganz klar. Vgl. H. B. *Meyer*, Luther 51f.
556 Meßbuch 96.

einen berechtigten Platz in der Messe, wenn es auch wegen der Gefahr des mechanischen Abbetens ab und zu ausgelassen werden sollte.

5.5.4 Streichung des Credo

Winter ist überzeugt, daß das Credo, das in Konstantinopel verfaßt wurde, seine Einführung in die Liturgie allein Glaubensstreitigkeiten zu verdanken habe. „Peter Fullo oder Cnaphäus, ein Eutychianer"[557] habe nämlich in seiner Amtszeit als Bischof von Antiochia (um 476) das Symbolum von Nicäa zur Abbetung in der öffentlichen Gottesverehrung vorgeschrieben. Ebenso handelte im achten Jahrhundert der Monophysit Timotheus, Bischof von Konstantinopel[558]. Als die Katholiken im Orient die Absicht der Monophysiten merkten, das Symbolum von Nicäa in die Messe aufzunehmen, hätten sie das diesen Irrlehrern verhaßte Credo von Konstantinopel in die öffentliche Gottesverehrung aufgenommen. Aus dem Orient sei es dann über Spanien in die gallischen und deutschen Kirchen gelangt. In Rom sei es erst „zu Zeiten des Kaisers Heinrich und nur durch ihn"[559] in die Liturgie gekommen, nachdem Benedikt VII dem Drängen Heinrichs nachgegeben habe. Das Credo hat daher nach Winter sowohl seine Entstehung als auch seine Verbreitung Glaubensstreitigkeiten zu verdanken. Nachdem — für Winter wenigstens — die in Frage kommenden Irrlehren längst aus den Köpfen der Menschen verschwunden seien[560], könne man das Credo ruhig aus der Messe streichen. Es sei weder ein wesentlicher Teil der Messe noch in seinem polemischen Charakter für den „Geist der Andacht" und die Verkündigung der „Bruderliebe" nützlich. Außerdem unterbreche es nur den Rhythmus der Messe, da es Evangelium und Predigt trenne, und leiste durch die immer gleichbleibende Form dem „Mechanism" Vorschub[561].

---

557 Ebd. 99.
558 Vgl. ebd. 100; s. auch J. A. *Jungmann*, Missarum I 598.
559 Meßbuch 101; vgl. auch J. A. *Jungmann*, Missarum I 600ff.
560 Die aktuellen Irrlehren sind nach Winter ganz anderer Natur. Dazu gehörten vor allem „die in unseren Tagen im religiös-sittlichen Gebiete herrschenden Irrthümer", gegen die eine „Schutzwehre" errichtet werden müßte, wozu das gebräuchliche Credo ein ganz unnützes Werkzeug sei. S. Meßbuch 102.

5.5.5 Zusammenlegung der Gebete zur Gabenbereitung und des Orate Fratres in die „stille Oration"

Nach Winter kannte die römische Kirche im ersten Jahrtausend keines der nach dem Offertorium zu verrichtenden Gebete. Die Sakramentare von Leo, Gelasius und Gregor dem Großen führen kein derartiges Gebet an. „Erst die Privatfrömmigkeit einiger Bischöfe führte sie auf die Idee, einige den Handlungen entsprechenden Gebete zu verfassen", die später auch in die römische Kirche Eingang fanden[562]. Darum sei auch die diesbezügliche Praxis verschieden gewesen, wie z. B. die Dominikaner und Karmeliter nur ein Gebet gesprochen haben. Der späte Ursprung und der gering Nutzen für die Sittlichkeit, weil sich der Inhalt der Gebete vor allem auf die Opferhandlungen beziehe, legen es nahe, alle Gebete bei der Opferung „mit der stillen Oration in Eine zusammen zu schmelzen"[563].

Auch das Orate fratres sei Zusatz eines späteren Zeitalters und in vielen Kirchen verschieden gehandhabt worden. Darum soll auch dieser Aufruf zum Gebet mit allen späteren Erweiterungen in der neuen Messe gestrichen werden, sodaß der Priester nach dem Oremus beim Offertorium sofort zur „Oratio secreta" übergehen kann[564].

Im Gegensatz zur bisherigen Praxis sollte dann aber die „Oratio secreta" laut gesprochen werden. So fordere es die „neue Messe, in welcher Priester und Volk nur eine moralische Person bilden, und letzterem alles genießbar gemacht werden muß"[565]. Ganz typisch für aufgeklärtes liturgisches Denken ist dann die Forderung Winters an den Inhalt dieser Oration. „In Hinsicht auf den Inhalt muß sie, da sie zugleich Gebet über das Opfer des Brods und Weins ist, dasselbe auch ansprechen (jeder symbolischen Handlung gehe eine Erläuterung zur Seite, welche der Gemeinde den Sinn davon aufschließt!), aber sie lenke gleich wieder auf das Hauptopfer, den rein-

---

561 Vgl. ebd. 102f. — Für Luther ist das Credo eines jener Stücke, „die von den Vätern der Meßliturgie beigefügt wurden und keinen Tadel verdienen." H. B. *Meyer*, Luther 86.
562 Vgl. Meßbuch 104. — Vgl. auch H. B. *Meyer*, Luther 140.
563 Meßbuch 104.
564 Vgl. ebd. 105.
565 Ebd. 106.

moralischen Lebenswandel ein, und bahne so der darauf folgenden Präfation den Weg."[566]

5.5.6 Die Bedeutung des Sanctus

Den Anfang des Hymnus entlehnte die Kirche nach Winter dem Propheten Jesaja[567]. Der Zusatz sei aus jenen Worten genommen, die das Volk beim Einzug Jesu in Jerusalem rief[568]. Der Hymnus wurde sehr früh in die Liturgie der Kirche aufgenommen, denn es erwähnen ihn bereits die Apostolischen Konstitutionen und die Liturgien von Jakob, Basilius und Chrysostomus[569].

Ob des hohen Alters und seines Inhaltes, der dem Hauptlied entspricht, möchte Winter den Hymnus beibehalten. Das Hauptlied, das die Präfation ersetzen sollte, hat die Aufgabe, „auf Erwärmung des Herzens für die Pflichterfüllung" hinzuarbeiten[570]. Der darauffolgende „Hymnus Heilig" dient nun vor allem dazu, „die Achtung des Urheiligen, die in alle unsere Handlungen einfließen muß, zu wecken, zu stärken und zu beleben"[571]. So werden Hauptlied und Hymnus auf wirksame Weise der Aufgabe der äußeren Religion gerecht, Belebung der inneren Religion zu sein, die in der Erfüllung der Menschenpflichten „unter achtendem Aufblick zu Gott" besteht. Der „Hymnus Heilig" soll deswegen in abgewandelter Form seinen Platz in der Messe beibehalten.

---

566 Ebd. 106f. — Nachdem Winter sich nicht mit dogmatischen Fragen beschäftigen will, geht er auch nicht näher auf das Problem der Messe als Opfer ein. Wie aus dem angeführten Passus aber hervorgeht, mißt er dem Opfergedanken in der Messe keine besondere Bedeutung zu. Vielleicht ist er darin vom evangelischen Gottesdienst beeinflußt. Denn bereits „Luther stand der Lehre von der Messe und vor allem der Meßpraxis in vielen Punkten kritisch gegenüber, aber keinen hat er so entschieden ja leidenschaftlich bekämpft wie den Opfergedanken". H. B. *Meyer*, Luther 156—166, Zitat 156.
567 Vgl. Jes 6,2f.
568 Vgl. Meßbuch 107f.
569 Vgl. ebd. 108; s. auch J. A. *Jungmann*, Missarum II 167 Anm. 26.
570 S. o. Abschnitt 5.4.8.
571 Meßbuch 108. — Winter bezieht also den Hymnus des Sanctus auf Gott und nicht auf Christus, wie z. B. Luther und seine katholischen Zeitgenossen. Vgl. H. B. *Meyer*, Luther 187.

5.5.7 Veränderbarkeit des Kanons

Winter ist sich bewußt, daß er mit der Prüfung des Kanons das Kernstück der christlichen „Meßanstalt" berührt. Denn wie bereits das Wort Kanon besagt, handelt es sich um bestimmte und feste Gebete, die als Hauptteil der Messe von jeher als unwandelbar angesehen wurden. Eine Kritik an diesem Teil der Messe könnte besonders leicht den Verdacht der Ketzerei oder sogar der Glaubenslosigkeit erwecken. Trotzdem ist sich Winter bewußt, daß er keinen Bereich der „Meßanstalt" aus seiner Prüfung aussparen darf, wenn seine Reform konsequent sein und wirksam werden sollte.

Winter zweifelt nicht am hohen Alter des Kanons. Bereits die Sakramentare von Gelasius und Gregor wie auch die ersten römischen Ordnungen enthalten Kanongebete. Daß darin nur jene Heiligen genannt sind, die ihr Blut für Christus hingaben, ist für Winter ein weiterer Beweis für das hohe Alter dieser Kanongebete, weil die „uneigentlichen" Märtyrer und Jungfrauen, die keine Märtyrer waren, erst spät in die Sakramentare und Meßbücher Einlaß fanden[572]. Darum sei die Frage sicher berechtigt, ob der Kanon von Christus oder seinen Aposteln stamme, wie z. B. Isidor von Sevilla den heiligen Petrus als Verfasser des Kanons bezeichne. Winter hält aber dem entgegen, daß weder die Evangelien noch die zwar gefälschten aber trotzdem sehr alten „Liturgien von Mathäus, Lukas und Jakob"[573] oder die apostolischen Verordnungen einen Kanon enthalten. Zudem bemerkt er, daß die römischen Päpste allzuschnell den Apostel Petrus als Kronzeugen aufbieten, ohne dafür historische und kritische Beweise zu haben. Darum sei der Kanon zwar sehr alt, aber dennoch nicht auf Christus oder die Apostel rückführbar[574]. Der Kanon sei allmählich geschichtlich gewachsen. Das gehe aus dem „verschiedennen Geist" hervor, der in den Gebeten des Kanon herrsche und der unleugbar auf verschiedene Verfasser hindeute.

Was Winter in der „Meßanstalt" als heilig und damit als unveränderbar ansieht, sind „die Geschichte von der Einsetzung des unschätzbaren Liebesmahles, . . .heilig und wichtig jeder kleine Umstand in derselben. . . — Heilig, wichtig und bedeutungsvoll sind

---

572 Vgl. Meßbuch 111f.
573 Ebd. 113.
574 Vgl. ebd. 117.

mir vorzüglich die Worte, mit denen er Brod und Wein segnete und in sein heiliges Fleisch und Blut verwandelte. — Heilig und eingreifend die Lehren, die er dem Genuß des himmlischen Mahles voran- und nachschickte... — Heilig endlich die ganze, große und vielsprechende Handlung, dieses bleibende Denkmal und Unterpfand der Liebe Gottes gegen die Menschen und der Menschen unter sich."[575] Dieses um Christus beim letzten Abendmahl zentrierte Geschehen soll im Kanon in Worten und Taten unveränderlich bleiben.

Die übrigen Gebete aber, die im Laufe der Geschichte dazugewachsen sind und die in bezug auf ihren Inhalt nicht mehr dem Zeitgefühl entsprechen, sollten mit Ausnahme des Qui pridie ausgeschieden werden. Der Inhalt der in Frage stehenden Gebete weise „immer auf das Opfer von Brod und Wein" hin, während „das oft besprochene, aber nie genug zu empfehlende Opfer des reinsittlichen Lebenswandels nur von ferne berührt"[576] werde. Nur das Qui pridie sollte „in Hinsicht auf Einsetzungsgeschichte und Einsegnungsworte für unabänderlich gehalten werden; in Hinsicht auf Einkleidung aber immer in veränderter Form auftreten"[577]. Denn trotz des heiligen Gehaltes würde es in immer gleicher Form kein „neues Leben" und kein „neues Feuer" bei den Gläubigen hervorrufen.

Auf zwei Kanongebräuche geht Winter ausführlicher ein. Der erste ist das Memento der Lebenden und Toten. Das Memento der Lebenden sei ursprünglich ein Verlesen der Namen jener Gläubigen gewesen, die außergewöhnliche Opfergaben zum Altare gebracht hätten, und das Memento der Toten sei eine Erinnerung an die in der Gemeinde Verstorbenen gewesen[578]. Winter möchte diesen Brauch auch in „seiner Meßanstalt" nicht missen. Die Messe soll zwar in erster Linie eine Schule der Sittlichkeit sein, aber „sie soll auch nach den dogmatischen Ansichten der Katholiken ein Opfer für Lebendige

---

575 Ebd. 117f. — S. dazu H. B. *Meyer*, Luther 253.255. — Daß Winter diese Forderung nicht nur theoretisch aufstellte, sondern auch praktisch durchführte, zeigt der Kanon des Meßformulars, den er selbst entwarf. Vom traditionellen Kanontext sind nur mehr das Qui pridie und Teile des Supra quae und Supplices te rogamus übrig geblieben.
576 Meßbuch 119. — Winter möchte also den Begriff ‚Opfer' nicht auf Christus, sondern auf den moralischen Lebenswandel beziehen. Nur insofern sollte er weiter in der Terminologie der Messe gebraucht werden.
577 Meßbuch 119.
578 Vgl. ebd. 120f.

und Todte sein, und bleiben, und mit dem opus operantis auch das opus operatum verbinden"[579]. Damit aber die Einheit der öffentlichen Gottesverehrung gewahrt bleibe, sollte das Memento der Lebenden und Toten nicht im Kanon stehen, sondern an das Ende der Messe verlegt werden.

Der zweite Kanonbrauch, den Winter untersucht, ist die Aufhebung der Hostie und des Kelches während der Konsekration. Winter findet diesen Brauch bereits in der Jakobusliturgie und bei Dionysios Areopagita bezeugt. Dort hatte er die Funktion, die Gläubigen zum heiligen Abendmahle einzuladen. Als Gestus der Anbetung sei das Aufheben der Hostie erst im 13. Jahrhundert und die Erhebung des Kelches im 16. Jahrhundert allgemein in die Messe eingeführt worden[580]. Die Streitigkeiten über die Transsubstantiation hätten dazu beigetragen, daß der Ritus verbreitet wurde. Mit der Aufhebung der Hostie und des Kelches und durch deren Anbetung sollte die wahre Umwandlung in den Leib und das Blut Christi proklamiert werden[581]. Trotz der späten Entstehungszeit will Winter die Aufhebung der Hostie und des Kelches nicht aus dem Kanon verbannen. Denn er ist überzeugt, daß „die katholische Liturgie, welche nur die Formen herleiht"[582], sich eng an die katholische Dogmatik anschließen muß: Eine liturgische Veränderung im Kanon würde darum gerade in der Frage der Transsubstantiation den Verdacht erwecken, daß man die Lehre verändern möchte. Denn keine liturgische Erneuerung dürfte dem Volk mehr auffallen „als die Abschaffung der Emporhebung der Hostie und des Kelches"[583]. Winter verwendet also für die Beibehaltung der Elevation dogmatische und pastorale Argumente. Er findet die Anbetung Christi in der Hostie eine „gute Sache" und weist auf die negativen Begleiterscheinungen

---

579 Ebd. 122. — Winter reflektiert nicht explizit den Begriff des opus operatum, den er aus der dogmatischen Wissenschaft übernahm. Er scheint mit opus operatum dasjenige zu bezeichnen, was bei den Sakramenten mit dogmatisch-lehrhaften Aussagen über die Wirkweise der Sakramente in Zusammenhang steht und was bei ihm mit der Liturgie unmittelbar nichts zu tun hat.
580 Vgl. Meßbuch 124f; s. dazu auch J. A. *Jungmann*, Missarum II 257—264 und H. B. *Meyer*, Die Elevation und *ders.*, Luther 261—292.
581 Vgl. Meßbuch 126.
582 Ebd. 127.
583 Ebd. 129.

hin, die die Abschaffung eines solchen im Bewußtsein des Volkes internalisierten Brauches hätte. Schließlich findet er diesen Brauch auch in sich vernünftig, weil der Ritus des Aufhebens sehr geeignet sei, „dem Christen als Zeichen die bezeichnete Sache näher zu legen" und so in der Liturgie die „Versinnlichung des Übersinnlichen" zum Ausdruck komme[584].

5.5.8 Paraphrasierung des Vater unser

Das Vater unser stand als Gebet des Herrn schon im öffentlichen Gottesdienst der frühchristlichen Kirche in hoher Verehrung. Winter zitiert Chrysostomus und Cyprian, der kein anderes Gebet als das des Herrn gelten lassen wollte[585]. Der augenblickliche Platz des Vater unser vor statt nach der Brechung sei durch Gregor den Grossen festgelegt worden[586]. Aber — und das erscheint Winter wesentlich — die Art, das Vater unser zu beten, war in den einzelnen Kirchen verschieden. In der römischen Kirche sprach es der Priester allein nach der Brechung der Hostie, in der griechischen Kirche betete es das Volk unmittelbar nach dem Kanon. Aus diesen eher peripheren Beobachtungen leitet Winter die Legitimation ab, das Vater unser trotz der von Christus überkommenen Form verändern zu dürfen. Denn kein Gebet werde „mehr gebraucht, aber auch keines mehr mißbraucht, als das Gebet des Herrn"[587]. Die immer wiederkehrenden Wendungen lassen die im Gebet enthaltenen Grundideen nicht zum Tragen kommen, wodurch das Vater unser sehr an Kraft und Würde verliert. Um die Wirkung des Vater unser nun zu erhöhen, schlägt Winter vor, die einzelnen Sätze „mit parallellaufenden Stellen"[588] zu begleiten, d. h. das Vater unser zu umschreiben. Metrische Übersetzungen und Umschreibungen sollten das Bewußtsein

---

584 Vgl. ebd. 130.
585 Vgl. ebd. 132f.
586 Vgl. ebd. 133f. — Vgl. auch J. A. *Jungmann*, Missarum II 344—347.
587 Meßbuch 135.
588 Ebd. 136. — Auch der evangelische Gottesdienst kannte die Paraphrasierung des Vater unser. Aber sie hatte in Luthers Deutscher Messe ihren Platz bei den Predigtannexen. S. dazu H. B. *Meyer*, Luther 111ff. 125—128. 190f. — Vgl. auch A. *Ehrensperger*, Die Theorie 227—232.

der Gläubigen immer neu auf den außergewöhnlichen Inhalt des Vater unser lenken. Bei der feierlichen Messe am Sonntag soll der Priester das umschriebene Vater unser allein laut vorbeten, bei den Messen am Werktag sollten Priester und Volk gemeinsam laut den gewöhnlichen Text sprechen. Auf diese Weise werde das Vater unser vor unreflexem, mechanischem Zitieren geschützt.

5.5.9 Brechung der Hostie

Der Ritus des Brotbrechens ist nach Winter auf Christus selbst zurückzuführen. Wegen seines biblischen Ursprungs und wegen seiner tiefen Sinnhaftigkeit will ihm Winter in seiner „Meßanstalt" einen zentralen Platz einräumen als Ausdruck dafür, daß nicht nur der Priester, sondern viele Christen zugleich das Abendmahl genießen. Mit dem Brotbrechen werde die „Weckung und Befestigung der brüderlichen Liebe"[589] sichtbar verkündet. Obwohl das eine Brot inzwischen in der Praxis der Kirche von den vielen Hostien abgelöst worden sei[590], bleibe dennoch das eine Brot im geistigen Sinne als Symbol der Vereinigung Christi mit seiner Kirche und der Gläubigen untereinander. Der Ritus des Brotbrechens sollte in besonderer Weise auf die aktive Teilnahme aller Gläubigen am Meßgeschehen hinweisen, indem nicht nur der Priester allein kommuniziert, sondern möglichst alle Mitfeiernden[591].

5.5.10 Der Friedenswunsch und die Abschaffung des Friedenskusses

Da die Aufforderung des Priesters an das Volk, Teilhaber am Frieden Gottes zu sein, von Christus stammt, möchte Winter den Friedenswunsch in „seiner" Messe beibehalten, wenn auch nicht immer mit denselben Worten. Winter sieht in diesem Friedenswunsch einen Appell an die Bruderliebe, der in keiner öffentlichen Gottesverehrung wegfallen sollte[592].

---

589 Meßbuch 140.
590 Vgl. J. A. *Jungmann*, Missarum II 378.
591 S. Meßbuch 140.
592 Vgl. Meßbuch 141f.

Das mit dem Friedenswunsch verbundene Symbol des Friedenskusses sollte trotz der Bezeugung durch die Bibel, Justin, Tertullian und Augustinus wegfallen, weil einerseits eine solche Symbolhandlung nicht imstande sei, „das erloschene Feuer der brüderlichen Liebe" anzufachen und weil andererseits durch die Aufhebung der Trennung der Geschlechter in der Kirche das Symbol des Kusses „unschicklich" sei[593]. Den Alternativvorschlag, sich die Hand zu reichen, hält er auch nicht für mehr als einen „mechanischen Handgriff", der in seiner Wirkung den Friedenskuß nicht übertrifft.

5.5.11 Die Bedeutung des Agnus Dei

Winter findet das Agnus Dei bereits in der Jakobusliturgie und in den ersten römischen Ordnungen bezeugt[594]. Der ursprünglich nur einmal von einem Sänger oder vom Volk gesprochene Anruf wurde im 12. Jahrhundert dreimal — und nun auch vom Priester — wiederholt. Das Bild eines Lammes sei „sehr passend" für Christus als Dulder und somit ein echtes Vorbild für die Gläubigen, die sich dem Tisch des Herrn nähern. Nur sollte man das Agnus Dei auch öfter sprachlich verändern und nicht alle Tage sprechen, „damit das ermüdende Einerlei den Geist nicht niederdrücke, anstatt ihn zu heben"[595].

5.5.12 Zusammenfassung der Kommuniongebete des Priesters

Die vom Priester vor und nach dem Kommunionempfang zu sprechenden Gebete habe das „spätere Zeitalter" hervorgebracht, nachdem weder die ältesten römischen Ordnungen noch das römische Meßbuch des ersten Jahrtausends ein solches Gebet enthalten. Erst die „Privatandacht einiger Bischöfe"[596] habe den Gebeten Aufnahme in die Liturgie verschafft. Bei näherer Betrachtung bedürfen diese Gebete nach Winter einer dringenden Umbildung, weil sie ein un-

---

593 Vgl. ebd. 144.
594 Vgl. ebd. 145. — Vgl. J. A. *Jungmann*, Missarum II 414f.
595 Meßbuch 147.
596 Ebd. 148. — Vgl. J. A. *Jungmann*, Missarum II 428.

harmonisches Konglomerat verschiedener Gedanken seien. Darum fasse man „alle diese Orationen in ein, Kopf und Herz gleich mächtig ansprechendes, zum Genuße des Heiligsten vorbereitendes und öfter wechselndes Gebet zusammen"[597].

5.5.13 Die Kommunion des Volkes

Das Urchristentum kannte kein Abendmahl, bei dem die Mitfeiernden nicht alle am Kommunionempfang teilnahmen. Die gesamte frühe Tradition bezeugt, daß die Kommunion des Volkes ein integraler Bestandteil der öffentlichen Gottesverehrung war. Darum fordert Winter, daß das Volk in Zukunft bei der Kommunion des Priesters „nicht so auffallend gegen den Geist der göttlichen Stiftung und gegen die fromme Sitte des Urchristenthums von dem Tisch des Herrn ausgeschlossen"[598] werde. Wenn nun aber in Zukunft das Volk an der Kommunion teilnimmt, muß es auch durch entsprechende Gebete und Gesänge über dieses außergewöhnliche Geschehen belehrt und dazu erbaut werden. Bei der Kommunion des Volkes sollte daher alles darauf ausgerichtet sein, den Gläubigen „das letzte Mahl Jesu recht wichtig zu machen, das Andenken an den großmüthigsten Freund des menschlichen Geschlechtes aufs lebhafteste ins Gedächtnis zurückzurufen, und zur Reinheit der Sitten und zur Heiligkeit des Wandels aufzufordern"[599]. Von dieser Intention sollten die Gebete bei der Kommunion des Priesters und des Volkes bestimmt sein. Weiters sollte besonders bei der Kommunion und in den dabei gesprochenen Gebeten zum Ausdruck kommen, daß Priester *und* Volk Subjekt der liturgischen Vollzüge sind und daß sie in der Liturgie „eine Person" bilden. Der Priester bete daher auch bei der Kommunion deutsch und laut und das Volk singe während des Kommunionempfanges ein „herzerhebendes Lied"[600].

---

597 Meßbuch 149.
598 Ebd. 151. — Winter machte also „aus der Not keine Tugend", wie es z. B. vor der Reformation Priester und Theologen taten, als sie den seltenen Kommunionempfang der Laien theologisch rechtfertigten. S. dazu H. B. *Meyer*, Luther 320f. Bereits Luther selbst bezeichnete „die Kommunion der Gläubigen sehr bald als konstituierendes Wesensmoment der evangelischen Abendmahlsfeier". Ebd. 348; s. auch ebd. 345.
599 Meßbuch 154.
600 Vgl. ebd. 154f.

Damit wird beim Kommunionempfang des Volkes besonders deutlich, daß Liturgie nicht vom Priester gemacht, sondern von einer gläubigen Gemeinde gefeiert wird.

5.5.14 Ersatz des Ite missa est, des Segens und des Johannesprologs durch ein abschließendes Gebet oder Segen

Der Segensgruß sei zwar in den römischen Ordnungen bezeugt[601], er enthalte aber weder Belehrung noch Erbauung und dürfte deshalb, ohne eine Lücke zu hinterlassen, ausfallen. Ebenso soll der Segen des Priesters wegfallen, der ursprünglich Vorrecht der Bischöfe war[602]. Winter mißtraut dem Segen, weil die Katholiken „so gerne mit dem Segen die Idee einer magischen Kraft verbinden"[603]. Und schließlich soll auch der Prolog des Johannesevangeliums unterbleiben, der erst im 13. Jahrhundert durch die Privatfrömmigkeit einiger Priester Eingang in die Messe fand[604]. Ein kurzes Gebet oder Lied, welches das in der Messe Gehörte noch einmal ins Gedächtnis ruft, sollte die Messe abschließen.

5.5.15 Winters „Messe"

Die feststehenden Teile in Winters „idealer Messe", die im Missale abgedruckt werden sollten, sind also: ein Lied zu Beginn der Messe, das veränderte Gloria, ein Gebet nach der Opferung, der Hymnus Heilig, der veränderte Kanon, das paraphrasierte Vater unser, ein Kommuniongebet und -gesang und ein abschließendes Gebet oder Lied. All diese Teile sollten in mehrfacher Ausführung im Missale stehen, damit dem Priester die Möglichkeit zur Abwechslung gegeben ist.

---

601 Vgl. ebd. 155; s. dazu auch J. A. *Jungmann*, Missarum II 537.
602 Vgl. ebd. 545.
603 Meßbuch 158.
604 Vgl. J. A. *Jungmann*, Missarum II 556 und H. B. *Meyer*, Luther 383f.

5.6 Zusammenfassung der Gebrechen der „Meßanstalt"

Nachdem Winter die einzelnen Teile des „Meßbuches" und der „Messe" analysiert hat, kommt er zu dem Schluß, daß sie weitgehend gerade jene Mängel aufweisen, die er in seiner Theorie als für die öffentliche Gottesverehrung schädliche aufgezeigt hat.

Die „Meßanstalt" begünstige in ihrem augenblicklichen Zustand vor allem den „Anthropomorphism". Sowohl der Priester, der mit dem Lesen der Messe seine Pflicht getan zu haben glaubt, wie auch das passiv dabei sitzende Volk, noch viel mehr aber jene, die eine Messe lesen lassen, sind nach Winter von der Idee eines höchsten Wesens eingenommen, „welches, wie die Menschen, an äußern Handlungen, an Zeremonien- und Hofdienste ein Wohlgefallen hat"[605]. Dazu leiste die „Meßanstalt" selbst — wie die Prüfung des Gloria, des Credos oder der Präfation zeigte — dem Wahn Vorschub, Gott mit dem Mund anstelle durch Taten dienen zu können, und würdige somit den Gottesdienst zu einem „Lippendienst" herab. Vielen Gebeten und Liedern liege ein anthropomorphistisches Gottesbild zugrunde, obwohl evident sei, daß Gott nur durch einen moralischen Lebenswandel gedient werden könne.

Weiters fördere die „Meßanstalt" durch viele Messen, deren Entstehung und Verbreitung historisch-kritischen Kriterien nicht standhalten kann, den Unglauben. Dazu gehören die Messen vom „Herzen Jesu", die Messe von der „Versetzung des heiligsten Hauses von Nazareth nach Loretto" (eine Marienmesse), die Messe von der „wunderbaren Eindrückung der Wundmale in den Leib des heiligen Franciscus von Assis" und verschiedene Messen von den Engeln. Obwohl auch in diesen Messen manche Gebete und Lieder dem Geiste richtige moralische Anregungen geben könnten, seien sie in ihrer Gesamtheit für die weniger Gebildeten Quellen des Unglaubens[606].

Ein drittes Gebrechen der bisherigen „Meßanstalt" ist die Förderung des Aberglaubens. Dieses Gebrechen hängt eng mit dem Unglauben zusammen. Denn die verschiedenen Marien- und Heiligenmessen oder auch Herz Jesu-Messen geben Verstand und Phantasie Anlaß, ganz andere Ideen als die Erfüllung der sittlichen Pflichten

---

605 Meßbuch 162.
606 Vgl. ebd. 165—169.

unter achtendem Aufblick zu Gott in den Mittelpunkt der öffentlichen Gottesverehrung zu stellen. So stünden bei manchen Messen wunderbare Begebenheiten, Folterwerkzeuge und Reliquien im Zentrum der Verehrung. Sie sind nach Winter der ideale Nährboden für den Aberglauben.

Auch gegen die Förderung des Eigennutzes schirme sich die „Meßanstalt" nicht genügend ab. Viele Gebete seien noch stark vom alttestamentlichen Denken geprägt, also vom Streben nach zeitlichen Gütern, vom Lohn- und Strafdenken usw. Wie sollte da die „reine Tugend" gedeihen, „wo sie auf den verderblichen Stamm des Eigennutzes gepfropft wird?"[607]

Ganz besonders leiste die bestehende „Meßanstalt" dem „Mechanism" Vorschub. Orationen, Psalmen, Rubriken und die immer wiederkehrenden gleichen Formen würdigen den Menschen nach Winter in der öffentlichen Gottesverehrung zu einer Maschine herab. Die Autonomie des Menschen, sein selbständiges Handeln sei durch eine solche Art der Meßfeier von vornherein unmöglich gemacht.

Weiters gebreche es der „Meßanstalt" an ästhetischer Kraft, was sich besonders im Fehlen eines einheitlichen Konzeptes, das künstlerisch mannigfaltig ausgeformt werden könnte, bemerkbar macht. Es fehlen nach Winter rhetorisch gut gebaute Gebete und Monitionen, eine Fülle von Formularen für die verschiedensten Anlässe und die Möglichkeit zu Variationen im Ablauf der Messe, die aber immer auf einen Zentralpunkt hin konzipiert sein sollte[608].

Ein grundsätzlicher Mißstand sei die Trennung zwischen belehrendem und erbauendem Gottesdienst, wobei der belehrende in „tausend Messen" leider ganz wegfalle[609]. Obwohl die menschliche Vernunft und die göttliche Offenbarung das Ineinander von Erkenntnis und Gefühl fordern, werde dieses Postulat in der Messe weitgehend ignoriert.

Und schließlich sei die Messe „in eine, dem Volke unzugängliche Sprache eingehüllt"[610]. Obwohl sich die Sprache des Volkes geändert habe, sei die Sprache der öffentlichen Gottesverehrung lateinisch

---

607 Ebd. 173.
608 Vgl. ebd. 175–182.
609 Vgl. ebd. 183.
610 Ebd. 184.

geblieben. Deutlicher als in der Sprache könne sich das Auseinanderfallen von „Meßanstalt" und Leben nicht ausdrücken.

Winter resümiert also, daß die „Meßanstalt" all den von ihm in seiner Theorie der Liturgie aufgestellten Grundsätzen widerspricht. Die festgestellten Mängel sind zwar bei den einzelnen Teilen der Messe verschieden groß und es findet sich in ihnen auch manche „Geistes- und Herzensnahrung"[611]. Aber als Ganzes gesehen habe sich die „Meßanstalt" so sehr von der öffentlichen Gottesverehrung der ersten Christen entfernt, daß sie nicht nur eine radikale Umbildung zulasse, sondern laut fordere[612].

Winter möchte in diesen Umbildungsprozeß auch die öffentliche Gottesverehrung der Protestanten einbezogen wissen. Obwohl deren Gottesverehrung manchen seiner Forderungen näher kommt als die katholische Gottesverehrung — z. B. in der Betonung des lehrhaften Elementes in der Messe, in der Verwendung der deutschen Sprache, in der Vereinfachung der Formen und in der Annäherung an den Gottesdienst der Urchristen — so sind für ihn doch in der „Meßanstalt" der Protestanten die unzusammenhängende Auswahl der Episteln und Evangelien, die immer wiederkehrenden Gebete wie das Vater unser, der fehlende Bezug zur Sittlichkeit und die oft vorherrschende Kälte und Vernünftelei — das „andere Extrem" zum katholischen Gottesdienst — Anlaß genug, um eine radikale Umbildung zu fordern. Daß sich die Protestanten bei der Umbildung ihrer Liturgie leichter tun als die Katholiken, schreibt Winter ihrem weniger „hierarchischen Systeme" zu[613].

5.7 Kritik einiger Umbildungsversuche

Die „Meßanstalt" leidet also nach Winter an fundamentalen Gebrechen. Darum sind seiner Meinung nach die zwar nicht sehr zahlreichen, aber dennoch von einigen in Angriff genommenen Umbildungsversuche der „Meßanstalt" sehr zu begrüßen. Sie spiegeln das an manchen Orten aufgebrochene Unbehagen am augenblicklichen Zustand der öffentlichen Gottesverehrung wider. Winter untersucht

---

611 Vgl. ebd. 193–200.
612 Vgl. ebd. 189–193.
613 Vgl. ebd. 200–218.

daher — chronologisch geordnet — einige vorgebrachte Ideen und Modelle zur Reform der Messe daraufhin, inwieweit sie seinen Vorstellungen einer Umbildung entsprechen.

5.7.1 Der Versuch Werkmeisters

Einen ersten und sehr einschneidenden Versuch, die Messe zu erneuern, stellt die „Einführung einer sogenannten deutschen Messe" am Hofe Karl Eugens von Württemberg in Stuttgart dar[614]. Als Urheber zeichnet der 1784 nach Stuttgart berufene Hofprediger B. M. v. Werkmeister verantwortlich[615]. Werkmeister hatte zunächst ein deutsches Gesangbuch angefertigt und ging dann im Auftrag seines Landesherrn daran, einzelne Abschnitte aus der Messe in die deutsche Sprache zu übertragen[616]. Die in die deutsche Sprache übertragenen Teile der Messe wurden bei der Meßfeier am Hof zuerst vom Priester lateinisch und dann deutsch vorgetragen, um nicht den Bestimmungen des Trienter Konzils entgegen zu handeln[617]. Winter findet es „zweckmäßig und vorteilhaft", daß auf diesem Wege dem Volk Sinn und Inhalt von Gebeten und Teilen der Messe erschlossen wurde. Er bemängelt aber, daß trotzdem „kein Jota" am Meßbuch selbst verändert wurde. Ablauf, Gebete, Zeremonien und Rubriken seien in dieser deutschen Messe von Werkmeister, die zudem zuerst ganz lateinisch gelesen werde, gleich geblieben. Damit werden auch die Gebrechen des dort enthaltenen Aberglauben, Mechanismus und Anthropomorphismus weitertradiert[618]. Der Versuch

---

614 Vgl. Meßbuch 221; s. dazu auch J. B. *Sägmüller*, Die kirchliche Aufklärung 48—53 und A. *Ehrensperger*, Die Theorie 168—173.
615 Über Leben und Werk Werkmeisters informiert A. *Hagen*, Die kirchliche Aufklärung 9—212; J. B. *Sägmüller*, Die kirchliche Aufklärung 20—80; s. auch A. *Vierbach*, Die liturgischen Anschauungen 19—22.
616 Vgl. Meßbuch 222. — S. auch A. *Hagen*, Die kirchliche Aufklärung 30—34; J. B. *Sägmüller*, Die kirchliche Aufklärung 40—53; W. *Trapp*, Vorgeschichte und Ursprung 23f und A. *Vierbach*, Die liturgischen Anschauungen 37—40.
617 Vgl. Meßbuch 223. — Die diesbezüglichen Bestimmungen befinden sich im achten Kapitel und dem entsprechenden neunten Kanon der 22. Sitzung. Vgl. Denzinger-Schönmetzer 1749 und 1759.
618 Vgl. Meßbuch 227.

Werkmeisters ist somit nach Winter zwar der erste, der die Problematik der lateinischen Sprache in der Meßanstalt erkennt und durch deutsche Übersetzungen Abhilfe schaffen will. Er beseitigt aber noch nicht — wie übrigens Werkmeister selber sah — die Wurzel des Übels, nämlich die vollkommen veraltete Form der öffentlichen Gottesverehrung[619].

5.7.2 Der Versuch eines Landpfarrers

Winter führt als zweiten Versuch, die Messe zu erneuern, das Buch eines Priesters an mit dem Titel „Die feierlichen Opfer des Seelsorgers im Zirkel seiner Heerde, oder liturgische Meß-, Gelegenheits- und Vespergebete zum Gebrauche der öffentlichen Gottesverehrungen, von einem Regulär-Landpfarrer. Augsburg... 1800". Der Verfasser plädiert dafür, alles, was der Priester lateinisch liest, durch den Schullehrer auf deutsch vorlesen, die Epistel aber von einem Schulmädchen und das Evangelium von einem Knaben vortragen zu lassen[620]. Außerdem entwirft er eigene Gebete zur Meßfeier und fügt einzelnen Teilen der Messe vorher und nachher Erklärungen bei. Die Absicht, die Messe verständlich zu machen, findet Winter lobenswert. Der eingeschlagene Weg sei aber weder formal noch inhaltlich gangbar. Wenn die Messe schon deutsch gebetet werde, dann soll dies der Priester selbst tun. Außerdem führten viele vom Landpfarrer vorgeschlagene Gebete zum Aberglauben und „Anthropomorphismus"[621].

5.7.3 Grasers Kritik

Eine sehr scharfe Kritik an der Messe übte J. P. Graser in seinem Buch: „Prüfung des katholischen praktischen Unterrichtes, von einem katholischen Religionslehrer. Leipzig 1800". Er kritisiert vor

---

619 Vgl. ebd. 229; s. auch J. B. *Sägmüller*, Die kirchliche Aufklärung 48 und A. *Vierbach*, Die liturgischen Anschauungen 103ff.
620 Vgl. Meßbuch 231f; s. auch A. *Vierbach*, Die liturgischen Anschauungen 106.
621 Vgl. Meßbuch 234ff.

allem den „Mechanismus" der Messe, der in der Unverständlichkeit der Texte, aus denen die Messe zusammengesetzt sei, und in den Zeremonien besonders zum Ausdruck komme[622]. Winter stimmt der Kritik Grasers zu. Er bemängelt aber, daß dieser nur *ein* Gebrechen — nämlich den „Mechanismus" — der Messe sehe und daß er keinen einzigen positiven Vorschlag zur Verbesserung des desolaten Zustandes der Liturgie bringe. „So wurde nicht Ein Vorschlag zur Verbesserung des Beklagten gethan. Es wurde nur immer gezeigt, daß es anders werden sollte, wie es aber zu bewerkstelligen sei, darüber suchen wir in dieser Schrift vergebens eine Sylbe."[623]

5.7.4 Prachers Vorschläge

Auch die von B. Pracher anonym herausgegebene Schrift „Neue Liturgie des Pfarrers M. in K. im Departement L. der Nationalsynode zur Prüfung vorgelegt. Tübingen 1802" berührt nach Winter nur die Außenseite der Messe: die Zeremonien, Bewegungen und Gebärden des Priesters, Kleidung, Kerzen und die lateinische Sprache[624]. Pracher hat aber nicht nur Kritik geübt, sondern auch ein eigenes Formular zur Meßfeier erstellt[625]. Dieses teilt die Messe in vier Teile ein, „nämlich in den Gesang und in das Gebet, in die Lesung und Erklärung der heiligen Schrift, in die Darbringung der Opfer und in die Feier des heiligen Abendmahles"[626]. Winter lobt dieses deutsche Formular, die eingestreuten Erklärungen und die kurzen Anreden und Gebete. Er kritisiert aber einerseits die eigenwilligen Vorschläge Prachers, der möchte, daß das Vater unser bereits im ersten Teil der Messe gebetet werde, daß das Evangelium vor der Epistel gelesen werde, daß sich die Gläubigen vor dem Opfer die Hand reichen und sich beim Vater unser die Hände vor das Gesicht

---

622 Vgl. ebd. 237. — S. auch A. *Vierbach,* Die liturgischen Anschauungen 105. — Die biographischen Angaben zu Graser s. W. *Trapp,* Vorgeschichte und Ursprung 52 Anm. 240.
623 Meßbuch 242.
624 Vgl. ebd. 244f; vgl. auch W. *Trapp,* Vorgeschichte und Ursprung 24.30. — Zu Pracher s. auch A. *Hagen,* Die kirchliche Aufklärung 213ff.
625 Vgl. Meßbuch 245; s. auch A. *Vierbach,* Die liturgischen Anschauungen 106f.
626 Meßbuch 245.

halten sollten, und andererseits gibt nach Winter *ein* Formular noch viel mehr Anstoß zu „Mechanismus" als die bisherige „Meßanstalt"[627].

Im „Entwurf eines neuen Rituals von einer Gesellschaft katholischer Geistlichen im Bisthum Constanz 1806", das ebenfalls Pracher zugeschrieben wird, und in dem auch die Gemeindemesse zur Sprache kommt[628], stellt Winter fest, daß der Verfasser seine eigenen Vorschläge von der „Neuen Liturgie" zurücknimmt, daß in der Messe „alles alt und an seinem Orte stehen" bleibt und daß somit wieder ein Schritt zurück getan wird. Nur die Einführung neuer Gesänge und die Betonung des Kirchengesanges heißt Winter gut[629].

5.7.5 Der Vorschlag Schelhorns

Schließlich geht Winter noch auf die von J. M. Schelhorn herausgegebenen „Beiträge zur zweckmäßigen Einrichtung des öffentlichen Gottesdienstes und der Liturgie; nebst einem kurzen Entwurfe zur Einrichtung der heiligen Messe an Sonn-, Feier- und Arbeitstagen" (Arnstadt und Rudolstadt 1805) ein[630]. Positiv beurteilt Winter die dort vorgeschlagenen Vereinfachungen der liturgischen Kleidung und der „Segnungen". Befremdet stellt er aber fest, daß der Verfasser dem Weihwasser eine übergeordnete Rolle zuschreibt, daß die vorgeschlagenen Gebete und Texte sprachlich und poetisch vollkommen unzureichend sind, daß Priester und Volk in Schelhorns Konzeption keine moralische Einheit bilden, und daß der Verfasser nicht die Erkenntnisse der Psychologie verwertet[631].

5.7.6 Ungenügen der bisherigen Reformversuche

Die bisher unternommenen Reformversuche bleiben nach Winter alle an der Oberfläche hängen. Sie bringen nicht zur Sprache, „daß

---

627 Vgl. ebd. 247ff.
628 Vgl. ebd. 261; s. A. *Vierbach*, Die liturgischen Anschauungen 108f.
629 Vgl. Meßbuch 263—266.
630 S. ebd. 250; vgl. auch A. *Vierbach*, Die liturgischen Anschauungen 26. 109f.
631 Vgl. Meßbuch 250—260, mit Beispiel auf Seite 253f.

mit unserm ersten liturgischen Buche eine Radikalumbildung statt haben müsse, wenn die Bildung des Volkes nicht leerer Schall bleiben soll"[632]. Die Sensibilisierung für die Unzulänglichkeit der Messe ist zwar bereits fortgeschritten, aber es mangelt an konkreten Mitteln, diese Unzulänglichkeit zu beheben. Es gebrach bisher „an einer vollständigen Prüfung und Aufdeckung der Gebrechen des Meßbuches und der Messe, an zweckmäßigen und ausreichenden Vorschlägen zur Ummodelung von beiden, und endlich an guten wechselnden Formularen"[633]. Winter möchte nun zu deren wirksamer Behebung folgende Ideen und konkrete Formulare liefern.

5.8 Winters Vorschläge zur Umbildung der „Messe" und des „Meßbuches"

5.8.1 Grundintention der Messe

Winter hat im Gefolge Kants des öfteren betont, daß man Gott gegenüber keine besonderen Pflichten hat, daß man also Gott nicht durch äußere Handlungen und Zeremonien, sondern nur durch Sittlichkeit dienen kann[634]. Daher hat bei ihm auch die Messe nur die Intention, „die religiössittliche Vervollkommnung" des Menschen und „die Aufregung der freien Selbsthätigkeit des Menschen zu diesem erhabenen Zweck"[635] anzustreben. Die Messe muß sich als ein Teil der äußeren Religion von deren Zielsetzung in Dienst nehmen lassen. Nur so wahrt sie die Kontinuität mit der von Christus eingesetzten öffentlichen Gottesverehrung, weil „alles, was Christus bei der Einsetzung des Abendmahles sagte und that, . . . unverkennbar auf die religiössittliche Kultur der Menschheit"[636] hinarbeitete. Wird dieses Ziel der Messe genügend beachtet, dann kann sie nie anthropomorphistisch als „Medizin" oder „Magie" mißbraucht werden.

---

632 Ebd. 267. — Diese „Radikalumbildung", die Winter zunächst am Rituale vornehmen wollte, führt er nun an der „Meßanstalt" durch.
633 Meßbuch 269.
634 Vgl. Abschnitt 4.2 und 4.3 und Meßbuch 271f.
635 Ebd. 272.
636 Ebd. 273.

5.8.2 Auszuscheidende und beizubehaltende Teile der Messe

Aus der Zweckbestimmung der Messe als Hinführung der Menschen zur Sittlichkeit ergeben sich die Kriterien für die auszuscheidenden und beizubehaltenden Teile.

Das Proprium de Tempore enthält nach Winter noch am ehesten brauchbare Ideen und Gebete. Ebenso sind die Texte der Sonntagsmessen — einige mißratene Gebete ausgenommen — brauchbar[637]. Beim Proprium de Sanctis muß strenger ausgewählt werden. Die verschiedensten dubiosen Heiligenfeste, die Winter bereits in seinen „Versuchen" analysiert hatte, sollten eliminiert werden. An ihre Stelle sollte die Verehrung solcher Heiliger treten, die „aus dem Volkskreise" stammen und dadurch auch dem Volk Beispiel für Tugendstreben und Pflichterfüllung sein können[638].

Das Commune Sanctorum soll nach Winter ganz wegfallen[639]. Schließlich sollten nur jene Totenmessen, die neben dem Hinweis auf das Schicksal der Verstorbenen die Hinterbliebenen belehren und ermahnen, daß auch sie nur „die bösen oder guten Handlungen mitnehmen können", in das „Meßbuch" aufgenommen werden[640].

5.8.3 Materialien der „neuen" Messe

Eine für die Liturgie der Aufklärung wichtige Frage ist die nach dem neuen Inhalt der Messe, der geeignet sein soll, die Gefahren des „Anthropomorphismus", des „Mechanismus" und des Aberglaubens der Meßanstalt zu umgehen und zur Erziehung zu einem moralischen Lebenswandel beizutragen. Winter nennt vier Quellen, aus denen thematische Grundideen für die Messe genommen werden können: 1. die natürliche Religion, 2. die geoffenbarte Religion, 3. die Sittenlehre und 4. die physische und politische Welt[641]. Alle vier Bereiche

---

637 Vgl. ebd. 275f.
638 Vgl. ebd. 276f.
639 „Glich es doch bisher nur einer Vorrathskammer von Kleidungsstücken, die man dem Heiligen des Tages, um ihn zur Schau auszustellen, anlegte, und die er gleich am folgenden Morgen wieder einem andern überlassen mußte." Meßbuch 277f.
640 Vgl. ebd. 278.
641 Vgl. ebd. 280. — Sittlichkeit, Religion, Natur und Staat sind die Begriffe, mit denen Kant den gesamten Bereich der praktischen Vernunft erfaßt.

— angefangen von der Heiligkeit, Güte, Allmacht Gottes über die Geheimnisse der Person Jesu Christi und der Gottes- und Nächstenliebe bis zu den Frühlings-, Herbst- und Staatsfeiertagen — bieten zur Genüge Themen und Inhalte, die „Zentralpunkt" einer Messe sein können. Die einzelnen Messen sollten nach Winter dementsprechend neue Namen bekommen, wie z. B. „Messe von der Heiligkeit Gottes", „Messe von der Nächstenliebe" usw.[642]. Winter verläßt damit den traditionellen heilsgeschichtlichen Rahmen der Themen, die bisher in der Messe versprachlicht wurden. Er möchte die „ganze Wirklichkeit", so wie sie in damaliger Philosophie greifbar war, im Gottesdienst repräsentiert sehen.

5.8.4 Neuordnung der Episteln und der Evangelien

Um diese neuen Themen der Messe möglichst wirksam dem Verstande der Menschen näher zu rücken, ist nach Winter eine neue Auswahl und Ordnung der Episteln und Evangelienlesungen notwendig. Zunächst sollten alle gedankenleeren, unverständlichen und zu keinem der vorgegebenen Themen einen Bezug habenden Teile der Heiligen Schrift aus der Messe verbannt werden[643]. Als nächstes sollten von den zentralen Ideen der einzelnen Messen her neue Epistel- und Evangelienstellen ausgewählt werden. Das Alte Testament und die Apostelbriefe enthalten nach Winter mehr als genügend geeignete Abschnitte, um für mehrere Jahre eine Leseordnung der Episteln zu erstellen. Die „patriotischen Erzählungen" Moses, die Psalmen, das Buch Job, die Bücher Salomons, ein großer Teil der prophetischen Literatur sind nach Winter voll von „religiössittlicher Erbaulichkeit"; auch die Briefe der Apostel zeugen von einem hohen Geist an „Enthusiasmus für Religion und Sittlichkeit"[644]. Ebenso sollte

---

    Daraus ersieht man die Intention Winters, die gesamte Wirklichkeit im Gottesdienst zur Sprache zu bringen und nicht nur einen durch eine bestimmte Tradition vorgegebenen Bereich. Diese Intention Winters ist deshalb auch nicht kritisierbar. Anders verhält es sich mit dem vorgeschlagenen Weg.

642 Vgl. Meßbuch 282. — Ähnliche Versuche der neugallikanischen Liturgie scheinen Winter nicht bekannt gewesen zu sein. — Über die neugallikanischen Riten informiert A. A. *King*, Liturgies 139—153.

643 Vgl. Meßbuch 283.

644 Vgl. ebd. 286f.

für die Auswahl der Evangelienperikopen „die Ordnung eines Moralsystems"[645] den Raster abgeben. Alle Evangelienstellen zusammen ergeben dann nach Winter eine „schöne und kernhafte Volksmoral oder Volkstheologie"[646]. Grundsätzlich sollten nur Abschnitte aus der Heiligen Schrift zur Verlesung herangezogen werden. Nur wenn sich in bestimmten Fällen — z. B. bei Naturfesten — überhaupt kein passender Abschnitt aus der Bibel zum Thema der Messe finden lasse, so könnte anstelle der Epistel eine religiöse Betrachtung oder anstelle eines Evangelienabschnittes ein Abschnitt aus der Apostelgeschichte bzw. den Apostelbriefen herangezogen werden[647]. Die neu ausgewählten Epistel- und Evangelienlesungen sollten immer durch eine erläuternde Anrede eingeleitet werden.

5.8.5 Förderung des Kirchengesanges und des Gebetes

Die verstandesmäßige Vermittlung der Grundideen der Messe genügt nicht. Sie muß ergänzt werden durch die vertiefende und befestigende Erbauung durch Gesang und Gebet[648]. Winter räumt dem gemeinschaftlichen Kirchengesang einen wichtigen Platz ein als „mächtig einwirkende(s) Vehikel..., um religiössittliche Gedanken in warmes Gefühl umzuschaffen"[649]. Neben dem Hauptlied sollte ein Lied die Meßfeier einleiten, um die Versammelten „in eine religiöse Stimmung" zu versetzen und ein Lied die Meßfeier beschließen, um „die gefaßten Entschlüße zu bestärken"[650]. Nur den oftmals zwi-

---

645 Ebd. 289.
646 Ebd.
647 Vgl. ebd. 293.
648 Erbauung wird damit als Mittel zum Zweck angesehen, nämlich: den Endzweck der öffentlichen Gottesverehrung — den ‚reinmoralischen' Lebenswandel — zu erreichen. Vgl. A. *Ehrensperger*, Die Theorie 192.
649 Meßbuch 296. — Giessler macht für den Trend, die Gesänge „belehrend' zu gestalten, Gellert verantwortlich, dafür aber, daß „das geistliche Lied als Ausdruck religiösen Gefühls, als Sprache des Herzens" verstanden wird, sei Klopstock eingetreten. Vgl. R. *Giessler*, Die geistliche Lieddichtung 47f. — Winter scheint eher im Gefolge Klopstocks zu stehen, auch wenn er den gefühlshaften Aspekt immer im Dienst der Vertiefung einer belehrenden Idee sehen will.
650 Vgl. Meßbuch 299.

schen Predigtabschnitten eingefügten Gesang möchte Winter entfernt wissen, weil dabei die Gefahr bestehe, daß der durchziehende Gedanken einer Predigt verwischt werde. Priester und Volk sollten auch beim Gesang als „moralische Einheit", also als gemeinsames Subjekt der Liturgie erscheinen.

An Gebeten sollten das Vater unser und drei Orationen beibehalten werden. Eine besondere Stellung räumt Winter dem Hauptgebet ein, das nicht mehr — wie oben gefordert —, die Gebete über Brot und Wein in der „Oratio secreta" zusammenfassen, sondern nach der Predigt die dort angesprochenen Ideen und Gefühle erhalten und beleben sollte[651]. Die Stellung des Hauptgebetes könnte sich allenfalls ändern, aber die Intention der Belehrung und Bestärkung der Predigt sollte gewahrt bleiben. Die Orationen am Anfang und zum Schluß der Messe könnten allgemeineren Inhalts sein: die erstere mehr eine Einladung, „die heiligen Lehren zu hören" und die letztere „sie zu vollziehen"[652]. Wesentlich erscheint es Winter, daß Priester und Volk „gemeinschaftlich" beten, was in erster Linie nicht auf die Stimme, sondern auf die Intention bezogen ist[653].

5.8.6 Anordnung des Stoffes

Aus dem Stoff zur „neuen" Messe und den einzelnen Teilen der Messe bildet Winter nun das „neue Meßbuch" und die „neue Messe". Das Meßbuch sollte eine Art Volkstheologie enthalten, in die die einzelnen Feste des Herrn organisch eingefügt werden. „Die Summe aller Messen das Jahr hindurch soll die Volkstheologie darstellen, und die einzelnen Messen sich zu derselben verhalten, wie die Theile zu dem Ganzen. Die Ordnung einer Volkstheologie sei also auch die Ordnung des Meßbuches!"[654] Die Herrenfeste stören nach Winter insofern nicht, als sie immer wieder auf den „Zentralpunkt, an

---

651 Vgl. ebd. 301f. — Winter möchte ein — dem Hauptlied entsprechendes — zentrales Gebet in die Messe einfügen, das der Belehrung und Erbauung dienen soll. Daß dadurch die Opferungsgebete ersetzt werden, zeigt, wie gering Winter diese Gebete einschätzt. Die Zentrierung auf die Predigt ist unverkennbar.
652 Meßbuch 303.
653 Vgl. ebd. 303f.
654 Ebd. 305.

die gränzenlose Verehrung des moralischen Weltregenten"[655] hinweisen, wofür Jesus das ideale Vorbild ist.

Was Winter genauer unter Volkstheologie versteht, wird nirgends gesagt. Gemeint ist wahrscheinlich eine in der „Meßanstalt" als Bildungsort zu vermittelnde allgemeinverständliche religiöse Ethik. Um nun eine möglichst große und einheitliche Mannigfaltigkeit der Messen zu erreichen, sollte als Thema für jede Meßfeier eine religiössittliche Wahrheit aus der Volkstheologie genommen werden, die alle Teile der Messe prägt[656].

Der Ablauf der Messe selbst sollte folgendermaßen aussehen: Vorbereitungslied oder kurze Anrede oder beides, Oration, Epistel und Evangelium — beide mit belehrender und ermahnender Einleitung —, Hauptgebet (bei der Opferung), Hauptlied (zum Sanctus), Kanon, Erhebung der Hostie und des Kelches, Vater unser, Kommunion, Lied und Gebet, „zu Zeiten" auch Segen. Als Argument für diese Ordnung führt Winter nicht nur an, daß sie dem traditionellen Schema der Messe folge, sondern daß sie auch den Gesetzen der Psychologie entspreche, insofern die Gemeinde schrittweise in den Prozeß der Belehrung und der Erbauung hineingenommen werde[657].

5.8.7 Permanente Veränderung

Damit aber die so vorgenommene Umbildung weitergehe, schlägt Winter vor, man solle entweder einen Wettbewerb veranstalten, in dem einzelne Meßbücher entworfen und die besten von der zuständigen Behörde prämiert werden, oder es solle die Arbeit an den einzelnen Teilen der Messe auf mehrere aufgeteilt und von der kirchlichen Hierarchie dann zu „einem schönen Ganzen"[658] zusammengefügt werden. Diese Arbeit solle man immer wieder unternehmen, damit unter der Leitung der Oberhirten die Veränderbarkeit der Liturgie und damit ihre lebensfördernde Kraft erhalten bleibe. Neue Messen einzuführen sei aber nicht Sache von „Brause-", „Sprudel-" oder

---

655 Ebd. 305f.
656 „Wenn unsere Meßanstalt täglich neue Wahrheiten, neue Gefühle für das Gute, neue geistige Genüße darreicht, so werden sich Priester und Volk begieriger zum Altare drängen . . ." Meßbuch 310.
657 Vgl. ebd. 307.
658 Ebd. 311; s. auch Anm. 479.

„Schwachköpfen", sondern steht letztlich den Bischöfen zu, eine Aussage, die Winter auch auf seine eigenen Versuche bezieht[659].

5.8.8 Periphere Veränderungen

Neben der Umwandlung der Messe und des Meßbuches fordert Winter auch die Änderung anderer liturgischer Einrichtungen und Gebräuche. Zunächst gehöre der Altar in die Nähe der Gläubigen und zwar sollte der Priester dem Volk nicht mehr den Rücken kehren, sondern gegen das Volk gewendet beten, singen und belehren[660]. Weiters sollten die vielen Bewegungen, Umdrehungen, Bekreuzigungen usw. des Priesters und der Gläubigen auf ein Minimum beschränkt werden, damit die Meßfeier nicht durch eine „Legion der Rubriken" überlastet werde. Beibehalten sollte man nach Winter die liturgische Kleidung aus dem pragmatischen Grunde, daß eine Reform in der liturgischen Kleidung viel mehr Aufsehen errege als die „Totalumbildung des Meßbuches"[661]. Außerdem urteilt er im Gegensatz zu vielen anderen Liturgikern der Aufklärung positiv über „die Lichter und das Rauchwerk"[662]; aber auch dafür führt er nur pragmatisch die zu erwartende negative Reaktion des Volkes auf die Abschaffung dieser Dinge an.

5.9 Winters Formulare

Um nun zu zeigen, wie „seine" Meßanstalt in der Praxis aussieht, entwirft Winter vier Formulare[663]: 1. ein „Formular zu einer Messe

---

659 Vgl. Meßbuch 314—318.
660 Vgl. ebd. 320: „Der Altar also für die neue Messe muß von der Mauer entfernt, und der Gemeinde näher gerückt werden." Vgl. auch W. *Trapp*, Vorgeschichte und Ursprung 25f. — Winter behandelt die Frage nach der Stellung des Altares unter dem Stichwort „Nebenumstände", die bei einer Reform der Messe zu beachten sind. Von der Verständlichkeit der Messe und der aktiven Teilnahme der Gläubigen her ergibt sich für ihn die selbstverständliche Forderung, die Stellung des Altares zu ändern. Über die theologischen Implikationen einer solchen Veränderung hat er nicht nachgedacht. Darum kann er diese Frage nur so nebenbei berühren.
661 Vgl. Meßbuch 327.
662 Ebd.
663 Meßbuch 331—409.

von der Allgegenwart Gottes", 2. ein „Formular zu einer Messe von der Auferstehung der Todten", 3. ein „Formular zu einer Messe für den König" und 4. ein „Formular zu einer Messe von der uns, durch die Religion auferlegten, Pflicht der Arbeitsamkeit". Die Hauptideen zu diesen vier Formularen sind aus den von Winter genannten Quellen für die Neugestaltung der Messe genommen: aus der natürlichen Religion (Allgegenwart Gottes), aus der geoffenbarten Religion (Auferstehung der Toten), aus der Sittenlehre (Gehorsam gegen den König) und aus den Pflichten gegen sich selbst (Arbeitsamkeit). Die Formulare sind formal nach dem von Winter aufgestellten Grundsätzen aufgebaut und inhaltlich streng thematisch konzipiert. Gebete, Lieder, Ansprachen und Lesungen sollen belehrend und erbauend die jeweilige Zentralidee vermitteln. Der Beginn der Messe betont den Gedanken, welch hohe Einrichtung die öffentliche Gottesverehrung sei. Die Epistel- und Evangelienauswahl orientiert sich an der Zentralidee des Formulars. Die immer wieder als erstrebenswert angesprochenen Werte sind Sittlichkeit und moralischer Lebenswandel. Außerdem ist Winter darauf bedacht, den „Anthropomorphismus" abzubauen und die Eigenverantwortung des Menschen als einziges Prinzip wahren Gottesdienstes zur Geltung zu bringen.

Winters Formulare sind einerseits bestrebt, an die überkommene Meßstruktur anzuschließen, wobei dieses Bemühen auf die formale Grundstruktur der Messe beschränkt bleibt[664]. Andererseits sind in diesen Formularen jene Elemente, welche nach Winters Auffassung die Gefahr des Unglaubens, des „Anthropomorphismus", des Aberglaubens und Mechanismus heraufbeschwören, eliminiert. Außerdem versucht er die „Zentralidee" seiner Formulare in deutscher Sprache einer deutsch sprechenden Gemeinde zugänglich zu machen[665]. Darüberhinaus hat Winter durch neue Themen, durch eine neue Leseordnung, durch neue Gebete, Gesänge und Lieder zu zeigen ver-

---

[664] Die erstellten Formulare sind diesbezüglich noch radikaler als die Analysen im Meßbuch.

[665] „Wie aber auf diese Art das Meßbuch von allem Heterogenen und Zweckdestruirenden gereiniget wird, so wird das zurückbleibende Gut erst dadurch genießbar gemacht, daß meine Messe für das deutsche Volk auch im deut(s)chen Gewande auftritt, und so demselben die undurchdringliche Schale, in welcher bisher der Kern der Messe eingehüllet war, aufschließt." Meßbuch 413.

sucht, *wie* eine dem Zeitgeist entsprechende und wirksame Messe zu gestalten ist, die jenseits von „Mystizism" und „Mechanism" liegt.

5.10 Umbildung der Privatmesse

Der Maßstab der kritischen Grundsätze ist nach Winter natürlich auch an die „Privatmesse" anzulegen. Mit „Privatmessen" meint er jene *stillen* Messen, die der Priester am Werktag entweder nur mit einem Ministranten oder mit einigen Gläubigen zusammen feiert. Historisch-kritisch steht fest, daß das Urchristentum keine Privatmesse kannte und daß frühestens im fünften Jahrhundert in einigen Zeugnissen davon die Rede ist[666]. Als Ursache für die Entstehung der Privatmessen führt Winter die wachsende Zahl der Priester und Kirchen, die steigende Frömmigkeit der Priester und die abnehmende Glaubensbegeisterung der Gläubigen an. Winter ist überzeugt, daß die Privatmesse in ihrem Wesen widersprüchlich ist. Wenn nämlich in der Messe alles „auf die Theilnahme des Volkes berechnet ist", dann folgt daraus, daß die Privatmesse, in der meistens das Volk fehlt, „mit ihrem eigenen Inhalt in Widerstreit kömmt"[667]. Zudem wird die Privatmesse in keiner Weise der Anforderung der öffentlichen Gottesverehrung gerecht, Belehrung und Erbauung für den Menschen zu sein. Denn der belehrende Teil fehlt in der Privatmesse gänzlich und die Erbauung ist der wichtigsten „Beförderungsmittel", des gemeinsamen Gebetes und Gesanges, beraubt.

Trotz dieser unübersehbaren Mängel möchte Winter im Gegensatz zu manchen Liturgiereformern der Aufklärung die Privatmesse nicht abschaffen. Pracher wollte z. B. die Privatmesse ganz abgeschafft wissen und an ihre Stelle „eine Betrachtung aus dem Reiche der Natur" setzen[668]; ebenso war Selmar für die Beseitigung der Privatmesse[669]. Pracher nahm seine radikale Forderung

---

666 Vgl. ebd. 417–421. – Vgl. auch A. A. *Häussling*, Mönchskonvent 36f. passim und O. *Nußbaum*, Kloster, Priestermönch und Privatmesse 132–152.
667 Meßbuch 421.
668 Vgl. ebd. 425ff. – Vgl. A. *Vierbach*, Die liturgischen Anschauungen 107.
669 Vgl. ebd. 107.110 und W. *Trapp*, Vorgeschichte und Ursprung 26 Anm. 81.

später zurück[670], wenn man voraussetzen darf, daß die „Neue Liturgie des Pfarrers M." und der „Entwurf eines neuen Rituals" wirklich demselben Verfasser — also Pracher — zuzuschreiben sind. Schelhorn ist zwar nicht für die Abschaffung der Privatmesse, meint aber, sie solle vom Priester allein gefeiert werden; für das Volk schlägt er ein gemeinsames Gebet anstelle der Privatmesse vor[671]. Nach Winter sollte die Privatmesse der Gemeindemesse ähnlich sein; d. h. sie sollte 1. deutsch sein und 2. aus denselben Teilen wie jene bestehen. „Nur müssen diese von ihrer Länge vieles erlassen, damit das Ganze den Zeitraum einer halben Stunde nicht überschreite."[672] Einleitende Bemerkungen, Lieder, Lesungen und Gebete sollten kurz sein. Privatmessen dieser Art könnten nach Winter auch mehrmals am Tage stattfinden, da „diese Schule der Sittlichkeit... immer für alle Klassen von Menschen, die Zeit und Lust haben, an ihrer geistigen Ausbildung zu arbeiten, offen stehen"[673] sollte. Für die Priester sei es auch keine zusätzliche Belastung, weil sich der belehrende Gottesdienst in der Privatmesse auf kurze Anreden und Erläuterungen beschränken darf.

Winter kritisiert also die Privatmesse nicht aufgrund des seit der Reformation umstrittenen Opfercharakters der Messe[674], sondern von der pragmatischen Fragestellung aus: Wie kann man die Privatmesse am besten auf die höchsten Zwecke der öffentlichen Gottesverehrung — Belehrung und Erbauung — ausrichten?

5.11 Zusammenfassung und Kritik

Winter ist nicht bei grundsätzlichen Überlegungen über die öffentliche Gottesverehrung stehen geblieben. Er hat sie konkretisiert in seinem Umbildungsversuch der „Meßanstalt". Sowohl das „Meß-

---

670 Vgl. Meßbuch 431ff; s. auch A. *Vierbach*, Die liturgischen Anschauungen 109.
671 Vgl. Meßbuch 428–431.
672 Ebd. 434.
673 Ebd. 435.
674 Vgl. H. B. *Meyer*, Luther 156–166; s. auch A. *Vierbach*, Die liturgischen Anschauungen 145.

buch" — die veränderlichen Teile der Messe — als auch die „Messe" — die gleichbleibenden Teile — werden analytisch besprochen, kritisiert und in einem mehr auf die konkrete Durchführung ausgerichteten Teil in neuer Form modellhaft dargestellt. Auffallend ist bei Winters Meßmodellen die streng thematische Ausrichtung, die Vorherrschaft der Belehrung und Unterweisung, die sich von der ersten Anrede über die verbindenden Worte zu Epistel und Evangelium und Hauptgebet bis zu den von ihm selbst konzipierten Liedern zieht, und das Verschwinden aller liturgischen Vollzüge, die dem Menschen als Subjekt eine passive oder sündige Rolle zuschreiben — wie Sündenbekenntnis, Kyrierufe, Opferung, Teile des Kanons, Agnus Dei, Segen. So erscheinen seine Modelle als in die Form der Messe transponierte und deren Elemente verwendende katechetische Unterrichtsstunden.

5.11.1 Vergleich

Die Parallelität, die zwischen den Entwicklungsstadien Winters und den Entwicklungsstufen der liturgischen Reformarbeit des 20. Jahrhunderts im Ansatz, in der Ausweitung der Kritik auf die Gesamtliturgie und dann in der theoretischen Grundlegung sichtbar wurde, läßt erwarten, daß sich auch für die eben dargestellte Entwicklungsstufe Winters eine Entsprechung in der Liturgiereform des 20. Jahrhunderts findet. Das ist tatsächlich der Fall. Zeitlich handelt es sich um die Periode nach dem Zweiten Vatikanischen Konzil. Darin tritt jene Art von Publikationen und Aktivitäten in Erscheinung, in denen die Suche nach neuen liturgischen Texten und das Experimentieren mit ihnen[675] gleichzeitig mit dem

---

675 Zunächst begann man Fürbitten und Orationen, vereinzelt auch Hochgebete, neu zu gestalten. Vgl. H. *Steffens,* Fürbittenbuch. Paderborn 1967; *Das Gebet der Gläubigen.* Fürbittenbuch hg. v. G. Holzherr in Zusammenarbeit mit dem Liturgischen Institut der Schweiz. Einsiedeln 1967; A. *Schilling,* Fürbitten und Kanongebete der holländischen Kirche. Materialien zur Diskussion um zeitgemäße liturgische Texte. Mit einem Beitrag von P. Vlaar. Essen 1968 und *ders.,* Orationen der Messe in Auswahl. Ein Beitrag zum Problem ihrer Übertragung in unsere Zeit. Mit einer Einführung v. J. H. Emminghaus. Essen 1969. — Dann versuchte man den Wortgottesdienst thematisch zeitgerechter und aktueller zu gestalten.

Entstehen der neuen offiziellen römischen liturgischen Texte vor sich gegangen ist. Charakteristisch für diese Art liturgischer Hilfen ist wie bei Winter die Forderung nach einer einheitlichen Thematik der einzelnen liturgischen Feier, das Bemühen um moderne Sprache und Verständlichkeit, und der Wille, dem Menschen für

---

Vgl. die verschiedenen Werkbücher wie L. *Zenetti*, Zeitansage. Anregungen für den Gottesdienst einer neuen Generation (Pfeiffer-Werkbücher 74). München ²1969; L. *Zinke* (Hg.), Gottesdienst — Gemeinschaftsfeier. Fragen, Anstöße, Modelle (Pfeiffer-Werkbücher 88). München 1970; ... *nicht nur für den Gottesdienst*. Ein Werkbuch. Hg. v. Deutschen Katechetenverein e. V. München. Kevelaer 1971; H. G. *Schmidt* (Hg.), Zum Gottesdienst morgen. Ein Werkbuch. Wuppertal 1969; G. *Schnath*, Werkbuch Gottesdienst. Texte — Modelle — Berichte. Wuppertal 1969; U. *Seidel* — D. *Zils* (Hg.), Aktion Gottesdienst I. Evangelische und katholische Gottesdienstmodelle. Ökumenische Gottesdienste. Gebete — Meditationen — Bekenntnisse. Wuppertal-Düsseldorf 1970; dies., Aktion Gottesdienst II. Zum Kirchenjahr evangelische und katholische Gottesdienstmodelle. Texte — Denkanstöße — Flugblätter. Tagesmessen. Wuppertal — Düsseldorf 1970; W. *Rupp*, Gottesdienste für heute. Innsbruck-Würzburg 1971; A. *Schilling*, Motivmessen 1. Thematische Meßformulare für jeden Tag. Essen 1970. — Daneben wurden auch Modelle für einzelne Gruppen und für verschiedene Situationen erarbeitet. Vgl. z. B. D. *Rost* — J. *Machalke*, Gottesdienste mit Kindern. Modelle für Wortgottesdienst und Kindermesse. Materialien für den Religionsunterricht im Grundschulalter. Limburg 1972; W. *Longardt*, Neue Kindergottesdienstformen. Rissener Modelle in Planung und Praxis. Gütersloh — Freiburg i. Br. 1973; A. *Lissner* — A. *Kalteyer* — J. *Seuffert*, Kinder feiern Gottesdienst. Modelle — Texte — Anregungen (Hilfen für den Gottesdienst). München 1972; N. *Keller* — H.-J. *Wagener*, Motivmessen für Kinder. Werkbuch für thematische Wortgottesdienste und Meßfeiern mit Kindern des 3. bis 6. Schuljahres. Essen 1972; *Liturgie mit Kindern*. Ein Behelf der Katholischen Jungschar. Linz 1972; Fr. *Voith*, Motivmessen für Jugendliche. Werkbuch für thematische Meßfeiern mit Jugendlichen bis zum 13. Schuljahr. Essen 1972; J. *Seuffert*, Eucharistie für Kranke. Krankenkommunion — Hausmesse — Eucharistiefeier im Altenclub — Krankentag (Hilfen für den Gottesdienst). München 1971; U. *Seidel* — W. *Willms* (Hg.), Werkbuch Weihnachten. Textbeispiele evangelischer und katholischer Gottesdienste für Gemeinde und Familie. Wuppertal 1972; G. *Kugler*, Familiengottesdienste. Entwürfe — Modelle — Einfälle. Gütersloh 1971; L. E. *Moser*, Home Celebrations. Studies in American Pastoral Liturgy. Toronto — New York 1971; D. *Sölle* — F. *Steffensky* (Hg.), Politisches Nachtgebet in Köln. Bd. 1 und 2. Berlin — Mainz 1969/70 und K. *Marti* (Hg.), Politische Gottesdienste in der Schweiz. Basel 1971.

sein Leben etwas Bedeutsames zu sagen[676]. Dann aber wird auch in den offiziell von Rom aus sanktionierten Veränderungen der römischen Messe die gleiche Tendenz wie bei Winter spürbar, die traditionelle Liturgie der Gegenwart anzupassen. Winter forderte die Streichung des Stufengebetes, er wollte das Schlußevangelium abschaffen, er erachtete eine Verschiedenheit der Hochgebete für notwendig und wünschte eine sinnvollere Auswahl der Schrifttexte und deren größere Variabilität — das sind Beispiele aus einem die ganze Meßliturgie betreffenden Trend. Alle diese Forderungen Winters sind faktisch durch das Zweite Vatikanische Konzil und dessen Nachfolgeorganisationen im Rahmen der Liturgiereform durchgeführt, von Kirchenleitungen approbiert, vom römischen Stuhl konfirmiert und dann dekretiert worden. Das Prinzip der participatio actuosa entspricht dabei den positiven Prinzipiens Winters in seiner Theorie des Gottesdienstes.

Der Unterschied zwischen Winters reformierter „Meßanstalt", die kaum Breitenwirkung zeigte[677], und den inoffiziellen und offiziellen Meßtexten nach dem Zweiten Vatikanischen Konzil ist aber im Gegensatz zu den früheren Perioden, mit denen Winters Entwicklung vergleichbar war, überraschend groß. Die inoffiziellen, aber vielfach verwendeten liturgischen Vorlagen sind in ihrer Kritik an der römischen Messe zurückhaltender und in keinem Punkt so radikal, wie Winter es war. Nirgends wird von der Meßreform her Bußritus, Credo, Präfation, Wortlaut des Vater unser, Friedensgruß und Segen in Frage gestellt. Alle auch nicht offiziellen Vorlagen fühlen sich der gebräuchlichen Form der römischen Messe verpflichtet und verstehen sich als Verlebendigung

---

[676] S. G. *Schnath*, Werkbuch 6: „Immer mehr junge wie alte Menschen sind miteinander auf dem Wege, Gottesdienst als bloß feierliche Matinee-Veranstaltung oder christliche Pflichtübung hinter sich zu lassen und ihn als miteinander vorbereitete, gemeinsam gefeierte und zusammen verantwortete konzentrische Mitte eines insgesamt als ‚vernünftigen Gottesdienst' (Römer 12,1) verstandenen Lebens wiederzugewinnen." — Dieses „anthropologische Interesse" vermerkt Nagel als einziges Positivum der neuen thematischen Gottesdienste. Vgl. W. *Nagel*, Thematisierung 115ff.

[677] Das trifft nicht nur auf Winter, sondern auf die gesamte Aufklärungsliturgik zu. Die liturgische Praxis der Aufklärungszeit „blieb bezüglich der hl. Messe weit hinter der Theorie zurück". B. *Thiel*, Die Liturgik der Aufklärungszeit 3; ebd. 44—48. Vgl. auch A. L. *Mayer*, Liturgie, Aufklärung und Klassizismus 101.

derselben. Der Unterschied zu Winters Meßentwurf wird noch deutlicher im Vergleich mit dem Erscheinen der approbierten offiziellen veränderten liturgischen Texte. Noch deutlicher als in den inoffiziellen wird darin sichtbar, daß der Grundbestand des zu Bewahrenden wesentlich unterschieden ist von dem, was Winter als zu Bewahrendes betrachtete. Der Unterschied ist so gravierend, daß aus ihm die Unterschiedenheit in Gottesbild und Erlösungsverständnis — und damit die tiefste Diskrepanz — abgelesen werden kann. Während für Winter Gott zu einem „moralischen Weltregenten" geworden ist, dessen Eigenwirksamkeit und Gnade praktisch so geleugnet wird, daß er fast nur noch als subjektives Regulativ erscheint, versuchen alle liturgischen Vorlagen nach dem Zweiten Vatikanischen Konzil, insbesondere die von Rom erstellten, der Wirklichkeit und Wirksamkeit Gottes und damit der Erfahrung der Gnade und des Angenommenseins innerhalb der liturgischen Vorlagen Raum zu geben. Wichtigste Belege dafür sind die Betonung des Buß- und Vergebungsaktes, die Ehrfurcht vor den heiligen Schriften, die selbstverständliche Funktion des Credos, des Opfergedankens, der Bitte und Fürbitte, des Segens. Bei Winter hat man zunächst oft den Eindruck, daß Gott nicht mehr der Zweck, sondern das Mittel ist. Deshalb wird bei ihm alles, was nach Verehrung und Unterstellung unter den Willen Gottes, alles, was nach Lob Gottes, was nach Bitte und Fürbitte ausschaut, explizit abgelehnt. Demgegenüber wird in allen modernen Vorlagen nach dem Zweiten Vatikanischen Konzil — zumindest der Form nach — daran festgehalten, daß der einzige Zweck des Gottesdienstes die Verehrung Gottes, die Begegnung mit Gott und das Lob Gottes ist. Es wird festgehalten, daß es im Gottesdienst darum geht, die Wirklichkeit und das Handeln Gottes sichtbar zu vergegenwärtigen, und nicht sich moralisch zu bessern. Die Zuordnung des Gottesdienstes zur Moral, wie sie Winter vornimmt, wird in der nachkonziliaren Liturgiereform nicht vorgenommen.

5.11.2 Problemstellung

Trotz des eben genannten großen Unterschieds kann aus der Parallelität, die zwischen der nachkonziliaren Meßreform und den

Entwürfen Winters besteht, das Problem aufgezeigt werden, das dieser Stufe der Entwicklung immanent ist. Dieses Problem ist Gott und seine Funktion in der Liturgie. Aufgrund der Theorie des Gottesdienstes wird durch die Reform eine Erschließung seiner Kraft und Gnade, also eine das Leben verändernde Wirkung angestrebt. Aus der Voraussetzung, daß dazu ein „extra nos" nötig ist, folgt, daß Gottes Handeln frei, spontan, überraschend und auf keinen Fall planbar ist. Trotzdem muß sich jeder wirksame Versuch der Veränderung der Messe auf Prinzipien stützen, in deren Durchsetzung die Verbesserung des Gottesdienstes erwartet wird. M. a. W.: Obwohl Gott nicht gegenständlich, sondern personal ist, wird durch Prinzipien versucht, ihn erfahrbarer und wirkkräftiger zu machen. Inwieweit wurde diese Paradoxie — der Rationalität und zugleich dem Herrschaftsanspruch Gottes verpflichtet zu sein — sowohl inhaltlich als auch methodisch bei Winter und der nachkonziliaren Periode bewältigt?

Inhaltlich versucht Winter dieser Paradoxie gerecht zu werden, indem er in Anlehnung an den Kantschen Gottesbegriff das Wollen Gottes so faßt, daß nur der moralische Lebenswandel dem Willen Gottes entspricht und daß alle anderen von der Tradition dem Willen Gottes ebenfalls zugeordneten Handlungen des Menschen in der Liturgie dem Willen Gottes nicht entsprechen — es sei denn, sie haben eine Dienstfunktion für das eigentliche von Gott angestrebte Ziel. Inhalt der Gottesdienstreform sind bei Winter deswegen insbesonders jene Teile der Messe, die nicht appelativen, sondern dogmatischen Charakter tragen. Alle Teile der Messe werden danach beurteilt, inwieweit sie der moralischen Aufrüstung dienen. So wird die Predigt aufgewertet und durch Zuordnung des Hauptgebetes fast zentraler Teil der Messe. Der eigentliche Zentralgedanke der Messe — die Vergegenwärtigung der Erlösungstat Jesu Christi — wird nur deshalb unverändert beibehalten, weil darin das vornehmste Beispiel moralischen Lebenswandels sichtbar wird. Winter verändert die Messe inhaltlich also derart, daß Gotteslob, Bitte, Fürbitte, d. h. alle latreutischen Elemente eliminiert oder abgeschwächt, ja geradezu umfunktioniert werden. So haben schließlich in seiner Meßreform — entgegen der Vielheit der Zielsetzung der traditionellen Messe — alle Teile der Messe in sich bereits die gleiche — nämlich die moralische Zielsetzung.

Die Art und Weise, in der Winter seinen neuen Gottesdienst in Einzelanalysen aus dem alten ableitet, entspricht der Instrumentalisierung Gottes. Zwar ist es hier in der Frage nach der Kritik und Neuformulierung des Meßrituals nicht wie bei der Formulierung einer Theorie liturgischer Veränderung möglich, von innerer Religion und damit von Gott und Dogmatik zu abstrahieren. Aber es besteht die Möglichkeit, ein gesellschaftlich und geschichtlich sich aufdrängendes Zeitanliegen in einer solchen Weise mit Gottes Willen zu identifizieren, daß gleichsam aus *einer* Prämisse sämtliche Einzelteile und die Gesamtform der Messe kritisierbar werden. Tatsächlich hat Winter z. T. in geradezu naiver Weise in dieser Periode seiner Entwicklung gearbeitet. Sowohl die historische Kritik als auch die humanwissenschaftliche Argumentation werden verwendet, je nach Bedarf einander entgegengesetzt, weil es nach Winters Methode in dieser Phase nicht mehr um Argumente geht, sondern um die *Durchsetzung eines Prinzips.* Wie seine Meßentwürfe in einer für den heutigen Menschen fast lächerlich anmutenden Einlienigkeit zeigen, geht es vom ersten bis zum letzten Akt nur um Moral. Methodisch hat sich der Reformator die Intransingenz des Dogmatikers zu eigen gemacht. Die Methode zeigt, daß er weiß, was richtig und der Wille Gottes ist. Was Winter in dieser Periode methodisch macht, ist Indoktrination.

Alle Abhandlungen nach dem Zweiten Vatikanischen Konzil, die Neuvorlagen von Meßtexten bieten, unterscheiden sich dem Inhalt nach wesentlich von den Entwürfen Winters. Denn wenn auch Prinzipien wie Gemeinschaftsbezug und Verständlichkeit eine große Rolle spielten und Akzentverschiebungen sowohl im Meßaufbau als auch in der Wertung einzelner Teile mit sich brachten — beiden Prinzipien vorgeordnet blieb der Grundsatz, die traditionelle Messe in Aufbau und wesentlichen Einzelheiten als Gegebenheit zu bewahren, nicht zu verändern. Inhalt der Reform war also — im Gegensatz zu Winter — die Verlebendigung aller wesentlichen Teile der Messe und damit zugleich die Sorge um die Erhaltung der Pluralität der Zielsetzungen innerhalb der Messe. Anbetung, Lob, Dank, Bitte, selbst Sühne waren Inhalt der Veränderung, nicht Objekte der Abschaffung.

Trotz des großen Gegensatzes im Inhalt zeigt sich in der Methode der nachkonziliaren Argumentation für die Veränderung der Messe eine auffallende Nähe zu Winter. Denn auch hier folgt auf die historische Kritik und auf die humanwissenschaftliche Argumentationsweise insofern das gleiche methodische Vorgehen, als die Vielfalt und die Pluralität der Anstöße des Zweiten Vatikanischen Konzils einem Erfahrungspositivismus dadurch unterstellt wurden, daß Verstehbarkeit zum Grundprinzip für die Beurteilung liturgischer Vollzüge wird und daß — je nach Ausrichtung — politische Relevanz oder gottesdienstliche Gemeinschaftserfahrung zusammen mit dem Grundprizip das durchzusetzende Ziel wurde. Auch hier kann beobachtet werden, daß historische und humanwissenschaftliche Argumente austauschbar werden. Sie sind in den Dienst genommen für die Durchsetzung eines Prinzips. Zwar führte des wegen der inhaltlichen Unterschiedenheit nicht dazu, daß im breiten kirchlichen Leben die dieser Methode entsprechenden radikalen Veränderungen (und Manipulationen) vorgenommen wurden (man denke aber an Studentengemeinden und integrierte Gemeinden!). Trotzdem wirkt sich diese Methode aus: Ein Ideal, vom Grundprinzip her entworfen, weit entfernt von der gottesdienstlichen Praxis, war bestimmend für Versuche und Experimente in vielen Gemeinden. Es ist sicher nicht übertrieben, auch hier in vielen Fällen von versuchter Indoktrination zu sprechen[678].

5.11.3 Impulse

Der Vergleich zwischen Winters Reform der Messe und der nachkonziliaren Meßreform zeigt das Problem, daß einerseits durchsetzbare und wirksame Veränderungen nur dann gelingen, wenn sie von

---

678 Vgl. z. B. die Sicht der Sakramente als situativ-therapeutische Veranstaltung bei S. *Kripp,* Abschied von morgen 43—48 in bezug auf das Bußsakrament. Oder A. *Stadelmann* — G. *Mainberger,* Auszug aus dem Getto 109: „Die Liturgie verläuft im Rahmen von Sachfragen, von menschlichen Gebärden und von sprachlichen Vorgängen. Die Liturgie um ihrer selbst willen ist entmaterialisiert (!), also trügerische Sakralität, die zugleich auf bloßem Bedürfnis nach Illusionen beruht. Sie muß entsakralisiert werden." — Die versuchte Indoktrination kann auch gut in der Beurteilung der Beziehung zwischen Gebet und Reflexion aufgezeigt werden. Ist die Aussage Biemers nicht sehr mißverständlich und — im negativen Sinn — ‚aufklärerisch', wenn er meint, „daß die Reflexion eine notwendige Vorstufe für das Gebet ist, wenn der Mensch das, was er tut, verant-

einem Prinzip getragen werden, und daß andererseits gerade darin die Gefahr besteht, daß sich das Prinzip verselbständigt und zur Ideologie wird. Nur langsam wachsende und aus der Praxis selbst entstehende Veränderungen des Gottesdienstes entziehen sich dieser Gefahr. Weder Winter noch die nachkonziliare Epoche der Meßreform kann das für sich in Anspruch nehmen. Denn beidemale wurde manipuliert, bewußt und gewollt verändert; es wurde versucht, bestimmte Prinzipien durchzusetzen. Die aus dem Vergleich mit Winter sichtbar gewordene Problematik solchen Tuns kann insofern empirisch bestätigt werden, als die nach einem solchen Prinzip veränderte neue Liturgie tatsächlich die hochgeschraubten Erwartungen nicht erfüllen konnte[679].

Andererseits zeigt der Vergleich mit Winter die Perspektiven und Chancen, die die durchgeführte nachkonziliare Meßreform bietet. Trotz aller Einlienigkeiten und Gewalttätigkeiten ist es nie soweit gekommen, daß Gottes Wille wie bei Winter mit den Prinzipien der Veränderung identifiziert wurde. Weder Gemeinschaftserfahrung in der Messe noch politische Ausrichtung, auch nicht die Verständlichkeit wurden — so wie bei Winter die Moral — zum einzigen und klar erkannten Willen Gottes erklärt. Das bewirkte, daß trotz aller Veränderungen und Regulierungen die Struktur der Messe erhalten blieb, die Vielfalt der Zielsetzungen nicht verloren ging und Weiterentwicklungen im Sinne der Wiederentdeckung verlorengegangener Existentialien und Möglichkeiten des gottesdienstlichen Vollzugs nicht verstellt wurden.

---

worten will"? G. *Biemer*, Gottesdienst als Aufklärung 819. Können dann jene, die nicht zur Reflexion erzogen wurden, nicht beten? — Der Grund für diese versuchte Indoktrination ist ein theologischer. Brunner hat dies in seiner Kritik an den theologischen Grundlagen mancher „Gottesdienste in neuer Gestalt" klar ausgesprochen: „Problemgeschichtlich betrachtet erweisen sich die theologischen Grundlagen der ‚Gottesdienste in neuer Gestalt' als ein verflachender Rückfall in Positionen des 19. Jahrhunderts, zumal in ihrem Zentrum, im Christusverständnis." Brunner kritisiert, daß das „altchristliche christologische Dogma" radikal uminterpretiert und damit faktisch eliminiert wird. S. P. *Brunner*, Theologische Grundlagen 108ff.

679 Vgl. J. E. *Mayer*, Liturgiereform — Wiedergeburt oder Totgeburt? : Bibel und Liturgie 41 (1968) 37—41; A. *Aubry*, Ist die Zeit der Liturgie vorbei? und G. *Deussen*, Die neue liturgische Gemeinde 9ff. — S. auch Anm. 10!

5 Experiment Messe

Der durch den Vergleich mit Winter und der entsprechenden Periode der nachkonziliaren Meßreform ermöglichte Lernprozeß lautet: die Relativität der Veränderung des Gottesdienstes zu sehen und sich gerade darin als pilgerndes Gottesvolk zu erfahren. Dabei muß es die ständige Rückfrage nach dem Willen Gottes sein, die korrigierend und weiterführend den Gottesdienst als veränderten davor bewahrt, Menschenwerk zu werden, ihn von einzelnen Prinzipien her zu manipulieren und damit seine Funktion, den Menschen auf Transzendenz hin zu öffnen, zu verlieren.

6 Sakramentenpastoral:
Erstes deutsches, kritisches, katholisches Ritual

6.1 Notwendigkeit einer Umbildung

Neben der Eucharistiefeier, die Haupt- und Gipfelpunkt allen kirchlichen Lebens ist[680], sind auch die übrigen Sakramente konstitutive Elemente desselben. Sie sind als Lebensäußerungen der Kirche so wie diese selbst durch eine stete Entwicklung geprägt.

Die Versuche, das sakramentale Leben zu beschreiben und zu ordnen, reichen in die frühesten liturgischen Bücher zurück[681]. Es war, ähnlich wie beim Missale, wiederum die nachtridentische Reform, die durch das 1614 von Paul V. herausgegebene Rituale Romanum eine einschneidene Vereinheitlichung der Sakramentenspendung brachte[682]. Dieses Rituale Romanum war zwar ursprünglich nicht allgemein verpflichtend vorgeschrieben, aber es verbreitete sich sehr rasch[683]. Die Diözesanritualien wurden bald dem Rituale Romanum angepaßt, sodaß Winter sagen kann, daß zu seiner Zeit alle „katholischen Rituale, wenn sie gleich verschiedenen Kirchensprengeln angehören... ganz nach dem römischen gemodelt sind"[684].

Winter unterzieht nun zunächst anhand des Freisinger Rituals das Rituale Romanum in seiner 1811 in Landshut erschienenen Schrift „Erstes deutsches, kritisches, katholisches Ritual mit stetem Hinblick auf die Agenden der Protestanten" einer genaueren Kritik

---

680 Vgl. Liturgiekonstitution Art. 10 und Institutio Generalis Missalis Romani Nr. 1 und 7.
681 Vgl. B. *Löwenberg*, Art. Rituale: LThK² VIII (1963) 1327ff.
682 Vgl. A.-G. *Martimort* (Hg.), Handbuch I 50 und *ders.*, Handbuch II 5.
683 Vgl. B. *Löwenberg*, Art. Rituale: LThK² VIII (1963) 1328.
684 Ritual 9.

und bringt darin Vorschläge zu einer Reform des Rituale. Wie bereits der Titel besagt, möchte Winter explizit die Agenden der Protestanten in die Kritik und in den Versuch der Umgestaltung miteinbeziehen, wobei er methodisch in Hinsicht auf die Agenden um der Objektivität willen nur protestantische Autoren zu Wort kommen läßt.

Winter konnte sich bei der Kritik des Rituale bereits auf einige katholische und protestantische Vorarbeiten stützen[685]. Aber nach Winter kommen — wie bei den Umbildungsversuchen der „Meßanstalt" — einige Autoren über die kritische Aufdeckung von Mängel nicht hinaus[686], andere übersetzen zwar den lateinischen Text und fügen Erklärungen hinzu, sie erarbeiten aber kein auf zeitgemäßen philosophischen und ästhetischen Kategorien aufgebautes Rituale[687].

Die protestantischen Verbesserungsvorschläge sind zwar hinsichtlich ihres Modellcharakters und des verarbeiteten Stoffes weiter fortgeschritten. Winter führt als Beispiel die Arbeiten Karl Gottlieb Sonntags und Johann Georg August Hackers[688] an. Zu Sonntags Formularen und Entwürfen bemerkt Winter z. B.: „Wer... lernen will, wie Nebenumstände, unter denen ein Religionsakt auftrit, zu benützen, wie jedem zufälligen Ereignisse eine, Kopf und Herz ansprechende Wendung zu geben sei, kurz, wer die Gewandtheit zu erringen sucht, jedes Thema mit seinem Vorhaben in eine gewisse Verbindung zu bringen, ohne jenem Gewalt anzuthun, oder zu widrigen Künsteleien seine Zuflucht zu nehmen, der komme und er wird hier seinen Lehrmeister finden."[689] Ebenso atme in den

---

685 Vgl. ebd. 244—270; s. auch A. *Vierbach,* Die liturgischen Anschauungen 152—162.

686 Z. B. Oberthür in seinem zweiten Band der Idea biblica ecclisiae Dei. Vgl. Ritual 244—247.

687 Z. B. L. *Busch,* Liturgischer Versuch — vgl. Ritual 252—255 — und K. *Schwarzel,* Versuch eines deutschen Rituals. Vgl. Ritual 258—261. — Daß die Verbesserung des Rituale das Anliegen vieler Aufklärungsliturgiker war, beweisen E. *Keller,* Die Konstanzer Liturgiereform 198—247; A. *Hagen,* Die kirchliche Aufklärung 96f.214f.258.287; J. B. *Sägmüller,* Die kirchliche Aufklärung 64.141.143; B. *Thiel,* Die Liturgik 33f und W. *Trapp,* Vorgeschichte und Ursprung 30f.

688 S. Ritual 262—267. — Zu den biographischen Angaben vgl. H. *Hohlwein,* Art. K. G. Sonntag: RGG³ VI (1962) 142 und P. *Graff,* Geschichte der Aufklärung II 78 passim.

689 Ritual 264.

Formularen und Materialien Hackers „ein sanfter, wohlthuender
Geist, der bis in die Falten des menschlichen Herzens schaut..."⁶⁹⁰.
Aber in der Praxis des protestantischen Gottesdienstes stehe „dem
Vortrefflichen viel Mittelmäßiges und hier und da Schlechtes
zur Seite"⁶⁹¹.

Aufgrund der in den katholischen Ritualen und in den evangelischen Agenden festzustellenden Mängel findet es Winter notwendig, das Rituale und die Agenden aufgrund seiner Theorie der öffentlichen Gottesverehrung und der darin erarbeiteten Grundsätze einer kritischen Prüfung zu unterziehen und Vorschläge zu deren Verbesserung zu machen.

Methodisch geht Winter bei seiner Prüfung in zwei Schritten vor:
Zuerst werden das Rituale und die Agenden allgemein von den
Grundsätzen der Liturgie, wie er sie in seiner Theorie erarbeitet
hat, kritisiert und gewürdigt und Verbesserungsvorschläge gemacht;
und dann werden die einzelnen „Religionsakte" gesondert kritisch
geprüft und Vorschläge gemacht, um sie wieder mit „wahrer Geistesnahrung" zu versehen⁶⁹².

6.2 Opus operatum und opus operantis

Damit Winters Umbildungsarbeit an den Sakramenten nicht mißverstanden werde, schickt er seinem kritischen Ritual eine Bemerkung
über das Verhältnis von opus operatum und opus operantis voraus.
Er betont zwar die Notwendigkeit des engen Zusammenhanges zwischen beiden, damit ein Sakrament die von Christus „uns zugesicherte heilige Gnade wirklich Heiligkeit" herbeiführe⁶⁹³. Aber der
„Liturge" hat sich nur mit dem opus operatis zu beschäftigen. Das
opus operatum fällt nicht in seinen Aufgabenkreis⁶⁹⁴. Die Liturgie-

---

690 Ebd. 265.
691 Ebd. 270.
692 Vgl. ebd. IVf.
693 Vgl. ebd. V.
694 Mit dem opus operatum „habe ich als Liturg nichts zu thun. Heilig ist mir
die Gabe des Himmels, die Gnade, die uns von Oben herab in jedem Sakramente ertheilt wird, heilig, unverletzlich und unabänderlich die Einsetzung Christi, des weisesten Stifters unserer Religion ... Es wäre sträflicher Frevel, das Göttliche in den heil. Geheimnissen bei der nachstehen-

wissenschaft darf daher auch bei den Sakramenten nur das, „was...
Menschenwerk, und seiner Natur nach unvollkommen und einer
Verbesserung fähig ist, wie alle Produkte der Menschen"[695] prüfen
und verändern. Für diese Veränderung und Prüfung aber ist sie wirklich verantwortlich, damit die Sakramente wieder so gespendet werden, daß für alle Stände, Schichten und Generationen — Ungebildete, Aufgeklärte, alte und junge Menschen — „die Religion Jesu wieder in ihrer ewigen und himmlischen Würde strahle" und daß sie
wieder „in die Mitte unseres Geschlechtes trete, und die Sittlichkeit und Seeligkeit um sich herum verbreite"[696].

Winter postuliert also einerseits die enge Einheit von opus operatum und opus operatis, andererseits will er jedoch in seinen Untersuchungen das opus operatum als nicht antastbare Größe stehen lassen und sich nur dem opus operantis zuwenden. Diese Trennung, die
wiederum typisch aufklärerisch genannt werden darf, impliziert
eine Reihe von Problemen. Winter will das opus operatum (die
durch Gott zugesicherte Gnadenwirksamkeit), d. h. die Frage der
Wirkweise und damit die gnadenhafte Wirkung nicht in Frage stellen. Das Problem dieser Position liegt dann darin, daß der innere
Zusammenhang des opus operatum mit dem opus operantis (als
innere Disposition, d. h. Erkenntnis und Intention des Spenders und
des Empfängers betreffend) nicht bedacht wird, welch letzteres ja
auch „Gnade" ist und im äußeren Gottesdienst den ihm adaequaten
Ausdruck finden muß. Die Trennung — nicht nur Unterscheidung —
von opus operatum und opus operantis, wie sie Winters Auffassung
nahelegt, wird daher der inneren Einheit von gnadenhaftem Handeln Gottes und glaubendem Vollzug nicht gerecht.

---

den Prüfung auch nur leise berühren zu wollen." Ritual Vf. — So stellt
W. *Trapp*, Vorgeschichte und Ursprung 53 für die gesamte Aufklärungsliturgik fest: „Direkt geleugnet wird das Opus operatum zwar äußerst
selten ... Praktisch aber wurde es oft nicht anerkannt oder verkannt."
— Vgl. auch E. *Keller*, Die Konstanzer Liturgiereform 194f und S. *Merkle*,
Die katholische Beurteilung 31f.

695 Ritual V.
696 Ebd. VI.

6.3 Die Sakramente als Zeichen der äußeren Religion

Nachdem Winter klargestellt hat, daß es ihm bei der Reform des Rituale nicht um dogmatische Fragen, sondern um bessere Voraussetzungen für den rechten Vollzug des opus operantis geht, weist er am Beginn seines kritischen Rituals noch einmal auf die fundamentale Unterscheidung von innerer und äußerer Religion hin. Die innere Religion besteht in der „Erfüllung der Pflichten des Menschen gegen Menschen, (gegen sich und andere) unter achtendem Aufblick zu Gott, dem moralischen Weltregenten, dem Urheiligen"[697]. Gegenüber Gott als „moralischem Weltregenten" gibt es keinen anderen Dienst als den „reinsittlichen Lebenswandel". Die innere Religion bedarf aber zu ihrer Offenbarung und Belebung der äußeren Religion. Der Grund liegt in der geistig-sinnlichen Verfassung des Menschen und seines Lebens. Darum gilt für Winter, „daß, wenn gleich der wahre Gottesdienst in der offenen Welt lebt, und die innere Religion keinen anderen Tempel kennt, als das große Weltall, doch der Besuch unserer Kirchen durchaus nicht überflüßig ist; vielmehr sollen wir uns oft in diesen heiligen Stätten einfinden, um da die innere Religion kennen zu lernen — um zu lernen, was wir uns und anderen schuldig sind — um mit Gottes Vollkommenheiten immer mehr vertraut zu werden und so die Achtung gegen den Urheiligen immer mehr zubeleben, und zu festigen"[698]. Die äußere Religion und mit ihr die öffentliche Gottesverehrung erscheinen so als „die Schule der Sitten- und Pflichtenlehre und der gränzenlosen Verehrung des Urheiligen"[699].

Innerhalb der äußeren Religion kommt nun den Sakramenten ein besonderes Gewicht zu, weil sie an den entscheidenen Wendepunkten des menschlichen Lebens Zeichen für das Heilshandeln Gottes set-

---

697 Ebd. 1.
698 Ebd. 3f. — Aus diesem Zitat ist eine deistische oder theistische Tendenz im Gottesverständnis Winters herauszulesen. Insofern hat Goldmann recht, wenn er meint: „Der deistische oder theistische Gott der Aufklärer ist ... nicht nur eine Konzession an die Überlieferung oder ein Schreckgespenst für das eingebildete Volk, sondern vor allem eine innere theoretische Notwendigkeit aller halb- oder ganzrationalistischen Weltanschauungen."
L. *Goldmann*, Der christliche Bürger 37f. — Vgl. auch K. *Frielingsdorf*, Auf dem Weg zu einem neuen Gottesverständnis 7—14.
699 Ritual 4.

zen. Bei der Geburt, Hochzeit und Tod sind „die Ohren und das Herz der Zuhörer... mehr als jemals offen"[700]. Sie bieten damit dem „Volkslehrer" ein „weites Feld zur Zergliederung und Einschärfung der Pflichten... Aber auch zur Weckung und Belebung der gränzenlosen Verehrung Gottes liegt in den Sakramenten unverkennbar viel Anlaß."[701] In der Feier der Sakramente kann also nach Winter die Erziehung der Menschen zur Erfüllung ihrer Pflichten unter dem „Aufblick zum Urheiligen" besonders einprägsam geschehen. Zugleich sind die Sakramente wichtig für die menschliche Bildung. „Bei dem Reichthume des sich darbietenden Stoffes zur Erklärung und Belebung der inneren Religion, und bei der Empfänglichkeit des Gemüthes für das Gute und Heilige kann es schlechterdings nicht fehlen, daß die hier in Frage stehenden Religionsakte auf die Bildung der Menschheit den größten Einfluß gewinnen, wenn sie unter Hinblick auf den Geist des Christenthums und die Bedürfnisse der Menschheit, wenn sie psychologisch aufgeführt und wenn Spiritualism und nicht Mechanism gepflanzt wird."[702] Die Sakramente sind somit der konkrete Ort, an dem die Menschen „religiössittlich" erzogen und gebildet werden.

6.4 Rituale und Agenden

Das sakramentale Leben der Gemeinden muß durch eine feste Ordnung eine Stütze erhalten, d. h. es bedarf der Ritualisierung. Diese Funktion erfüllen bei den Katholiken die Ritualien[703] und bei den Protestanten die Agenden. Das Rituale und die Agenden enthalten Gebete, Zeremonien und z. T. auch Lieder, die für die rechte Ausspendung der Sakramente notwendig sind. Diese liturgischen Bücher unterzieht Winter nun anhand seiner liturgischen Grundsätze[704] einer kritischen Prüfung.

---

700 Ebd. 7.
701 Ebd.
702 Ebd. 8.
703 Der Terminus technicus ‚Rituale' existiert seit Beginn des 12. Jahrhunderts; der Sache nach gab es das Rituale bereits früher. Eine kurz zusammengefaßte Geschichte zur Entwicklung des Rituale gibt G. *Hürlimann*, Das Rheinauer Rituale (Spicilegium Friburgense 5). Freiburg 1959, 3—9.
704 S. Theorie passim und dieselben Grundsätze zusammengefaßt im Ritual 12—19.

6.5 Allgemeine Kritik des Rituale

Zunächst stellt Winter — im Gegensatz zu seiner Kritik am Meßbuch, an dem er fast nichts Positives gefunden hatte und im Gegensatz zu seinem Umbildungsprogramm in den „Versuchen" — fest, daß das Rituale nicht nur zu kritisierende Elemente enthalte, sondern „daß dasselbe den Christen viel Geist und Herz Erhebendes darbiete, und daß manche Teile desselben ganz geeignet seien, unser Geschlecht aus der Sinnenwelt in den reinen Aether der Religion zu versetzen"[705]. Dazu gehörten viele Gebete und auch Symbole, wie z. B. das Wasser bei der Taufe oder der Ring beim Trauungsakt. Dennoch liegt es natürlich in der Linie der kritischen Prüfung Winters, vor allem die Mängel des Rituale aufzuzeigen, um konkrete Anhaltspunkte für dessen Verbesserung zu gewinnen.

6.5.1 Mangelnde Belehrung

Als erstes bemängelt Winter, daß im Rituale die „Veredelung des Verstandes" zu kurz komme. Die meisten Symbole und Zeremonien seien unverständlich, weil sie keine Verständlichkeit aus sich selbst haben und nicht erklärt werden. Dazu kommt noch, daß die Texte lateinisch seien. Zudem sei es ein schweres Vergehen, die pädagogisch so wichtigen Momente der Sakramentenspendung ohne intensive Unterweisung der „Pflichten aller Art" vorübergehen zu lassen. „Ist doch Belehrung die Hauptsache..., warum hält man die Gelegenheit nicht fest, wo der Stoff so reichhaltig und die Herzen so empfänglich sind? "[706]

Außerdem meint Winter, daß das Rituale in jenen Abschnitten, in denen es ausdrücklich versuche zu belehren, eher zur Verbreitung von Aberglauben und Unglauben beitrage. Die „Legion der Segnungen und das Regulativ für den Teufelsbanner", die das gesamte Ritual durchziehen, schaffen nach Winter ein Bewußtsein, das mit einer aufgeklärten Religion nicht vereinbar ist[707]. Und wenn wirk-

---

705 Ebd. 21.
706 Ebd. 25.
707 Vgl. ebd. 26. — Daß die Aufklärung besonders gegen die Exorzismen und ähnliche Praxen auftrat, ist bekannt. So meint S. *Merkle*, Die katholische Beurteilung 63: „Jedenfalls hat die Aufklärung ein Hauptverdienst an der

lich einmal eine Zeremonie oder ein Gebet oder ein Lied brauchbar seien, dann gerieten sie durch die dauernde Wiederholung in Gefahr, mechanisch — und damit magisch — mißbraucht zu werden[708]. Das Rituale erscheint somit für Winter im augenblicklichen Zustand für eine „vernünftige" Bildung des Verstandes weithin ungeeignet.

6.5.2 Mangelnde Erbauung

Das Rituale ist nach Winter aber auch ungeeignet, etwas zur „Veredelung des Herzens" beizutragen. Es mangelt ihm oft an ästhetischer Kraft, sodaß sehr vieles im Rituale „ohne Geist, ohne Salbung, ohne Kraft, ohne Saft" ist[709]. Gerade um „religiössittliche" Wahrheiten tief in das menschliche Bewußtsein einzuprägen, bedarf es nach Winter einer ausgeprägten Ästhetik. Und die fehle weitgehend im Rituale. Weiters sei es durch das ewige Einerlei — nur je ein Formular für jedes Sakrament — unmöglich, immer wieder ein „Gefühl der Rührung" zu wecken[710]. Zudem kehrten innerhalb eines Sakramentes oft Gebete mit demselben Inhalt wieder, sodaß auf diese Weise der Mannigfaltigkeit und Abwechslung entgegen gearbeitet werde. Außerdem seien einige sakramentale Handlungen durch zu viele Symbole und Zeremonien derart überladen — z. B. bei der Taufe —, daß sie anstatt die Beteiligten zu erbauen, sie nur verwirren. Und schließlich seien viele Geistliche durch ihre schlechte Vortragsweise imstande, den letzten Funken an Begeisterung und Rührung auszulöschen[711].

---

endgültigen Einstellung der Hexenbrände, und wie sie in diesem Punkte der Vernunft und der Humanität das Wort redete, so auch auf anderen Gebieten..." — Vgl. auch J. B. *Sägmüller*, Die kirchliche Aufklärung 64; P. *Graff*, Geschichte der Auflösung II 35.223.229f.313; Fr. *Zoepfl*, Dr. Benedikt Peuger 50f; W. *Trapp*, Vorgeschichte und Ursprung 34.37; E. *Keller*, Die Konstanzer Liturgiereform 26.199f, wo Keller von Bestrebungen berichtet, „Exorzismen und Abschwörungsformeln" neu zu fassen; vgl. ebd. 253ff.258ff.439; A. *Hagen*, Die kirchliche Aufklärung 199.213. 225.242.258.

708 Vgl. Ritual 29ff.
709 Ebd. 32.
710 Vgl. ebd. 32ff.
711 Vgl. ebd. 36f.

6.6 Allgemeine Kritik der Agenden

Obwohl die Agenden der Protestanten in mancher Hinsicht dem katholischen Rituale voraus seien — z. B. hinsichtliche der Gedankenfülle des „rein-moralischen" Sinnes der Gebete und der Einheit von „Bedürfnissen der Menschheit" und dem Geist des Christentums[712] —, so leiden sie dennoch nach Winter auch unter fundamentalen Gebrechen. Um der Objektivität willen läßt Winter protestantische Autoren selbst zu Worte kommen[713]. Diese klagen — ähnlich wie Winter — über die fehlende „zweckmäßige" Belehrung in den Agenden. Gründe dafür gebe es mehrere[714]: Der protestantische Prediger rede zu viel; außerdem sei weder Unglaube noch Aberglaube ganz aus den Agenden gebannt; so habe z. B. der Exorzismus bei der Taufe in allen Agenden einen festen Platz; weiters seien die einzelnen „Religionsakte" von Mechanismus und fehlender Einheitlichkeit geprägt. Sooft aber der belehrende Gottesdienst seine Funktion erfülle, werde er durch den bildlichen Gottesdienst wieder in das Gegenteil verkehrt. So bemerkt Winter in Hinblick auf den Exorzismus in den protestantischen „Religionsakten": „Allein welch ein Widerstreit! während daß der mündliche Gottesdienst den tiefgewurzelten Vorurtheilen den Krieg ankündiget, trit der bildliche mit demselben in Bund, giebt ihnen das bereits verlorene Terrain wieder zurück, nimmt sie in der Kirche am hellen Tage mit allem Nachdruck in Schutz, und der Lehrer durch Symbole baut auf, was derselbe Lehrer von der Kanzel herab niederriß."[715]

Die protestantischen Agenden leiden aber auch in Hinsicht auf die Erbauung unter großen Mängeln. Verschiedene Autoren beklagen unter anderem die „zurückstoßende Einförmigkeit", die Überladung und — als Reaktion — die zu große Vereinfachung mancher Teile der Agenden. Außerdem seien auch die protestantischen „Religionsakte" allein auf den Vorsteher der Gemeinde ausgerichtet, sodaß dessen Engagement und Fähigkeiten entscheidend seien für die Wirkung der Sakramente[716].

---

712 Vgl. ebd. 40.
713 Winter zitiert häufig Bastholm, Ribbeck, Thomasius, Jenisch und Himmerlich. Diese Autoren werden bei A. *Ehrensperger, Die Theorie passim* dargestellt!
714 Vgl. Ritual 43—50.
715 Ebd. 46.
716 Vgl. ebd. 53—56.

6.7 Grundsätze für eine Umbildung des Rituale und der Agenden

Die im Rituale und in den Agenden festgestellten Mängel sind nach Winter die Folgen einer allzu einseitigen Betonung des opus operatum und einer sträflichen Vernachlässigung des opus operantis. Denn „solange bei den Sakramenten nur allein, oder doch vorzugsweise das Opus operatum galt, . . .solange die ästhetische Kultur der Nationen noch weit zurück stand, und der sich mit dem Opus operatum vereinigende Anthropomorphism der Einbildungskraft viele Nahrung gab, war das Gebrechen gar nicht, oder wenigstens nicht in seinem ganzen Umfange fühlbar. Allein, seitdem sich das Dogma immer mehr vergeistiget hat, seitdem der Verstand nicht bloß blindlings glauben, sondern auch prüfen will, seitdem der Geschmack an bessere Genüße gewohnt ist, seitdem das Herz und die Phantasie das ihr im Gebiete der Religion lange geraubte Terrain laut zurückfordern, seitdem fängt man bei einigen Nachdenkenden an, es ganz lebhaft zu fühlen, woran es unserem Rituale und manchen Agenden der Protestanten eigentlich gebricht."[717] Um diesem Mißstande abzuhelfen, möchte Winter aufzeigen, welche Faktoren für eine Umbildung zu berücksichtigen sind. Er ist sich dabei bewußt, daß diese Umformung bereits mit dem Anbruch der Aufklärung hätte stattfinden müssen. „Hätten Katholiken und Protestanten gleich bei dem Anbruche des Tages der Aufklärung das Lähmende aus den heiligen Handlungen weggeschafft; hätte unter· den erstern die Hauptsache der öffentlichen Gottesverehrung, der mündliche Unterricht, auch bei der Ausspendung der Sakramente immer einen Hauptheil ausgemacht, hätte man immer oder doch vorzugsweise auf die Erklärung und Ausübung der Pflichten des Menschen und auf die Belebung der gränzenlosen Verehrung des Urheiligen hingearbeitet, wären jene Lehren unter allen Konfessionen durch kraftvolle Gebete und harmonische Gesänge unterstützt, dem Auffluge des Pflichtgefühles und dem Ahnen der Gottheit zur Hülfe gekommen, die Sittlichkeit würde ihren segnenden Einfluß auf die Menschen nie in so weitem Umfange verloren haben. . . die Religion würde nie aufgehört haben, eine die ganze Seele ergreifende und durchdringende Himmelskraft zu sein."[718]

---

717 Ebd. 58.
718 Ebd. 58f.

6.7.1 Eliminierung des „Lähmungsstoffes"

Zunächst müßte nach Winter aller „Lähmungsstoff" aus dem Rituale und den Agenden weggeschafft werden. Zum „Lähmungsstoff" zählt er die „Vorschriften für den Teufelsbanner", die Segnungen, die Exorzismen, die lateinisch und deutsch unverständlichen Gebete, Formulare, die einseitig das Gnadenhandeln Gottes betonen und den Menschen passiv bleiben lassen, die ewig wiederkehrenden Formulierungen, überladene und zu vereinfachende Zeremonien, alles das, „was weder den reinen Geist des Christenthums athmet, noch im ästhetischen Kleide erscheint"[719].

6.7.2 Betonung der Belehrung

Nach der Eliminierung des „Lähmungsstoffes" sollte dafür gesorgt werden, daß der mündliche Unterricht einen zentralen Platz im Rituale und in den Agenden erhalte[720]. Winter verweist hier wiederum auf das Beispiel Jesu, der all seine symbolischen Handlungen — z. B. das Abendmahl — mit erklärenden Reden begleitet habe. Die bei der Feier der Sakramente stattfindende Belehrung sollte aber nicht in Form eines Vortrags geschehen, sondern lebhafter und „voll Geist und Salbung" sein; es soll ein „religiöser Unterricht" sein. Religiös nennt Winter einen Unterricht, „wenn der heilige Redner die Ansichten, die mitgetheilt, die Grundsätze, die aufgestellt, die Gefühle, die geweckt werden, aus dem Gebiete der Religion holt, oder doch mit derselben in eine nähere, oder wenigstens entferntere Verbindung bringt; wenn er die Pflichten, die er den Theilnehmern an der heiligen Handlung vorträgt, nicht bloß als nützlich, anständig und vernunftmäßig, sondern auch als Gebote Gottes, des moralischen Weltregenten, darstellt. Er darf die Natur, er darf die Vernunft zu den Menschen reden lassen, aber die erstere spreche nur als Produkt des weisesten Schöpfers, der diese Winke, diese Deutungen in sie gelegt hat, die zweite als ein Ausfluß der ewigen Vernunft, der Urquelle alles Lichtes."[721] Wichtigstes Hilfsmittel des religi-

---

719 Ebd. 63. Vgl. auch Anm. 707.
720 Vgl. Ritual 63—66.
721 Ebd. 66f.

ösen Unterrichtes ist die Heilige Schrift, in der Religion und Sittenlehre eine harmonische Einheit bilden. Sie sollte bei der Spendung der Sakramente im Mittelpunkt stehen.

6.7.3 Betonung der Erbauung

Neben dem mündlichen Unterricht darf beim sakramentalen Geschehen die Erbauung nicht fehlen. Daß sie bereits mancherorts verdrängt worden sei, sei ein „Nachlaß der sogenannten Aufklärungsperiode, in welcher der Verstand seine Fackel überall herumtrug, und jeden Winkel aufgeklärt, aufgehellt wissen wollte, und auch wirklich bis zur gänzlichen Leerheit aufhellte, dabei aber unser Innerstes ganz erstarren ließ"[722]. Die wichtigsten Mittel, das Gefühl und Herz anzusprechen, sieht Winter in den Gebeten, die „kurz, voll der belebenden Wärme, voll von geprüften kraft- und kernvollen Gedanken, nicht arm an biblischen Bildern, dabei aber faßlich und verständlich, und von der Art, daß in ihnen durchaus ein reinmoralischer Sinn herrscht, so wie ihn das Christenthum giebt, und die Menschheit zu ihrer Veredelung bedarf"[723], sein sollten, in der Musik und im Kirchengesang, der bei keinem „Religionsakte" fehlen sollte, in dem der Ausspendung der Sakramente entsprechenden Ort, der Kirche, und in der versammelten Gemeinde, die wesentlich zur Erbauung der Teilnehmer beitragen können. Winter fordert z. B. bereits, „daß die Ausspendung der Sakramente nicht so isoliert und in einem kleinen Zirkel geschehe, sondern daß sie, so viel

---

[722] Ebd. 69. — Winter zählt sich also in der Spätphase seines Wirkens selbst zu jenen, die im Begriffe sind, die Aufklärung zu übersteigen. Das zeigt sich in der sehr gemäßigten Kritik am Ritual. Der Grund dafür liegt zum Teil wohl darin, daß sich Winter in dieser Phase seines Schaffens immer mehr dem Kreise Sailers anschloß. Vgl. Anm. 28. — Diese Beobachtung ist für Vierbach ein Zeichen dafür, „daß er (Winter; der Verf.) wohl den Weg zum Geist der Kirche wieder zurückgefunden hätte, wenn ihm ein längeres Leben beschieden gewesen wäre". A. *Vierbach*, Die liturgischen Anschauungen 236. Diese mehr hypothetischen Charakter tragenden Beobachtungen drücken auf jeden Fall aus, daß Winter lebensgeschichtlich bei seiner Sakramentenkritik einen Weg der Wandlung vollzogen hat. Die Implikationen dieser „Umkehr" werden unten 6.9 reflektiert.

[723] Ritual 71.

und so oft es die Verhältnisse der theilnehmenden Personen möglich machen, mitten in den öffentlichen Gottesdienst, in die vor- oder wenigstens in die nachmittägige Versammlung gestellt"[724] werden sollten. Die gesamte Atmosphäre sollte bei der Spendung der Sakramente „erbauenden" Charakter haben.

6.7.4 Notwendigkeit der Symbole

Neben der sprachlichen Belehrung und der gefühlsmäßigen Erbauung spielen bei der Spendung der Sakramente die Symbole eine wesentliche Rolle. In den Symbolen „verkörpern" sich nach Winter die belehrenden und erbauenden Elemente. Ihr Zweck besteht darin, das „Übersinnliche, Nichtanschaubare durch das Sinnliche gleichsam zur Anschauung zu bringen, und das Geistige zu verkörpern"[725]. Darum unterscheidet Winter bei einem Symbol zwischen der „sinnlichen Hülle", der „Bestimmtheit" und der engen „Verkettung" von beiden[726].

Das eigentliche Problem liegt nach Winter in der Verkettung von Sinnlichem und Übersinnlichem, weil diese Verkettung im Bereich der „Phantasie" liegt und damit vielen Interpretationen geöffent ist. Die Verkettung spielt sich nach den Gesetzen der „Kausalität und Ähnlichkeit" ab, die selbst nicht genau festlegbar sind. Ein Beispiel für ein symbolisches Zeichen, in dem die symbolische Idee „als die Wirkung in ihrer Ursache" begründet liegt, ist ein Büschel Kornähren auf dem Altar, das das Erntefest symbolisiert. Ein Beispiel für ein symbolisches Zeichen, das aufgrund einer auffallenden Ähnlichkeit wirkt, ist das weiße Kleid bei der Taufe als Ausdruck für den „reinmoralischen" Lebenswandel[727]. Trotz der Schwierigkeit der „Verkettung" sollten bei der Spendung der Sakramente Symbole verwendet werden, weil nur durch sie das Übersinnliche zur Anschauung gebracht werden kann.

---

724 Vgl. ebd. 71—77, Zitat 76f.
725 Ebd. 79.
726 Vgl. ebd. 79f.
727 Vgl. ebd. 81.

6.7.5 Pflege der Sprache

Die Sprache ist eines der wesentlichsten Ausdruckmittel menschlichen Lebens. Ihr kommt daher bei der Spendung der Sakramente eine besondere Bedeutung zu. Dies sollte sich nach Winter vor allem in einem guten Vortrag ausdrücken, aus dem ersichtlich wird, daß der Priester mit der Sprache umzugehen weiß; daß er also durch Mimik und Gebärden, durch häufiges Wechseln von schneller und langsamer Sprechweise, hoher und tiefer Tonlage, die Zuhörer in seinen Bann zu ziehen und in ihnen Wärme und Gefühl zu erwecken versteht. Winter betont das deshalb, weil „ein mißglückter Vortrag den gelungensten Anreden und Formularen und selbst den heiligen Handlungen den Tod" bringen kann[728]. Die Sprache sollte bei der Spendung der Sakramente natürlich deutsch sein. Das würde viele Schriften, in denen man die lateinischen Riten und Symbole im Ritual zu erklären versucht, überflüssig machen. „Die beste Erklärung der Zeremonien ist immer die, welche sie selbst mitbringen, wenn sie nämlich in deutscher und also dem deutschen Volke zugänglicher Sprache auftreten."[729]

6.7.6 Methode der Umbildung

Winter schlägt zur Umbildung des Rituale zwei Wege vor. Man solle entweder einem begabten Manne den Auftrag geben, ein Ritual zu entwerfen, oder — was noch zweckmäßiger sei — man setze für den besten Entwurf eines Rituale einen Preis aus. Auf diese Weise könnten alle Interessierten an einer Verbesserung des Rituale mitarbeiten[730]. Die besten Arbeiten sollten von einer Kommission beurteilt werden. Es läge dann in den Händen der zuständigen Stellen, ob sie solch neu erarbeitete Ritualien ad experimentum den einzelnen Priestern freigeben oder ob sie sich „bloß leidend verhalten" und

---

728 Vgl. ebd. 83—87, Zitat 87.
729 Ebd. 88.
730 Die Methode des Preisausschreibens war damals sehr gebräuchlich. So führte sie z. B. Wessenberg ein, um einen erneuerten Bußritus zu erarbeiten. S. A. *Rösch*, Das religiöse Leben 17ff. Ebenso erwähnt sie Peuger. Vgl. Fr. *Zoepfl*, Dr. Benedikt Peuger 46.

die einzelnen Priester experimentieren lassen. Letztere Art, ein neues Rituale einzuführen, findet Winter am günstigsten, weil weder Priester noch „Konsistorien" „engende Fesseln" drücken würden[731].

6.8 Umbildung der einzelnen Sakramente

Wie bereits betont, geht es Winter bei der Umbildung des Rituale und der Agenden nur um das opus operantis. Besonderes Augenmerk soll dabei auf die belehrende und erbauende Sprache und die Sinnhaftigkeit der verwendeten Symbole gelegt werden. Diese Forderungen versucht Winter bei den einzelnen Sakramenten durchzuführen, um ein neues wirksameres Rituale als Hilfe für eine sachgerechte Sakramentenspendung zu erstellen[732].

6.8.1 Die Taufe

Die Taufe als ein von Christus eingesetztes Sakrament erfuhr nach Winter bereits sehr früh eine wesentliche Wandlung. Obwohl ursprünglich nur die Erwachsenentaufe praktiziert worden sei, reichten die Zeugnisse der Kindertaufe weit zurück[733]. Der Übergang der Erwachsenentaufe zur Kindertaufe verschob wesentliche Aspekte der Taufe. War die Taufe der Erwachsenen eine „Aufnahme in das ethische, von Christus gestiftete Reich" und eine „Weihe mit Feuer und Geist für das Übersinnliche"[734], so ist für Winter die Kindertaufe „Ausdruck des religiösen Gefühles der Mitmenschen, vorzüglich der Älteren"; sie ist „Vorweihe des Kindes zur Religion und Sittlichkeit"[735].

Das katholische Rituale hätte dieser Bedeutungswandlung zwar zum Teil Rechnung getragen, indem es Symbole wie die brennende

---

731 Vgl. Ritual 94f.97ff.
732 Auch darin zeigt sich die in Winters Spätschriften aufscheinende Tendenz, über die Kritik traditioneller Formen hinaus auch deren Wert und Bedeutung zu würdigen.
733 S. Ritual 103.
734 Ebd. 104.
735 Ebd. 105.

Kerze oder das weiße Kleid enthalte, die darauf hinarbeiten, „den Christen durch das Licht der Erkenntniß und durch die Unschuld des Wandels dem Urbilde Christus und der Gottheit selbst näher zu bringen"[736]. Im übrigen sei aber im Taufritus des Rituale durchwegs nur das opus operatum betont. Sichtbarster Ausdruck dafür sei wieder die lateinische Sprache. Neben diesem grundsätzlichen Mangel enthalte der Taufritus einige Stellen, die „Vorurtheile und Aberglauben" begünstigten, anstatt sie zu überwinden. Dazu zählt Winter die Exorzismen, die den Täufling wie einen Besessenen behandeln[737]; ein Gebrechen, das übrigens auch protestantische Autoren in ihren Agenden feststellen. Schließlich sei der Taufakt bei den Katholiken mit zu vielen Zeremonien überladen, die in keiner Weise geeignet seien, „den Geist zum Höhern und Übersinnlichen zu erheben"[738]. Die Protestanten wiederum bemängelten, daß ihr Taufritus „von aller Begleitung der Kunst" fern und in möglichst kurzer Zeit zu absolvieren sei[739].

Aus den festgestellten Mängeln ergeben sich die Forderungen Winters für eine Umbildung des Taufritus: Als erstes sei der Exorzismus aus dem Taufakt aller Konfessionen zu streichen. Dann sollte die unverständliche lateinische Sprache durch eine klare und lebhafte deutsche Sprache ersetzt werden. Die Anreden und die Erklärungen bei der Taufe sollten immer auf den Zweck der Taufe hinweisen und „vorzüglich den Ältern, Pathen u. s. w. die Pflichten der Erziehung der Täuflinge" einschärfen. Weiters regt Winter eine Reduzierung der vielen Bekreuzigungen und Salbungen an. Die Gebete und Lieder sollten „innig, kraftvoll, kurz und nicht aufgehäuft sein", und schließlich nehme auch der Gesang — wenigstens bei der öffentlichen Taufe — einen gebührenden Platz ein[740].

---

736 Ebd. 112.
737 Vgl. ebd. 107ff.
738 Ebd. 109.
739 Vgl. ebd. 114.
740 Vgl. ebd. 116ff. — Wie ‚aktuell' Winters Vorschläge waren, zeigt sich daran, daß bei der Reform des Rituale nach dem Zweiten Vatikanischen Konzil ein Großteil seiner Vorschläge — natürlich nicht in direkter Abhängigkeit — verwirklicht wurden. Im folgenden wird deshalb bei den einzelnen Sakramenten auf diese „Parallelen" hingewiesen. — Vgl. z. B. zur Aufgabe der Eltern und Paten *Die Feier der Kindertaufe*, Vorbemerkungen Nr. 29—41.

Interessant ist, daß es Winter von der Wirkung des Sakramentes her gesehen günstig erscheint, die Tauffeier in die Kirche zu verlegen und sie an Sonn- und Feiertagen „als ein für sich bestehender Akt"[741] in das gottesdienstliche Gemeindeleben zu integrieren, indem sie z. B. an den nachmittägigen Sonntagsgottesdienst angeschlossen wird. Winter möchte damit die Haustaufen nicht für unzulässig erklären, denn sie seien sicher oft die einzige Möglichkeit für den Priester „ins Spezielle zu gehen", d. h. auf die jeweilige Situation und die betreffenden Personen näher einzugehen. Aber der Kirchenraum und die versammelte Gemeinde seien wichtige Faktoren, die auf die Teilnehmer einer Tauffeier einen großen Einfluß ausüben[742]. Das Taufalter setzt Winter aus einem ganz praktischen Grund sehr früh an, „weil mit den zunehmenden Wochen auch die Unruhe der Täuflinge zunimmt"[743].

Die feierliche Taufe am Sonntag sollte folgenden Ablauf haben[744]: Der Priester eröffnet die Feier mit einer kurzen Anrede, die über den Zweck der Taufe und über die Einsetzung der Taufe durch Christus handelt. Es folgen ein „begeisterndes" Gebet und ein Lied. Dann hält der Priester die „Hauptanrede", in der er in besonderer Weise auf die Erziehung der Täuflinge eingeht. Nach einem weiteren Lied werden die Täuflinge an den Altar gebracht. Dort geschieht die „bedeutungsvolle Weihe". Mit einem Lied oder einer kurzen Anrede oder mit einem Gebet endet die Feier.

In seinem 1813 erschienenen zweibändigen Buch „Deutsches, katholisches, ausübendes Ritual. Frankfurt am Main 1813" hat Winter zu jedem Sakrament verschiedene Modelle vorgelegt. Zum Sakrament der Taufe verfaßte er sechs Formulare für die einleitende Begrüßung, die sich in erster Linie an die Paten und deren Erziehungspflicht wenden, drei Formular für die „Umschreibung" des apostolischen Glaubensbekenntnisses und einige Lieder. Außerdem

---

741 Ritual 119.
742 Die Tendenz, den Gemeinschaftscharakter der Liturgie durch die „räumliche Sammlung" der Beteiligten und durch ihre subjektive Teilnahme zu betonen, ist charakteristisch für die Aufklärungsliturgik. Vgl. A. L. *Mayer*, Liturgie, Aufklärung und Klassizismus 111–117; s. auch W. *Trapp*, Vorgeschichte und Ursprung 21f.28. — Zum Vergleich s. *Die Feier der Kindertaufe*, Vorbemerkungen Nr. 56.
743 Ritual 122. — Vgl. *Die Feier der Kindertaufe*, Vorbemerkungen Nr. 56.
744 Vgl. Ritual 123f.

übersetzte Winter den lateinischen Ritus der Kindertaufe und erarbeitete schließlich zwei frei gestaltete Formulare für den Taufakt, ein Formular zu der feierlichen Taufe für mehrere Kinder und — als Anhang — drei frei bearbeitete Formulare zur „Hervorsegnung einer Wöchnerinn".

Inhaltlich steht in diesen Formularen der Gedanke der Pflichterfüllung und des sittlichen Lebens im Vordergrund. Alle sollten sich um die Sittlichkeit mühen und dankbar die Religion als Stütze zu einem „reinmoralischen" Leben annehmen. Formal bietet die große Auswahl an Formularen Abwechslung und die Möglichkeit zu verschiedenen, der jeweiligen Situation angepaßten Tauffeiern[745].

6.8.2 Die Firmung

Die Firmung ist für Winter das, was früher die Erwachsenentaufe war: eine eigenständige, bewußte Inditation in die Religion Jesu und in seine Kirche. Sie betont außerdem besonders den Auftrag Jesu, seine Verkündung und sein Leben in Wort und Tat mutig und unerschrocken zu bekennen. Die Firmung ist somit als „Sakrament der Bestärkung" für die religiöse Erziehung von entscheidender Bedeutung[746].

Winter macht folgende Gründe dafür verantwortlich, daß die Wirkung der Firmung oft sehr beschränkt bleibe. Zunächst sei der fehlende Firmunterricht eine der Hauptursachen, daß Eltern und „Firmlinge" keinen Zugang zu den in der Firmfeier enthaltenen Ideen und Symbolen finden. Weiters werde der Firmakt selbst oft so gefeiert, daß er in keiner Weise geeignet sei, die in ihm enthaltenen Ideen zu vermitteln. Es werde sogar „hier und da" im Wirtshaus, ohne feierliche Gemeinde, ganz mechanisch gefirmt, sodaß der Firmakt ohne jede Belehrung und Erbauung ganz auf das opus operatum beschränkt bleibe[747]. Die einzigen positiven Aspekte der bisher gebräuchlichen katholischen Firmpraxis sieht Winter im Besuch des Bischofs — dieser Besuch stelle für viele Firmlinge eine einmalige Begegnung in ihrem Leben dar — und im Symbol der

---

745 Vgl. Ausübendes Ritual I 21—99.
746 Vgl. Ritual 125f.
747 Vgl. ebd. 127ff.

Handauflegung, der Bezeichnung mit dem Kreuz und des Backenstreiches, die den jungen Christen mit der Kraft versehen, Jesus nachfolgen zu können[748]. Auch protestantische Autoren bedauern einerseits den Verlust der Feierlichkeit beim „Konfirmationsakt" und andererseits das Absinken der Konfirmation zu einem pompösen Theater[749]. Ebenso entspreche der vorbereitende Unterricht nicht den psychologisch-pädagogischen Erfordernissen. Aus den festgestellten Mängeln wird ersichtlich, daß der Firmakt beider Konfessionen einer Umbildung bedarf.

Zuallererst erscheint es Winter notwendig, daß Firmalter „auf die Mitte des zweiten Jahrzehends" zu verlegen, in eine Zeit also des „erwachenden Selbstgefühles und des Selbstdenkens" der jungen Menschen. In diesen Jahren verlasse der junge Mensch das Elternhaus, „um in einen größeren Zirkel überzugehen", um sich also in neuen Beziehungen zu sozialisieren. In diesem existentiell so wichtigen Abschnitt des menschlichen Lebens, „wo der Charakter mehr Bestimmtheit zu erlangen, und der schwere Kampf der Sittlichkeit gegen die Sinnlichkeit zu beginnen pflegt", sollte die Firmung eine Hilfestellung bieten[750].

Der Firmakt selbst sollte durch einen belehrenden Unterricht, der „Sitten- und Religionslehre" in einem für die Jugendlichen über-

---

[748] „Backenstreich und das Kreuz sind ... von Christo selbst gebrauchte Bilder, um das Leiden zu bezeichnen, zu dessen Ertragung wir durch die Firmung mit Kraft von oben ausgerüstet werden sollen; die wirkliche Mittheilung und Übertragung dieser höheren Kraft aber wird sehr passend durch die Auflegung der Hände und Salbung mit dem heiligen Chrysam angedeutet ..." Ritual 134f.

[749] Vgl. ebd. 137ff. — Winter übergeht die dogmatische Diskussion, ob die protestantischen „Religionsakte" den katholischen Sakramenten gleichzusetzen sind oder nicht. Für ihn scheint diese Diskussion, da er sich auf den Bereich des opus operantis beschränkt und angesichts der Schwierigkeit, in der sich die Spendung der „Religionsakte" bei Katholiken und Protestanten befindet, irrelevant zu sein. Daher gebraucht er das Wort „Religionsakte" manchmal auch für die katholischen Sakramente.

[750] Vgl. Ritual 141f. — War in Winters „Theorie" und auch noch im „Meßbuch" die Sittlichkeit und deren Vermittlung durch Belehrung und Erbauung das Movens der Reform, so nimmt in seinem Rituale die pädagogisch-psychologische Argumentationsweise einen breiten
Raum ein. Winter unternimmt darin den Versuch, von den Humanwissenschaften her eine Legitimation für die religiöse Praxis zu erhalten.
— Vgl. auch *Die Feier der Firmung*, Vorbemerkungen Nr. 6.

schaubaren und der jeweiligen individuellen Erkenntnisfähigkeit des Firmlings angepaßten Zusammenhang vermittelt, vorbereitet werden[751]. Winter ist überzeugt, daß die Wirkung des Firmsakramentes wesentlich gesteigert werde, wenn die Person, die die Firmung spendet und jene, die den Firmunterricht erteilt, identisch ist. Der „Firmlehrer" könne sich nämlich intensiver und echter in die Situation der Firmlinge versetzen. Aus diesem Grund fordert er die Übertragung der Firmgewalt auf den Pfarrer[752]. Ort der Firmspendung sollte immer die Kirche sein, in der die anwesende Gemeinde als sichtbare „Repräsentantinn der menschlichen Gesellschaft und des religiösen Vereins"[753] Zeugnisfunktion für das heilige Geschehen der Firmung übernehme. Schließlich sollte der Firmakt selbst sehr feierlich gestaltet werden, um Herz und Verstand der jungen Menschen zu ergreifen. Winter fordert damit einen Firmakt, der den Gesetzen der Psychologie und Pädagogik entspricht und so ein intensives Erleben des Firmgeschehens ermöglicht.

Für den Ablauf der Firmung schlägt Winter folgende Form vor[754]: Nach einem einleitenden Gebet hält der Firmspender die Hauptanrede. Dann folgt das Glaubensbekenntnis und der Firmakt selbst. Ein Gebet und eine kurze Ansprache des Firmspenders beschließen die Feier. Dazwischen sollen nach Möglichkeit Lieder eingefügt werden.

Die Anreden, die Winter in seinen Modellen zum „Konfirmationsakte" entwirft, sprechen vor allem von der Sittlichkeit und ihrer vielfachen Gefährdung, von den Pflichten des Menschen gegen Gott, gegen den Nächsten und gegen sich selbst, und von der Notwendigkeit, die „Blüthe der Jahre" Gott zu weihen[755]. Dieselben Themen beinhalten die Gebete und Lieder zur Firmfeier.

6.8.3 Das Bußsakrament

Das Bußsakrament ist nach Winter jenes Sakrament, das in jenen Situationen des Lebens, in denen der Mensch in Sünde fällt, eine

---

751 Vgl. Ritual 143ff. – Vgl. *Die Feier der Firmung*, Vorbemerkungen Nr. 10–14.
752 Vgl. Ritual 146.
753 Ebd. 148.
754 S. Ausübendes Ritual I 103–136.
755 Vgl. ebd. 103–107. 113–116. 120–124.

Umkehrmöglichkeit bietet, in der eine „Totalveränderung der Gedanken, der Maximen, der Gesinnungen, des ganzen Herzens und Handelns"[756] gefordert wird. Die bestehende „Beichtanstalt" entspreche aber in keiner Weise den an sie gestellten Anforderungen, die Rückkehr zu Gott zu ermöglichen.

Zunächst beklagt Winter den das gesamte katholische Bußwesen beherrschenden Charakter des „mechanischen Verfahrens"[757]. Gewissenserforschung, Erweckung der Reue, Bekenntnis und Auferlegung einer Buße geschehen nach festen Formeln, die für eine individuelle Umkehr keinen Platz lassen, ja sogar manchmal als Alibi für eine wirklich persönliche Umkehr dienen. Natürlich sind nach Winter diese Defizienzen der „Beichtanstalt" nicht in der Sache selbst begründet, sondern in ihrer unpsychologischen und unpädagogischen Handhabung von seiten des Priesters und des Pönitenten[758]. Ähnlich liegen die Probleme bei der protestantischen „Beichtanstalt", die, obwohl die katholische Privatbeicht fast nirgends übernommen wurde, in keiner Weise ihrer Funktion gerecht werde[759].

Die Wirkung der „Beichtanstalt" wird nach Winter in erster Linie durch Beichtväter erhöht, die geschickte Pädagogen sind. Denn bei keinem anderen Sakrament sei das pädagogisch-psychologische Geschick des Priesters von solch ausschlaggebender Bedeutung wie beim Bußsakrament, um das Vertrauen des Büßers zu gewinnen, seine Verkrampftheit und Angst zu lösen und ihn gesprächsbereit zu machen. Es sei ein „nie genug zu beherzigender Grundsatz der Pädagogik, daß der Lehrer dem Zöglinge bei den schwersten Aufgaben die Hand reiche..."[760].

Die konkreten Formen der Feier der Beichte, die Winter vorschlägt, entsprechen in etwa der heutigen gemeinschaftlichen Feier der Versöhnung mit Bekenntnis und Absolution der einzelnen[761]. Der Priester versammle die Gläubigen am Vorabend eines Festes,

---

756 Vgl. Ritual 151f.
757 Vgl. ebd. 155 und Ausübendes Ritual I 137.
758 Vgl. Ritual 156ff.
759 Winter stellt die katholische Privatbeichte, „wenn sie psychologisch benützt wird", über die protestantische allgemeine Beichte. Ritual 163ff.
760 Ebd. 166.
761 Vgl. *Die Feier der Buße* 35—47.

an dem viele zur Beichte gehen wollen; er führe die Büßer in einer kurzen und „herzlichen" Anrede in das Geheimnis der Beichte ein; er erforsche mit den Beichtkindern gemeinsam das Gewissen, indem er ihnen die allgemeinen und besonderen Pflichten vor Augen halte; dann spreche er ein „kraftvolles Formular" der Reue. Im Anschluß daran sollten Bußlieder gesungen werden, „um die geweckten Gefühle, und die gefaßten Entschlüsse zu nähren, zu beleben, und zu festigen"[762]. Dann folge die Beichte und Lossprechung der einzelnen und ein — wenn alle gebeichtet haben — abschließendes Wort des Priesters an die Gläubigen.

In ähnlicher Weise sollte auch die „Beichtanstalt" der Protestanten gestaltet werden. Winter äußert sich energisch gegen den Versuch mancher protestantischer Kreise, die Privatbeichte und die allgemeine Beichte abzuschaffen. Denn er befürchtet, daß damit alles kultische Tun verwischt wird. „Anfangs hob man die Ohrenbeichte, dann in vielen Orten die Privatbeichte auf, setzte an ihre Stelle die allgemeine und hielt sie lange am Vorabende, jetzt wird sie in einigen Orten auf den Sonntag morgens verlegt, in vielen Gegenden aber in eine Vorbereitungsrede umgeschaffen. Nun fangt man an, auch diese, ja hie und da wohl gar das heilige Abendmahl für überflüssig anzusehen."[763]

In seinem „Ausübenden Ritual" entwirft Winter vier Formulare zu einem „Beichtakt", zwei Formulare zu Litaneien, die während der Beichtvorbereitung gebetet werden können, und einige Lieder. Außerdem fügt er eine Übersetzung der Ordnung der sakramentalen Beichte nach dem Rituale Romanum und zwei freie Bearbeitungen davon bei.

Die in diesen Formularen angeführten Gebete flehen vor allem um Belehrung und Erbauung[764]. Die Gewissenserforschungen orientieren sich an den drei Pflichtenkreisen und an den Pflichten einzelner Stände[765]. Besonders auffällig ist dabei das ungebrochene Verhältnis zur staatlichen Obrigkeit, das selbstverständlich in die Gewissenserfor-

---

762 Ritual 168.
763 Vgl. ebd. 170—176, Zitat 175.
764 So heißt es in einem Gebet: „Gieb unserm, von der Sinnlichkeit verblendeten Verstand Licht . . Gieb nebst dem Lichte im Verstande, auch Wärme unserm Herzen . . ." Ausübendes Ritual I 140.
765 Vgl. ebd. 140—146.153—156.163ff.

schung einzubeziehen ist[766]. Reue- und Vorsatzformulare betonen die Dankbarkeit gegen Gott und die Notwendigkeit eines neuen Verhältnisses der Liebe und des Vertrauens ihm gegenüber[767]. Die den „Beichtakt" abschließende letzte Ermahnung weist noch einmal auf den durch die Beichte neu gewählten Weg hin, der sich durch treue Pflichterfüllung und sittliches Verhalten auszeichnen sollte[768].

6.8.4 Die Kommunionfeier

Winter hat das Meßbuch und die Messe einer tiefgreifenden Kritik unterzogen. In seinem kritischen Rituale macht er nun einige Bemerkungen und Vorschläge zur Umgestaltung der Kommunionspendung, die zu seiner Zeit oft getrennt von der Meßfeier stattfand[769]. Diese „Abendmahlfeier" ist nach Winter von der Erinnerung an die „Scheidungsstunde" des Herrn geprägt und darum in vorzüglicher Weise geeignet, „ernsthafte" Betrachtungen und religiöse Gefühle zu wecken. Die geübte Praxis entspreche aber wiederum nicht den an sich vorhandenen Möglichkeiten zur Belehrung und Erbauung.

Das „Confiteor" sprechen nicht die Kommunizierenden, sondern die Ministranten — und zwar meistens in lateinischer Sprache. Die Lossprechung durch den Priester erfolge ebenso lateinisch wie auch die Darreichung des Leibes Christi mit einem lateinischen Spruch verbunden sei. Den Kommunizierenden bleibe nichts anderes übrig, als nach dem Kommunionempfang den Rosenkranz zu beten, „der,

---

766 „Endlich, meine Christen! seid ihr alle auch Unterthanen und als solche vorzüglich eurem besten König, den Landesgesetzen und den von ihm angestellten Obrigkeiten Gehorsam schuldig." Ausübendes Ritual I 145. 145.
767 Vgl. ebd. 146f.156ff.165f.171f.
768 Vgl. ebd. 148—151.158ff.167f.173ff.
769 S. J. A. *Jungmann*, Art. Kommunion: LThK² VI (1961) 411: „Seit dem 16. Jh. gilt die K. außerhalb der Messe als zulässig, seit der Wende des 18. Jh. wird sie zur Regel u. bleibt es bis zum Durchdringen der Liturgischen Bewegung." — Über die Wurzeln dieses Brauches informiert H. B. *Meyer*, Luther 319: „Man wollte aber den Gottesdienst der Gemeinde nicht über Gebühr verlängern. Im Gefolge der in diesem Zusammenhang ergriffenen Maßnahmen wurde . . . liturgisch die Kommunionspendung an das Volk mehr und mehr zu einer relativ selbständigen Feier . . ."

abgesehen von seinem sonstigen Werth oder Unwerth, hier gar keinen hat"[770]. Lobend hebt Winter bei der katholischen „Abendmahlsanstalt" die Erteilung des Segens mit dem Ciborium, die große Zahl der Kommunizierenden und den Glauben an die Transsubstantiation hervor[771]. Die Bedenken vieler protestantischer Autoren, daß ihre „Abendmahlsanstalt" nur mehr ein Anhang zur öffentlichen Gottesverehrung sei, zeigen Winter, daß bei den Protestanten die Problematik der „Abendmahlsfeier" noch viel tiefer liegt, vor allem deshalb, weil bei ihnen die Frage nach der Transsubstantiation umstrittener sei als bei den Katholiken[772].

Winter sieht Verbesserungsmöglichkeiten für die Kommunionfeier zunächst im „mündlich-religiösen" Unterricht, der den Kommunizierenden das Geheimnis des wunderbaren Geschehens enthülle als „Andenken des Todes Jesu", als „Liebesmahl" oder als „Unterpfand der Unsterblichkeit"[773]. Weiters sollten „kraftvolle" Gebete und Lieder in deutscher Sprache vorgetragen werden, um Verstand und Gefühl möglichst tief anzusprechen und so aus der „Abendmahlsanstalt" eine belehrende und erbauende Veranstaltung zu machen. Ebenso stimmt Winter protestantischen Vorschlägen zu, die „Abendmahlsfeier" seltener, dafür aber umso bewußter zu begehen; sie nicht zu einem Anhang der öffentlichen Gottesverehrung zu machen und bei der Austeilung der Hostien sinnvolle Worte — z. B. einen Bibelspruch — zu sprechen[774]. Es gehe aber immer nach den Gesetzen der Psychologie um Abwechslung und Veränderung.

Diesem Grundsatz entsprechend stellt Winter im „Ausübenden Ritual" vier Formulare zu Anreden bei der „Abendmahlshandlung", zwei Formulare zu Litaneien und zur Paraphrasierung des Vater unser und einige Lieder zur Auswahl. Außerdem übersetzte er das lateinische Formular zur Kommunionfeier und fügte ihnen zwei frei bearbeitete Formulare bei. Nach Winter sollte die „Kommunionfeier" folgenden Ablauf haben: Segen, Anrede, Lied, Sündenbekenntnis, Lossprechung, Einladung des Priesters zum heiligen Mahl,

---

770 Ritual 183. — Vgl. W. *Trapp*, Vorgeschichte und Ursprung 24f.
771 Vgl. Ritual 183f.
772 Vgl. ebd. 185ff.190f.
773 Vgl. ebd. 188f.
774 Vgl. ebd. 190—193.

kurze Sprüche bei der Darreichung der heiligen Hostie, Litanei, Anrede, Lied, Segen[775].

Die Anreden, die Winter zur „Kommunionfeier" entwirft, sind dogmatischer und biblischer Natur und betonen vor allem die Bruderliebe und die Notwendigkeit der Nachfolge Jesu[776]. Besonders Augenmerk legt Winter bei der „Abendmahlshandlung" auf die Verkündigung der drei göttlichen Tugenden[777]. Außerdem wird gerade bei den Formularen zur „Abendmahlshandlung" sichtbar, wie sehr Winter versucht, an eine überlieferte liturgische Form anzuknüpfen und sie zum Besseren hin zu verändern.

6.8.5 Die Trauung

Gegenüber der Tendenz seiner Zeit, die Ehe eher als „bürgerlichen" und nicht als „moralischen" Bund zu betrachten, betont Winter, daß die Ehe eine „mehr moralische, als bürgerliche Verbindung" sei und deswegen auch durch „eine religiöse Feierlichkeit, eine neue Sanktion" erhalten müsse[778]. Auch der Staat habe an kirchlich getrauten Ehen Interesse, weil durch die kirchliche Trauung eine größere Erfüllung auch jener Pflichten zu erwarten sei, die das Wohl des Staates betreffen. Außerdem seien die vielen zerrütteten Ehen ein Beweis, wie sehr der Ehestand des Segens der Kirche bedürfe[779].

Im Gegensatz zu den anderen Sakramenten zeichne sich das römische Formular zur Trauung dadurch aus, daß es wenigstens zum Großteil in deutscher Sprache verfaßt sei. Leider entspreche die dort verwendete deutsche Sprache nicht mehr ganz der in den Schulen eingeführten. Lobend erwähnt Winter auch das Symbol des Ringes, das Zusammengeben der Hände und den Segen[780].

Zu den Mängeln des Formulars gehöre, daß nur *eines* vorhanden sei, daß die Pflichten der Eheleute zu wenig betont werden, daß das Vater unser still gebetet werde und daß viele Fragen, die an die

---

775 S. Ausübendes Ritual I 239—246.
776 Vgl. ebd. 196f.199—209.
777 Vgl. ebd. 210ff.212ff.
778 Vgl. Ritual 196.
779 Vgl. ebd. 197.
780 Vgl. ebd. 200f.

Braut und den Bräutigam gerichtet werden, bereits veraltet seien[781]. Protestantische Autoren dagegen klagen vor allem über das ungebührliche Verhalten vieler Teilnehmer während des Trauungsaktes[782].

Um dem Trauakt die nötige Feierlichkeit und das nötige Gewicht zu geben, schlägt Winter vor, die Trauung in der Kirche vorzunehmen, „aber nur, wenn und insoferne dieß die Umstände und Verhältnisse der Verlobten gestatten"[783]. Winter strebt auch hier danach, das sakramentale Leben in die Kirche und in die Gemeinde zu stellen, obwohl ihm der Vorteil einer Haustrauung – ähnlich wie bei der Tauffeier – bewußt ist, dort mehr „ins Spezielle" gehen zu können. Aus diesem Grund sollte sich der Priester gerade bei der Trauung bemühen, in der Kirche eine Atmosphäre des Vertrauens und der Freude zu ermöglichen. Beim Trauungsakt selbst sollte die Anrede das Hauptgewicht haben, in der die Brautleute und die versammelte Gemeinde „über die, so tief ins Leben eingreifenden Verhältnisse zwischen Gatten, Ältern und Kinder u. s. w. aufhellende und erwärmende Ideen"[784] erhalten. Die Anrede sollte durch Symbole und Lieder den Teilnehmern noch tiefer eingeprägt werden. Das Ideal einer feierlichen Trauung sieht nach Winter folgenderweise aus[785]: Feierlicher Einzug in die Kirche, Hymnus oder Lied, Ansprache, Trauungsakt, Gebet, Lied und Entlassung.

Die sechs Formulare für Trauungsansprachen, die Winter in seinem „Ausübenden Ritual" vorlegt, enthalten Belehrungen über die göttliche Einsetzung des Ehestandes und Ermahnungen zur Erfüllung der Pflichten der Eheleute – wie z. B. eheliche Treue, Arbeitsamkeit, gute Kindererziehung – und rufen zu wechselseitiger Liebe und Unterstützung auf dem gemeinsamen Lebensweg auf[786]. Winter übersetzt auch den lateinischen Ritus, stellt ihm zwei frei bearbeitete Formulare zur Seite und fügt einige Lieder hinzu[787].

---

781 Vgl. ebd. 198ff.
782 Vgl. ebd. 201–204.
783 Ebd. 206. – Vgl. Ordo Celebrandi Matrimonium, Praenotanda n. 6.
784 Ritual 208. – Von einem eigenständigen vorbereitenden Brautunterricht, wie ihn heute der Ordo Celebrandi Matrimonium, Praenotanda n. 5 vorsieht, spricht Winter damit noch nicht.
785 Vgl. Ritual 209.
786 S. Ausübendes Ritual II 2–34.
787 Vgl. ebd. 35–56.

6.8.6 Die „letzte Ölung"

Keine Situation des Menschen erfordert nach Winter so sehr die Hilfe der Religion wie die Situation der Krankheit und des Todes. Die Religion sei berufen, in dieser Situation, in der alle anderen verstummen, „Trost, Labung und Stärke in die Seele" des Kranken zu gießen[788]. Leider erfülle das vorhandene Ritual in keiner Weise diese Aufgabe. Anreden, Gebete und die die Salbung der fünf Sinne begleitenden Worte seien in einer unzulänglichen Sprache verfaßt. Winter bemerkt in bezug auf den Inhalt der Gebete zynisch: „Zum Theile ist es wirklich gut, daß der Kranke nichts davon versteht, denn müßte nicht die immerwährende Anregung der Gewalt des Teufels die Furcht vor demselben, anstatt zu verscheuchen, vielmehr vergrößern?"[789] Der ganze „Akt der letzten Ölung" sei „mittelmäßig". Es gebreche ihm an „Trostgründen für den Leidenden, an Weckung des Zutrauens in dem Büßenden, und des Muthes in dem Sterbenden"[790]. Zu loben sei nur die Salbung mit Öl und einige Gebete und Fürbitten, die auf die Sittlichkeit hinweisen.

Für einen neuen Ritus der „letzten Ölung" seien nun die Grundgedanken des Trostes und der „Aufhellung der Zukunft" wichtig, die nach Winter am besten durch das Erzählen und Vorstellen biblischer Bilder zu erreichen sind. Das Leiden Jesu, seine sündenvergebende Tätigkeit usw. seien Bilder, die den Kranken die Angst nehmen und ruhig werden lassen. Dabei soll immer die „Selbstthätigkeit des Kranken" angeregt werden, um die „Reste der Sünde" zu tilgen[791].

Im „Ausübenden Ritual" entwirft Winter Formulare zur Krankenkommunion und zur „letzten Ölung"[792]. Er hält sich dabei formal sehr eng an die lateinische Vorlage. Inhaltlich sind aber in den Anreden, Gebeten und Liedern vor allem Gedanken über das Leiden Jesu und über die Wohltaten der Religion angesprochen.

---

788 Vgl. Ritual 211ff. — S. dazu Ordo Unctionis, Praenotanda n. 1.
789 Vgl. Ritual 214f.
790 Vgl. ebd. 215.
791 Vgl. ebd. 217—220. — Vgl. Ordo Unctionis, Praenotanda n. 5—7.
792 S. Ausübendes Ritual II 58—85.87—130.

6.8.7 Der Begräbnisritus

Winter ist sich bewußt, daß die Begräbnisriten verschieden beurteilt werden. Unglaube und Aberglaube stehen dabei „in immerwährendem Kampfe". Während aufgeklärte Menschen über den Unfug der Begräbnisriten lächeln, übertreiben andere wieder durch Pomp und Feierlichkeit bei den Begräbnissen[793]. Die Wahrheit liegt — so meint Winter — „hier, wie überall, zwischen den zwei Endpolen in der Mitte"[794]. Denn: „Vergebens prahlen wir mit dem größeren Lichte der Aufklärung, oder mit einer höheren Stuffe der Kultur, wenn wir eilen, dem Grabe gleichsam nur seinen Raub zuzuwerfen, dabei aber keine Spur sichtbar werden lassen, daß wir an die Fortdauer des Geistes und an ein besseres Leben desselben in höheren Sphären glauben"[795]. Nichts könne mehr zur Sittlichkeit auffordern als die beim Begräbnisakt zur Sprache kommenden Gedanken der „Fortdauer des Geistes" und die „Hinfälligkeit unseres Körpers"[796]. Daß die Zeremonien und Gebete des herkömmlichen Begräbnisritus weitgehend nicht darauf hinarbeiten, sei ihre große Schwäche.

Winter kritisiert vor allem die lateinischen Psalmen, die einen großen Teil der Gebete beim Begräbnisritus ausmachen und deren Inhalt oft keine Beziehung habe zum Problem des Todes und dessen Bewältigung durch die Religion. Die protestantischen Autoren wiederum klagen, daß bei ihnen dem Begräbnisritus überhaupt zu wenig Augenmerk geschenkt werde[797].

Damit der Begräbnisritus wieder wirksamer werde, soll der Priester nicht nur für die Verstorbenen beten, sondern auch den anwesenden Gläubigen „Stoff zum Nachdenken" und den Trauernden „Worte des Trostes" geben. Die Psalmen sollten durch deutsche Sterbelieder ersetzt werden. Der wesentliche Bestandteil des Begräbnisritus sollte die Leichenrede auf dem Friedhof sein, weil bei keiner Gelegenheit die Menschen zugänglicher für „gute Lehren und

---

793 Vgl. Ritual 221—225.
794 Vgl. ebd. 233.
795 Ebd. 224. — Vgl. *Die kirchliche Begräbnisfeier*, Pastorale Einführung Art. 1 und 2.
796 Ritual 224.
797 Vgl. ebd. 225f. 230ff.

andringliche Ermahnungen" seien. Diese Grabrede sei darum eine tiefgehende Aufforderung zur Sittlichkeit[798]. Winters frei bearbeitete Formulare sind daher auch von der Intention getragen, die versammelten Gläubigen in der außergewöhnlichen Situation der Konfrontation mit dem Tod auf die Bedeutsamkeit eines sittlichen Lebenswandels hinzuweisen[799].

6.9 Zusammenfassung und Kritik

6.9.1 Vergleich

Zunächst fällt wiederum die Parallele zwischen dieser Phase der Reformarbeit Winters und heutiger liturgischer Reformarbeit unmittelbar auf. Beidemale geht es um die Ritualkritik, also um eine erneuerte Sakramentenpastoral. Parallelen und Unterschiede zwischen Winters Ritualkritik und heutiger Reformarbeit festzustellen, wird nun aus doppeltem Grunde erschwert: Einerseits ist die Sakramentenpastoral des 20. Jahrhunderts selbst erst im Entstehen begriffen; sie befindet sich in Bewegung und verändert sich ständig. Andererseits zeigt Winter selbst in der Art seiner Ritualkritik an, daß seine lebensgeschichtliche Entwicklung der Logik der früheren vier Perioden seines Schaffens einen Streich gespielt hat. Man hat den Eindruck, daß Winter jetzt bereits versucht, aus einer Synthese seiner gesamten bisherigen Erfahrung heraus zur Vermittlung und zum Ausgleich zu gelangen.

Denn trotz der Ankündigung einer besonders harten Kritik am Rituale[800] fällt diese Kritik bedeutend wohlwollender und verhaltener aus als in bezug auf die Eucharistiefeier. Unter ständiger Betonung, daß das opus operatum unangetastet bleibt, wird das Menschenwerk kritisiert, soweit es Unglauben, Aberglauben, Mechanismus usw. enthält und der Belehrung und Erbauung zu wenig Raum gibt. Zur Belehrung und Erbauung dienen auch die Symbole und die Sprache als Teile der ästhetischen Gestaltung. In

---

798 Vgl. ebd. 234f. – Vgl. *Die kirchliche Begräbnisfeier*, Pastorale Einführung Art. 10.
799 Vgl. Ausübendes Ritual II 131–211.
800 S. Versuche.

konkreter Einzelanalyse sucht Winter den Sinn und die Bedeutung der einzelnen Sakramente zu erheben, von dort her den gegebenen Ritus zu kritisieren und den Boden für seine eigenen Vorschläge zu bereiten. Mehr wie anderswo hat Winter auf dem Gebiet der Sakramentenspendung für das Volk seine Kritik und seine Vorschläge in selbsterstellten Formularen verifiziert.

Was besonders auffällt ist, daß im Gegensatz zu allen früheren Veröffentlichungen Winters häufig protestantische Autoren und deren Agenden zitiert werden. Es kommt an keiner Stelle zu einer expliziten Auseinandersetzung mit protestantischem Gedankengut oder zu dessen Übernahme. Die eigene Einsicht und Vernunftgründe reichen hin um zu zeigen, daß sowohl evangelische Agenden als auch das katholische Rituale erhebliche Mängel aufweisen. Die Hinweise auf evangelische Autoren dienen als Beweismaterial für die Notwendigkeit der Reform; zum Teil dienen sie der Einzelargumentation gegen katholische Gebräuche, nie aber werden deren Gedanken als Vorbild oder als zu übernehmende Lösungen hingestellt. Sosehr ist sich Winter in seiner aufgeklärten Mentalität der Bedeutung seiner reformerischen Ideen sicher, daß er — ohne sich ein einziges Mal in eine dogmatische Kontroverse einzulassen — den bestehenden protestantischen Gottesdienst — ebenso wie den katholischen — als Beweis einer negativen geschichtlichen Entwicklung anführen kann. Verbirgt sich hinter dieser scheinbaren Toleranz nicht ein gewisses Desinteresse? [801]

---

[801] Diese kritische Frage wäre wohl an all jene zu stellen, die der Aufklärungsliturgik eine „ökumenische" Dimension zuschreiben — vgl. z. B. A. *Ehrensperger*, Die Theorie 93f — oder die der katholischen Aufklärungstheologie insgesamt Vereinigungstendenzen unterstellen. Vgl. H. *Brück*, Die rationalistischen Bestrebungen 83ff; W. *Trapp*, Vorgeschichte und Ursprung 47 Anm. 199. — War dabei aber nicht von einem gewissen Fortschrittsglauben her das in der Zukunft liegende, gemeinsame Anliegen einer religiösen Weltdeutung das „vereinigende" Element? So meint auch Cassirer, daß in der Theologie der Aufklärungszeit „an Stelle des religiösen *Pathos* ... ein reines religiöses *Ethos* tritt". E. *Cassirer*, Die Philosophie der Aufklärung 219. Kann man aber da noch von einer wirklichen Ökumene sprechen, wenn gerade die je eigene Tradition der Glaubensgemeinschaften außeracht gelassen wird? Offenbart sich in einer solchen Konzeption nicht eher ein gemeinsames liberal-utopisches Gedankengut als ökumenisches Denken im eigentlichen Sinn?

Es ist interessant, daß sich bei Winter und in der liturgischen Reform unseres Jahrhunderts die Auseinandersetzung zwischen den Reformern und den Gegnern der Reform fast ausschließlich auf die Meßliturgie beschränkte. Beidemale ist im Anschluß an die Auseinandersetzung über die Messe die Neugestaltung der übrigen Sakramente in Angriff genommen worden. Und beidemale hat sich die weitere Auseinandersetzung nicht an der Umgestaltung der Sakramente entzündet, sondern an der Veränderung der Texte der Eucharistiefeier[802]. Sogar Winter konnte von seinen neugeschaffenen Formularen für die Feier der Sakramente öffentlichen Gebrauch machen, ohne damit Anstoß zu erregen[803].

Wertvoll und auch heute noch anregend sind die Ausführungen Winters über die Sinnspitze der einzelnen Sakramente, über deren gesellschaftlich-kirchlichen Ort und deren Neugestaltung. Besonders spricht den heutigen Leser an, daß die Symbol- und Sprachproblematik behandelt und gewürdigt wird. Fragen muß man, ob die ständige Betonung des Moralischen, des Zweckhaften oder Erzieherischen dem Eigenwert der Sakramente als gottesdienstlicher Feiern nicht Abbruch tut, ob die Sakramente nicht einseitig als Mittel für staatliche, kirchliche und individualpädagogische Ziele gebraucht werden und damit aber in ihrem eigentlichen Sinngehalt nicht wirklich verstanden und gewürdigt sind. Ohne von Winter verlangen zu wollen, er hätte heutige Ergebnisse der von O. Casel u. a. herkommenden, mysterientheologisch und heilsgeschichtlich orientierten Sakramententheologie und Gottesdiensttheorie berücksichtigen bzw. vorwegnehmen müssen, bleibt die gestellte Frage doch berechtigt.

Mit ihr hängt die weitere Frage zusammen, ob Winters These stimmt, daß der Liturge es nur mit dem opus operantis zu tun habe und das opus operatum unangetastet lassen oder stillschweigend akzeptieren könne. Der Liturge kann unter dieser Voraussetzung zwar verständlichere und anderen menschlichen Vollzügen ange-

---

802 So wird z. B. die Spendung der Sakramente in deutscher Sprache unwidersprochen angenommen. Anders verhält es sich mit der Eucharistiefeier in der Muttersprache. Die Stimmen wollen und werden wohl auch so bald nicht verstummen, die eine lateinische Messe fordern. Vgl. Anm. 4.
803 S. Ausübendes Ritual I 100ff und Ritual 101.

paßtere Riten schaffen. Er läuft aber Gefahr, daß die Art und Weise, wie der Mensch von den Sakramenten angesprochen wird, von der Wurzel her verkürzt oder sogar entstellt wird. Ist es wirklich der Sinn eines Begräbnisses, die Trauernden und die Gäste lediglich zu trösten und zu ermuntern? Ist es wirklich der Sinn der Firmung, Jugendliche an einem bestimmten Punkt ihres Lebens in besonderer Weise zu ermahnen? Ist es die Aufgabe der Kommunionspendung, die Kommunionteilnehmer zu belehren? Auch wenn Winter in dieser späten Phase seiner Veröffentlichungen sich bereits von der Aufklärung entfernte und daher im „Ritual" ein deutlicher Unterschied zu seiner früher verkündeten Ritualkritik festzustellen ist, so bleibt dennoch bestehen, daß aufgrund der Einschränkung auf den Aspekt des opus operantis in Wirklichkeit eine Verkürzung des Aspektes des opus operatum geschieht. Beide sind ja — wie Winter selbst feststellt — untrennbar als Form und Inhalt verbunden. Mit dem von Winter ausgesparten opus operatum wird nicht nur der Stiftungscharakter und die Gnadenwirksamkeit der Sakramente von der Reflexion ausgeschlossen, sondern darüberhinaus alles, was mit Anamnese, repraesentatio, res et sacramentum, Realsymbol, Verähnlichung mit Christus usw. zusammenhängt und was gerade auch für das opus operantis eminent wichtig ist.

Winters neugeschaffene Riten sind zwar verständlicher, aber es bleibt die Frage, ob sie genauso intensiv wie ältere Riten dem Bedürfnis des Menschen nach Begegnung mit Gott und Betroffenheit durch seinen Anspruch auf ganzmenschlicher Ebene, d. h. auch auf der Ebene des Herzens und des Gefühls Rechnung tragen. Von dort her kann man auch dieselbe Frage an die Neugestaltung der Sakramentenspendung richten, wie sie seit dem Zweiten Vatikanischen Konzil in laufender Folge durchgeführt wird. Auch die neuen Riten sind zwar verständlicher, einfacher und durchsetzt mit dem Element der Belehrung. Es bleibt aber offen, ob nicht durch den Vergleich mit Winter auch in dieser Periode Fragen und Probleme für heute aufgedeckt werden können und Einseitigkeiten und Fehlentwicklungen zum Vorschein kommen.

Winters Ritualkritik trägt den Stempel des pastoralen Anliegens. Zwar wird es schwer sein, ihm in irgendeinem Punkt Inkonsequenz oder Widersprüchlichkeit zu früheren Aussagen nachzuweisen. Die Anliegen, die in seiner Ritualkritik zum Tragen kommen, sind aber andere als jene, die seine Vorschläge zur Meßreform bestimmten.

Nicht mehr die Durchsetzung eines Prinzips, sondern die partikuläre Verlebendigung des einzelnen Sakramentes im Rahmen der vorgegebenen und gewachsenen Form ist bestimmend. Beispiele für die Neuheit seiner Zielsetzung — pastorales Anliegen — sind die positive Bewertung der Symbolik, die verhaltene negative Kritik und das Überwiegen positiver Erwägungen über den Sinn und die Aufgabe des einzelnen Sakramentes[804]. Seine Identität mit früheren Perioden seiner liturgiekritischen Entwicklung wahrt Winter dadurch, daß er unter anderem nach wie vor das Böse, dessen Benennung und Funktion, zu eliminieren versucht[805], daß er das opus operatum unter die Kritik der Verführung zu Passivität und Amoralität stellt und daß er das Ritual stets im Rahmen der Gefährdung durch Mechanismus und Magie beurteilt. Was aus der Vorrangstellung des pastoralen Anliegens und der dadurch bedingten Mäßigung der Kritik folgt, ist ein Vermittlungsversuch zwischen Bejahung traditioneller Form und Einbringung der auch unter pastoraler Hinsicht wesentlich gebliebenen früheren Forderungen.

---

804 Ein kleines Beispiel am Rande: Winter bejaht bei der Firmung selbstverständlich das Credo, obwohl es — laut Meßbuch — nur dogmatische Streitigkeiten beinhaltet.

805 Winter steht damit in genuiner aufklärerischer Tradition. Das Dogma der Erbsünde war ja das in der Aufklärung am meisten bekämpfte. Für die Aufklärer „war der Mensch nicht mehr, wie es die Kirchenlehrer annahmen, ein Sünder, der der Gnade bedürfe, um im Jenseits erlöst zu werden, sondern er ist selber fähig, das Rechte auf Erden zu erkennen und zu verwirklichen, bedarf es dazu doch nur vernünftiger Überlegungen und entsprechender Maßnahmen". H.-J. *Schoeps*, Philosophie und Religion der Aufklärung: ders. (Hg.), Zeitgeist der Aufklärung 107. — So meint auch Cassirer: Die Abkehr vom Dogma der Erbsünde „bildet das charakteristische Kennzeichen für die Grundrichtung der Aufklärungs-Theologie". E. *Cassirer*, Die Philosophie der Aufklärung 212; vgl. auch J. Ch. *Hampe*, Ehre und Elend 98ff. — Es ist bedenklich, wie häufig innerhalb der heutigen theologischen Diskussion von der „neuen Stadt", vom „Fest der Narren", von der „heilen Welt", von der „integrierten Gemeinde" und von der Nichtexistenz der Hölle geredet wird und wie sehr dabei die Realität des Bösen, der Schuld und der Sünde als zukunftsbestimmender Größen verdrängt wird. Die Ersatzformen des Spiritismus in seinen verschiedenen Schattierungen wie auch die naive Projektion des Bösen auf eine Rasse, Farbe oder Ideologie lassen deswegen auch nicht lange auf sich warten. Vgl. dazu J. *Navone*, Das Böse und seine Symbole: Concilium 10 (1974) 97—106.

Die Parallelität zur Periode des 20. Jahrhunderts, in der für die einzelnen Sakramente neue Formulare erstellt und approbiert wurden, und damit der Periode, die uns unmittelbar betrifft, ist offensichtlich. Wie bei Winter erfolgt die nachkonziliare Ritualerstellung auf die Meßreform. Wie bei ihm steht diese Ritualerstellung im Zeichen der Pastoral. In Weiterführung zu Winter drückt sich das im heutigen kirchlichen Leben dadurch aus, daß die Frage nach der Sakramentenpastoral und ihrer Durchführung zu einem der beherrschenden Themen kirchlichen Lebens geworden ist.

6.9.2 Problemstellung

Ist es möglich, auch aus dieser Phase, die unmittelbar das kirchlich-liturgische Leben unserer heutigen Zeit betrifft, zu lernen? Zeigen Winters spezifische Anliegen und seine ihm eigene Art, vor allem geprägt durch das aufklärerische Anliegen nach moralischer Belehrung, in Parallelität und Unterschiedenheit zu heute neue Wege? Führen Winters Bemühungen auch in dieser Periode zu neuen Impulsen und Fragen? Helfen die Fehler, die bei Winter entdeckbar sind, ähnliche Kurzschlüsse heute zu vermeiden? Kann die Reflexion seiner Bemühungen Anstöße für die Sakramentenpastoral der Gegenwart geben?

Zunächst scheint das nicht der Fall zu sein. Denn im Gegensatz zu den bisherigen zu vergleichenden Entwicklungsperioden verschwimmen in dieser Phase die Unterschiede zwischen Winter und heute. Winter gibt — trotz seiner gegenteiligen Bemerkungen zu Beginn der Ritualkritik — der Bedeutung des opus operatum mehr Raum, ohne deshalb auf die grundsätzliche Vorherrschaft des opus operantis zu verzichten, was sich in seiner Verteidigung des muttersprachlichen Textes, des Primats von Belehrung und Erbauung, im letzten der Moral zeigt. Die heutige Ritualerstellung scheint dadurch gekennzeichnet zu sein, daß eher stärker als in der Meßreform das Element des direkt beanspruchenden Textes, der unmittelbaren Verständlichkeit und Betroffenheit in den Vordergrund getreten ist, ohne daß man deshalb von einer Leugnung des Aspektes des opus operatum reden dürfte.

Es scheint, daß sowohl bei Winter wie auch heute in der Frage des Sakramentenrituals jene nicht mehr kritisierbare Synthese zwischen Zeichen und Bezeichnetem gelungen ist, in dem das Bezeichnete ohne Hilfe durch Mechanismus und Magie so gegenwärtig gesetzt wird, daß das Zeichen trotz der Wahrung der Offenheit auf das Bezeichnete hin (d. h. auf das opus operatum hin) unmittelbar verstehbar bleibt, den Hörer anspricht und betrifft, Erfahrung vermittelt und in sich selbst der Einsichtigkeit nicht entbehrt.

Gerade in dieser scheinbar so gelungenen Synthese liegt nun das Problem. Mag diese Synthese auch durch den Primat des pastoralen Anliegens bedingt sein, ihre Richtigkeit und ihre zukunftweisende Kraft ist damit in keiner Weise bewiesen. Denn es besteht — wie gerade die Arbeiten Winters zeigen — ja auch die Möglichkeit, die Entschärfung der Formulierung der eigenen Anliegen und die gegenüber der Tradition plötzlich wieder versöhnliche Haltung trotz und gerade wegen des pastoralen Mäntelchens als *resignatives* Phänomen zu begreifen. Es besteht die Möglichkeit, daß in der Versöhnung zwischen dem Bedürfnis nach Modernität und Zielsetzung des Sakramentes dadurch ein fauler Kompromiß entstanden ist, daß durch die Neuformulierung des einzelnen Rituals zwar moderne Sprache mit dogmatischen Anliegen, moderne Gestaltung mit traditionellen Formen, Verständlichkeit, Betroffenheit und Gemeinschaftsbezug mit religiösen Zielsetzungen dem Wortlaut nach vermittelt sind, inhaltlich und der Sache nach aber das Anliegen und die Zielsetzung des sakramentalen Geschehens verraten wird. Es besteht die Gefahr, daß durch die Suche nach Versöhnung zwischen zeitgerechter Formulierung und dogmatischem Anliegen das Zeichen vom Bezeichneten nur redet, es aber nicht mehr zum Ausdruck bringt und nicht mehr vergegenwärtigt.

6.9.3 Impuls

Winters Entwicklung stellt aufgrund der radikalen Kritik an Gott, am opus operatum, an der Gnade und aufgrund des Vermittlungsversuchs in der Sakramentenpastoral an das heutige kirchliche Leben die Frage, ob es genügt, zeitgenössisch befriedigende, weder dogmatisch anstößige noch humanwissenschaftlich veraltete Texte der Sakramentenspendung zugrundezulegen, ansonsten deren Verwendung in bezug auf ihre Verbesserung nicht weiter zu reflektieren und das pastorale Anliegen, das ihre Produktion weitgehend bestimmt hat, als den Texten fremdes zu behandeln. M. a. W.: Nur wenn sich die Liturgiewissenschaft im Gegensatz zu Winter dazu verpflichten läßt, die von ihr produzierten neuen liturgischen Texte bezüglich der Sakramente so zu reflektieren, daß diese selbst unter der Fragestellung ihrer dogmatischen Relevanz — in ihrem Zeichencharakter, d. h. in ihrer Offenheit hin auf das Bezeichnete — kritisierbar und verstehbar gemacht werden, kann es gelingen, die Verbindung von pastoralem Anliegen und Modernisierung der Riten als Gottes*dienst* auszuweisen, Pastoral und Sakramententheologie zu verbinden und die vom Ansatz her geforderte Sakramentenpastoral zu erstellen. Winter ist dieser Aufgabe nicht gerecht geworden, weil er unverbunden an die Veröffentlichung seiner Meßkritik eine Periode folgen läßt, in der er praktisch nur noch von Katechese handelt. Er, der Liturgiker, hat die Dogmatik den Dogmatikern überlassen und ist zum Katecheten geworden. Heutige Liturgiewissenschaft steht in der gleichen Gefahr, wenn sie sich nicht als theologische Fachwissenschaft begreift, die vor die neue Aufgabe gestellt ist, bedenkend und suchend im neugeschaffenen Zeichen das Bezeichnete zu erfragen, in der Reflexion des von ihr selbst Gemachten Gott und sein Wirken als dessen Mitte zu begreifen und von dort her das Erstellte selbstkritisch zu erhellen und im Sinne der Spiritualität zu verlebendigen.

Symbolisch für die heutige Situation der Liturgiewissenschaft im Gegenüber zur vom kirchlichen Leben gestellten Aufgabe der Sakramentenpastoral ist es, daß sie an der Vielzahl von Publikationen über Taufe, Beichte, Kommunion und Firmung kaum noch beteiligt ist. Das Bedürfnis der Seelsorger und Lehrer nach Materialien, die für die *Vorbereitung* auf das Sakrament notwendig sind, hat die liturgietheologische Reflexion ins Abseits verbannt. Katecheten und Pädagogen erstellen die Vorlagen, die Deutung und Verständnis der sakramentalen Vollzüge implizieren. Wie bei Winter scheint in der Frage nach der Durchführung erstellter Ritualien Liturgiewissenschaft an ein Ende gelangt zu sein, an dem sie nicht mehr und nicht anderes tun kann als eine gestellte Aufgabe an eine andere theologische Disziplin — an die Pastoral — weiterzugeben.

Stimmt es, daß die Liturgiewissenschaft am Ende ist? Hat die Liturgiewissenschaft im Rahmen der neu gestellten Aufgabe, den Menschen zum Empfang des einzelnen Sakramentes hinzuführen und zu befähigen, nichts mehr zu sagen? Die Entwicklung von Winter würde zu diesem Schluß auch innerhalb heutigen liturgisch-kirchlichen Lebens führen, wäre nicht ein durchgängig beobachtbarer Unterschied zwischen Winter und heutiger Liturgiereform festgestellt worden. Der festgestellte Unterschied verhindert diese Folgerung, weil er die Mitte, das Herz aller Liturgie betrifft: die Vergegenwärtigung Gottes und seines Handelns. Wenn es stimmt, daß heutige Liturgiereform im Unterschied zu Winter dieses Zentralanliegen der Liturgie explizit gesehen und betont hat, braucht sie sich keine neue Aufgabe stellen. Indem sie ihrem Anliegen treu bleibt, stellt sich die Aufgabe von selbst: die Vielfalt von Entwürfen und Vorlagen der Sakramentenpastoral kritisch und weiterführend zu verändern.

Die nie als Dogma definierte, weil dogmatisch innerhalb des Christentums immer selbstverständliche Aussage, daß Gott in Christus gegenwärtig und erfahrbar ist, zeigt nicht nur den Unterschied zwischen Winters Versuchen und der vom Volk Gottes getragenen heutigen Liturgiereform an, sondern stellt auch die neue, von Winter in seiner Situation nicht mehr bewältigte Aufgabe liturgiewissenschaftlichen Bemühens: das neue Leben innerhalb der Kirche, das vor allem im Rahmen der Sakramentenvorbereitung sichtbar wird, zu reflektieren und unter die bewußtseinsmäßig in den Hintergrund getretene Zentralaussage des Christentums zu stellen. Nicht mehr reine Historie oder formulierte Prinzipien, sondern die Frage und Suche nach Gott ist unter diesen Voraussetzungen die Aufgabe für eine moderne Liturgiewissenschaft. Wird sie dieser Aufgabe gerecht werden? Sie kann es sicherlich nur, wenn sie sich als *theologische* begreift und als solche bereit ist, reflektierend und ordnend, scheidend und motivierend zu jener Vielzahl von Publikationen und Versuchen Stellung zu nehmen, die im Rahmen der Sakramentenpastoral durch sie selbst erzeugt wurde und die gleichzeitig aber aus Fragen und Problemen heutigen kirchlichen Lebens unabhängig von ihr entstanden ist. Sie kann es sicherlich, wenn sie ihrem zentralen Anliegen, Hilfe und Mittel zu sein, dem modernen Menschen Gott und seine Gegenwart zu vermitteln, treu bleibt.

7 Exkurs
Liturgie und Katechetik:
Religiössittliche Katechetik

7.1 Inhalt der „Katechetik"

Am Ende des literarischen Schaffens von Winter steht kein liturgisches Werk — Winters „Kritische Geschichte der ältesten Zeugen und Lehrer des Christenthums" ist seinen historischen Schriften zuzuzählen und stellt eine Wiedergabe seiner patristischen Vorlesungen dar —, sondern ein katechetisches, die „Religiössittliche Katechetik"[806]. Dieses 332 Seiten umfassende Werk Winters beginnt mit einer Einleitung in die Begriffe der katechetischen Wissenschaft (1—24). In einem ersten Teil werden dann die Prinzipien, nach denen der katechetische Lehrstoff ausgewählt, angeordnet und bezeichnet werden sollte, abgehandelt (25—126). Der zweite Teil der Katechetik beschäftigt sich mit den Eigenschaften der katechetischen „Lehrmethode", wodurch Verstand, Gedächtnis und Wille je nach den individuellen Fähigkeiten der „Katechumenen" geschult werden kann (127—308). Die Katechetik schließt mit der Beschreibung der Eigenschaften des Katecheten, die für einen erfolgreichen Unterricht notwendig sind (309—332).

Als einziges Werk Winters aus diesem Bereich ist es als Versuch zu verstehen, das in seinen liturgischen Werken Gesagte katechetisch-didaktisch zu vermitteln. Es ist aus diesem Grunde im Zusammenhang mit den liturgiewissenschaftlichen Arbeiten Winters zu reflektieren. Zwar geht es in der „Katechetik" inhaltlich nicht nur um die Liturgie, aber es geht um den Versuch, diese in ein für den nicht theologisch gebildeten Christen überschaubares Lehrgebäude einzuordnen und um didaktische und methodische Ratschläge zu dessen Vermittlung.

---

806   V. A. *Winter*, Religiössittliche Katechetik. Landshut ²1816 (1811).

Winter hält die Katechetik für so bedeutsam, daß er ihr den Vorrang gibt vor allen anderen theologischen Disziplinen und Vollzügen: „Katechisiren behauptet nicht nur mit andern Theilen des theologischen Wissens gleichen Werth, sondern eignet sich unbedingt in mehr dann einer Hinsicht vor denselben den Vorrang an."[807] Sie steht sogar über der Predigt[808]. Der Endzweck der Katechetik ist es, „sittliche und religiöse Begriffe und Gefühle, in den Katechumenen hervor zu locken, und sie auf diesem Wege zu der größtmöglichsten sittlichen Ausbildung empor zu heben"[809]. Die katechetischen Prinzipien bestimmen sich von der Fassungskraft der Katechumenen her, von der Notwendigkeit, sie zu religiös-sittlichem Leben zu motivieren und dafür die angemessenen Mittel auszuwählen[810]. Ihre Gegenstände sind alle moralischen „Begriffe und Grundsätze", „alle Lehren der natürlichen und positiven Religion", „die Rechtslehre", „nähere Kenntniß des Buches der Offenbarung und der Religionsgeschichte", „des Buches der Natur", „Vorurtheile" und „Verschiedenheit der Religionsmeinungen"[811].

Im Rahmen der natürlichen Religion wird von Winter vor allem die richtige Art verhandelt, in der von Gott zu reden ist. Anstelle der Möglichkeiten, entweder die Lehre von Gott am Beginn des Re-

---

807 Ebd. 21; oder ebd. 22: „Katechisiren steht ... mit der Ausbildung der Menschheit in näherer Verbindung, als jeder andere Zweig des theologischen Wissens sich aneignen darf." Keller spricht sogar von einer „didaktischen Manie" Winters. S. E. *Keller,* Die Konstanzer Liturgiereform 39. — Es ist bekannt, daß die Aufklärungstheologie in ihrem pastoralen Bestreben, theologisches Wissen nicht auf die Universität zu beschränken, besonders die katechetische Methode gefördert und ausgearbeitet hat. Vgl. S. *Merkle,* Die katholische Beurteilung 30f: „Daß die Aufklärung neben dem Schaden, den sie allenfalls dem religiösen Volksunterricht gebracht, auch reichen Nutzen stiftete, daß sie die biblische Geschichte wieder zu Ehren brachte, eine synthetische Behandlung des katechetischen Stoffes und eine Gliederung desselben nach den Altersstufen der Volksschule durchsetzte, und überhaupt an dem allgemeinen Aufschwung des Schulwesens auch den Katechismusunterricht teilnehmen ließ, kann eine vorurteilsfreie Betrachtung nicht leugnen." — Vgl. *ders.,* Ausgewählte Reden 427.
808 Vgl. Katechetik 22f.
809 Ebd. 27; vgl. auch ebd. 70f.127.252.258.
810 Vgl. ebd. 34.36.
811 Ebd. 27ff.

ligionsunterrichtes zu behandeln oder sie überhaupt aus dem Unterricht zu streichen, schlägt Winter eine Art „Stuffengang" vor, in dem die Lehre von Gott den jungen Menschen schrittweise vermittelt werden sollte[812]. Im Rahmen der geoffenbarten Religion sollen nach Winter auch die Sakramente und die Liturgie allgemein behandelt werden, aber wiederum so, daß dabei das opus operatum nur berührt, das opus operantis dagegen betont werde[813].

Die Einteilung des Lehrstoffes ergibt sich aus dessen Zweck, sittliche Kultur zu fördern, und aus der Fassungskraft der Katechumenen. Winter betrachtet es als didaktisches Grundgesetz, daß man immer beim Phänomen beginne und so vom Leichteren zum Schwereren, vom Bekannten zum Unbekannten, vom Besonderen zum Allgemeinen schreite[814]. Er verlangt, daß der Katechet sich des Wertes der Sprache bewußt sein müsse, weil nur von der Sprache her die behandelten Stoffe deutlich, wohlklingend, würdig und lebhaft vorgetragen werden können. Außerdem kann nur der, der die Bedeutung der Sprache ernstnimmt, den Unterschied in der Aufnahmefähigkeit zwischen Kindern und Erwachsenen, zwischen dem einfachen Volk und den Gelehrten genügend berücksichtigen.

Für sehr bedeutsam hält Winter die Didaktik. Er unterscheidet eine mitteilende und hervorlockende Methode[815]. Er hält vor allem die hervorlockende Methode für die Katechetik angemessen. Über achtzig Seiten lang behandelt er das sokratische Lehrgespräch[816], in dem nichts mitgeteilt, sondern alles erfragt, nichts eingeübt, sondern alles im Katechumenen selbst erzeugt wird. Dadurch soll der Verstand der Katechumenen aufgehellt werden. Deutliche Begriffe und

---

812 Vgl. ebd. 36—41.
813 Vgl. ebd. 46.
814 Vgl. ebd. 79ff. — Dieser Grundsatz Winters wird von Cassirer als für das gesamte Denken der Aufklärungsperiode wesentlich angesehen. „Die *Phänomene* sind das Gegebene; die *Prinzipien* das Gesuchte." E. *Cassirer,* Die Philosophie der Aufklärung 7. „Diese neue methodische *Rangordnung* ist es, die dem gesamten Denken des achtzehnten Jahrhunderts sein Gepräge gegeben hat." Ebd. 9; vgl. auch A. *Ehrensperger,* Die Theorie 25f.
815 Vgl. Katechetik 132ff.
816 Vgl. ebd. 135—208. — Winters allgemeine katechetischen Anschauungen und seine Darstellung der sokratischen Methode wurden wegen ihrer Bedeutsamkeit in der Quartalschrift für katholische Geistliche auszugsweise abgedruckt. Skizze einer Katechetik nach Winter: Quartalschrift für katholische Geistliche 12 (1812) 193—256.

eine klare Überzeugung sind nur möglich, wenn deren Quellen — Vernunft, Erfahrung, Bibel — gleichermaßen zum Tragen kommen. Auf diesen Quellen aufbauend gelingt es auf dem Weg des Kausalitätsbeweises, der via negationis und der via eminentiae zur Moral und zu Gott vorzustoßen[817].

Es muß aber nicht nur der Verstand aufgehellt werden, sondern gleichermaßen muß das Gedächtnis durch psychologische Methoden und durch regelmäßige Übungen für die Aufnahme von Inhalten geschult werden. Ebenso muß der Wille gestärkt werden. Sinnlichkeit und Wille stehen sich ja gegenüber. Nur die Weckung eines moralischen Bewußtseins, die Verdeutlichung des kategorischen Imperativs und die Ausbildung des Herzens durch Geschichten und Parabeln kann den Willen in die richtige Bahnen lenken[818].

Zum Schluß beschreibt Winter die für den Katecheten notwendigen Eigenschaften. Von seiner Persönlichkeit, seinem Vorbild und seinen didaktischen Fähigkeiten hängt es ab, ob dem Katechumenen eine religiös-moralische Zielsetzung vermittelt werden kann. Der Verstand des Katecheten, geschult durch Psychologie, Theologie und Philosophie, und sein in Liebe auf die Katechumenen gerichteter Wille sind dabei wichtiger als alle didaktischen und methodischen Anweisungen.

7.2 Bedeutung der „Katechetik"

Die Hinwendung Winters zur Katechetik trägt zwei Aspekte. Einerseits ist zu beobachten, daß Winter die „Katechetik" in konsequenter Weiterführung seines liturgischen Schaffens verfaßt hat. Deswegen kehren die seine liturgische Reformarbeit tragenden Motive und Zielvorstellungen in der Katechetik wieder: die Hochschätzung der Vernunft und des von hohen moralischen Maximen bestimmten menschlichen Handelns, die Ehrfurcht vor dem Individuum und die Berücksichtigung der seinerzeit zugänglichen humanwissenschaftlichen Ergebnisse — aber auch die Hinwendung zum Natürlichen und die Vernachlässigung des Übernatürlichen und liberal-utopisches Gedankengut. Andererseits zeigt seine Katechetik gewisse resignative

---

817 Hierin setzt sich Winter von Kant ab.
818 Vgl. Katechetik 273.

Züge, indem der in der Ritualkritik eingeschlagene Weg weiterbeschritten und das Feld der dogmatischen Auseinandersetzung gänzlich verlassen wird, um sich nur mehr der Frage der methodischen Vermittlung — der Praxis — zuzuwenden.

Dieser Schritt ist ein dem aufklärerischen Denkmodell immanenter. Denn der Aufklärung selbst kann nicht mehr zugemutet werden, daß sie den Ort der Auseinandersetzung, daß Praxisprobleme Theoriecharakter tragen und Theorieprobleme Praxisprobleme sind, betritt. Und dieser Ort der Auseinandersetzung ist die Dogmatik[819]. Gerade darin liegt aber die Begrenztheit aufklärerischen Denkens, wie es Winter explizit mit seiner Katechetik demonstriert.

---

819 Vgl. E. *Klinger*, Fortschritt und Unveränderlichkeit 126.

8 Das Feuer
Kritische Schlußbemerkungen

Es wäre zu einfach, die relativ konsistente und einheitliche Ausrichtung des Gesamtwerkes von Winter nur als Folge gesellschaftlich-situativer Faktoren zu deuten. Es gab damals gleichzeitig andere, gegenläufige Strömungen[820], sowohl innerhalb als auch außerhalb jener geistesgeschichtlichen Bewegung, die man unter dem Namen Aufklärung zusammenfaßt. Winters Eigenart, entstanden aus seiner persönlichen Geschichte und den diese Lebensgeschichte beeinflussenden Ausbildungs- und Wirkungsmöglichkeiten, spiegeln sich in seinem Werk wider und geben ihm ein individuelles Kolorit. Am stärksten dürfte dabei die selbstverständliche und unhinterfragte

---

[820] W. *Trapp,* Ursprung und Vorgeschichte 85—189 hat diese vielfältigen Bemühungen unter dem Titel „Die gemäßigte mehr positiv eingestellte Aufklärung" behandelt. Haid z. B. schreibt als Zeitgenosse Winters in seinem Ritual mit unverkennbarer Spitze gegen Winter: „Nehmen wir es (das Ritual; der Verf.) dankbar und in aller Ehrerbiethigkeit an, und ändern wir weder daran, noch weniger aber vertauschen wir's mit einem Menschen-Gemächte, möchte es auch schimmern und glänzen wie sehr es wollte." H. *Haid,* Einleitung in das Ritual XIII. Vgl. auch A. *Vierbach,* Die liturgischen Anschauungen 160ff. — So schreibt auch W. *Mercy,* Über den Entwurf eines neuen katholischen Rituals 16f: „Eine gewisse Klasse, die schon an ihrem frivolen Tone sich ankündigt, und alles nur nach *ihrer* Vernunft eingerichtet wünscht, wird den Verfasser tadeln, daß er den alten Kohl aufgewärmt, und den ganzen Wust der Liturgie noch mehr verbreitet hat." Vgl. auch J. B. *Sägmüller,* Die kirchliche Aufklärung 141f. — Die Ideen, die besonders durch Sailer zur „Überwindung" der Aufklärung geführt haben — vgl. dazu M. *Probst,* Gottesdienst in Geist und Wahrheit. Der Standort Johann Michael Sailers (1751—1832) in den liturgischen Bestrebungen der Aufklärungszeit. Ms. Diss. Münster 1972 — mußten ja irgendwo lebendig sein. Vgl. zu „konservativen" Gegenbewegungen B. *Goy,* Aufklärung und Volksfrömmigkeit 293—299; L. *Thalhofer,* Handbuch I 174f.

katholische Prägung ins Auge fallen, die Winter jedoch nicht dazu verführte, sich der evangelischen Kirche gegenüber abzuschließen, sondern ihm die Möglichkeit gab, relativ unbefangen und objektiv, zumindest in seinen späteren Werken, deren Gottesdienstwesen zu beobachten und in seinem Schaffen mit zu berücksichtigen. Neben dieser Prägung als katholischer Professor der Liturgie charakterisiert ihn seine der „gebildeten" Schicht nahestehende und dem gemeinen Volk gegenüber distanzierte Haltung[821]. Winter war ein typischer Seelsorger der Aufklärung, der, zumindest im deutschen Sprachraum, am profiliertesten seine von der offiziellen Liturgie der Kirche abweichenden Vorstellungen darzulegen gewagt hat[822].

Wenn man abschließend versuchen will, von der heutigen liturgischen Situation aus über die Impulse und die Tragweite, die das liturgische Reformwerk Winters impliziert, nachzudenken, könnte man das am ehesten an Hand eines Bildes tun: nämlich am Bild eines Brandes.

In der Aufklärung um die Jahrhundertwende vom 18. zum 19. Jahrhundert, in der Winter lebte, hat das Feuer nicht gebrannt. Die Glaubensnot ließ aber befürchten, daß es zu brennen beginne und drängte deshalb zu Proben, Übungen, zu Versuchen. Der Ernstfall trat nicht ein. — 150 Jahre später aber passierte es. Der Brand bestimmte das kirchliche Leben des 20. Jahrhunderts. Jetzt zeigte sich, daß die Übungen richtig waren. Denn nachdem das Feuer vom Zentralgebäude, der „Meßanstalt", Besitz ergriffen hatte, erinnerte man sich der Übungen und war deshalb fähig, in der Auseinandersetzung mit dem Feuer zu einer echten Gemeinschaft zu werden. Die Gemeinschaft war gewachsen — der Traditionsverein zu neuem Leben erwacht. Bis dahin halfen die Proben. Dann aber war das Feld des

---

821 So stellt auch Goy für die von ihr untersuchten Bistümer Würzburg und Bamberg fest: „Die soziale Schichtung prägt in dem betrachteten Zeitraum im allgemeinen auch die grundsätzliche Einstellung." B. *Goy*, Aufklärung und Volksfrömmigkeit 282. — In einem anderen Zusammenhange stellte Nostitz-Rieneck bereits 1900 fest: „Die eigentliche Eigenart der Aufklärung liegt nicht in der Welt der reinen Ideen, sondern in der sozialen Welt." R. v. *Nostitz-Rieneck*, Das Triumvirat der Aufklärung 40.

822 Vgl. B. *Goy*, Aufklärung und Volksfrömmigkeit 284: „Eine wichtige Rolle bei der Verbreitung der Aufklärungsideen spielten die ‚Gebildeten', eine allmählich zunehmende Schicht von Klerikern und geschulten Laien, die durch Schrift und Tat volkspädagogisch wirksam sein wollten."

Eingeübten zu Ende. Ringsum und in der Mitte loderte das Feuer. Alle wichtigen Gebäude standen in Brand. Der Trupp, der beim Auszug zum Löschen zu einer Gemeinschaft geworden war, stand vor der Frage: Soll er weiterhin versuchen, den Brand zu löschen und Ruinen zu retten oder soll er staunend und bejahend das Feuer belassen — in der Erwartung, daß dadurch der neue Himmel und die neue Erde entstehen werde (Off 21,1). Der Trupp entschied sich für das Feuer und verwendete seine Kraft und seine Aufmerksamkeit darauf, leben zu lernen inmitten des Feuers. Er erwartete, daß sich ihm inmitten des Feuers Weg, Wahrheit und Leben (Jo 14,6) für die Zukunft eröffnen werden.

Dieses Bild versucht widerzugeben, was im Verhältnis zwischen der Aufklärung des 18. und frühen 19. Jahrhunderts und heute passiert ist und welche Perspektiven sich daraus ergeben. Die Arbeiten von Winter zeigen im Vergleich mit der Liturgiereform des 20. Jahrhunderts ständig den Gegensatz zwischen Probe und Ernstfall. Was Winter sowohl dem Inhalt als auch der Methode nach entwarf, blieb im Stadium des Experimentes, der Forderung und Planung. Was im 20. Jahrhundert durch die Anfänge der Kritik und deren Ausweitung auf das gesamte liturgische Leben geplant und erdacht wurde, war von Anfang an schon begleitet von einer im gläubigen Volk vorhandenen Bewegung, sodaß die Formulierung der Theorie im Zweiten Vatikanischen Konzil nichts anderes war als die Legitimierung und Ausweitung des in der liturgischen Bewegung schon bestimmenden Brandes. Erst bei der Durchführung der an die Theoriebildung anschließenden Meßreform wurde man sich des Ausmaßes des Brandes und damit der Gefährdung der bisher errichteten Gebäude bewußt. Und es ist nicht verwunderlich, daß man sich genau zu diesem Zeitpunkt ernsthaft und intensiv mit der Probe, d. h. der geschichtlich vorgegebenen Aufklärungsepoche innerhalb der Kirche zu beschäftigen begann. Als Ergebnis dieser Reflexion hat sich im Falle der Auseinandersetzung mit Winter herausgestellt, daß bei großer Ähnlichkeit in der Abfolge der Perioden die Unterschiede sich zwischen Probe und Ernstfall im *Inhalt* zeigen, nicht aber in der Art und Weise der Durchführung. Der Unterschied bezüglich des Inhaltes entspricht also dem Unterschied zwischen Probe und Ernstfall. Winter kann Gott, opus oeratum und den Willen Gottes gebrauchen, verwenden, ja fast zum subjektiven Regulativ werden lassen. Im 20. Jahrhundert ist das nicht mehr möglich. Dort geht es um die neue Erschließung der im Menschen verschütteten Gotteserfahrung, um das Bestehen in einer Situation der Existenzbedrohung, um Gott selbst. Nirgends — auch nicht in den vielen Randerscheinungen der Liturgiereform des 20. Jahrhunderts — findet sich deshalb die bei Winter wegen ihrer Selbstverständlichkeit so auffällige Subjektivierung Gottes. Überall und in allen Perioden des 20. Jahrhunderts wird versucht, die Wirksamkeit der Gnade, die Bedeutsamkeit Gottes und die Erfahrung der Transzendenz zu verlebendigen und nicht abzubauen.

Wie sich aber in derselben Reflexion auf die Probe bei Winter gezeigt hat, ist die *Art und Weise*, in der Winter zur fast völligen Instrumentalisierung Gottes gelangte und in der das 20. Jahrhundert um Gottes Existenz, seine Erfahrbarkeit und Wirkmächtigkeit kämpfte, beidemale fast identisch. Diese Art und Weise ist dadurch gekennzeichnet, daß mit Hilfe historischer Kritik ein Ansatzpunkt der Veränderung geschaffen wurde, der dann in Unterstellung unter ein Prinzip durchgeführt wurde. Dieses Prinzip ist das Humanum. Die Unterschiede zwischen Winters Formulierung und der des 20. Jahrhunderts sind zeitgeschichtlich bedingt, nicht sachlicher Natur. Denn Belehrung und Erbauung entsprechen der participatio actuosa heute. Die zur Durchsetzung des Prinzips verwendeten Mittel sind gleich und entsprechen sich in der Reihenfolge. Auf die Anwendung historischer Kritik folgt die humanwissenschaftliche Begründung und eine solche Verselbständigung des Prinzips, daß es keiner Ableitung und Begründung mehr bedarf (Indoktrination).

Es stellt sich die Frage, wieso es möglich ist, daß so verschiedener Inhalt dieselbe Form erzeugt? Der Unterschied zwischen Probe und Ernstfall allein vermag das nicht zu erklären. Nur dann, wenn hinter der Verschiedenheit im Inhalt ein diese beiden Inhalte im letzten verbindendes Anliegen steht, ist der Unterschied zwischen Probe und Ernstfall genügend, die Identität in der Form begreifbar zu machen.

Der Primat eines Prinzips für die Art und Weise der Durchführung der Reform macht nun deutlich, daß es tatsächlich so ist: Die Ursache des Brandes ist die *Autonomie* des Menschen, damit das *Humanum*, insofern es Gegenstand der Reflexion und der geplanten Verbesserung wurde. Letztlich ist damit aus der Reflexion über die Probe die Aufgabenstellung für den Ernstfall ersichtlich.

Kritische Schlußbemerkungen

In der durch die Hinwendung zum Humanum — der humanwissenschaftlichen Epoche — notwendigen Reform liturgischen Lebens ist einerseits die Selbständigkeit und der Eigenwert der Liturgie in Frage gestellt, andererseits sind der Liturgie neue Chancen eröffnet.
Als Bedrohung zeigt sich die Instrumentalisierung Gottes; d. h. die Gefahr, Gott in den Dienst des Humanum zu stellen. Die Chance, die sichtbar wird, besteht darin, Gott in allen Dingen zu finden; d. h. das Humanum dadurch zu retten, daß es einzig und absolut in den Dienst Gottes gestellt wird. Solange aus Angst um die Existenz die Liturgie in den Dienst des Humanum gestellt wird, wird der Brand zwar bekämpft, aber nur als Bedrohung gesehen und nicht in seiner Positivität erkannt. Erst wenn im Feuer selbst — und damit in diesem weltlichen Phänomen der Liturgiereform — Gottes Wirken gesehen und bejaht wird, kann eine Phase der Auswertung und des Lernens beginnen, in der die neuentstandene Liturgie selbst zum Ausgangspunkt und zur Basis für die Formulierung der traditionellen Glaubenslehre in neuer Form wird. Gott zeigt sich heute in neuer Gestalt. Diese gegenwärtige Gestalt seiner Theophanie zu entdecken, wäre die Aufgabe einer neuen Sakramentenpastoral, einer Pastoral, die nicht Ruinen erhalten, sondern das Feuer Gottes als Zeichen der Zeit dem Menschen deuten will.

Für die Liturgiewissenschaft bedeutet das folgendes: Die neuen Meßformulare und die neuen Sakramentenritualien sind geschaffen und vom Volk weitgehend akzeptiert. Sie so zu deuten, daß als ihr eigentlichstes Anliegen die Vergegenwärtigung des Heilshandelns Gottes, die Gotteserfahrung des modernen Menschen also, in ihnen Wirklichkeit ist, stellt sich als Aufgabe zukünftiger Liturgiewissenschaft. Die Welt und ihre Möglichkeiten als Ausdruck göttlichen Handelns zu begreifen und auf die Theophanie in Jesus Christus hin durchsichtig zu machen, die veränderten liturgischen Vollzüge also zu internalisieren, verbleibt der Zukunft.

Winter war so im liturgischen Leben seiner Zeit verwurzelt, daß er seine Aufgabe darin sehen konnte, dieses mit der Vernunft zu konfrontieren. Unsere Epoche ist sosehr von der Vernunft bestimmt, daß die Weiterführung dieses liturgischen Lebens davon abhängt, ob es gelingt, ihre Lebendigkeit dadurch zu erhalten und wiederzugewinnen, daß das Unsagbare, Gott und sein Wirken in Jesus Christus, nicht als nostalgisches Element, sondern als zukunftseröffnende Perspektive erscheint. Was für Winter die ratio war, ist für die heutige

Liturgiewissenschaft die Spiritualität[823]. Der Geist weht, wo er will (Jo 3,6). Er fordert heute eine Weiterführung und Vertiefung der gelungenen Kritik. Theologie deutet das Überkommene, Theologie erhellt aber auch die Zukunft. Wenn gewagt wird, das Wort, die Sprache Gottes und die Rede von Gott im heute neu entstandenen Bemühen um Liturgie zu suchen und zu reflektieren, eröffnen sich neue Dimensionen für die Wissenschaft der Liturgie als theologischer Disziplin[824].

---

823 Vgl. B. *Fischer*, Zehn Jahre danach. Zur gottesdienstlichen Situation in Deutschland zehn Jahre nach Erscheinen der Liturgie-Konstitution (1963): B. *Fischer* u. a., Kult in der säkularisierten Welt 117—127, bes. die 3. These Seite 125: „So notwendig es ist, den erkannten krankhaften Entwicklungen entgegenzuwirken, so wird doch das zweite Jahrzehnt nach der Liturgie-Konstitution beherrscht sein müssen von der Bemühung um die innere Aneignung des verständlich gewordenen Gottesdienstes, um das Anwachsen neuer gottesdienstlicher Spiritualität." — Das Wesen der liturgischen Feier besteht nach wie vor darin, „durch Zeichen vermittelte Begegnung mit Gott zu sein". H. B. *Meyer*, Zur Frage der gesellschaftlichen Bedeutung 105; vgl. auch ebd. 98.

824 Dann wird man der Liturgiewissenschaft nicht mehr vorwerfen können, daß sie historizistischen Tendenzen erliege und nur „Inventurarbeit" leiste, wie es z. B. H. *Halbfas*, Aufgaben der Theologie: E. *Kellner* (Hg.), Neue Generation 145 tut. — Vgl. auch H. B. *Meyer*, Zur Frage der gesellschaftlichen Bedeutung 98.

LITERATURVERZEICHNIS

A) Werke Winters

a) Historische Schriften

Aelteste Kirchengeschichte von Altbaiern, Oesterreich und Tyrol. Erster Theil, welcher die Kirchengeschichte von Vindelicien, Norikum und Rhätien vom J. Ch. 1 bis 554 umfaßt, oder die Voragilolfingische Periode. Landshut 1813.

Geschichte der Schicksale der evangelischen Lehre in und durch Baiern, bewirkt in der ersten Hälfte des sechszehnten Jahrhunderts, oder Kirchen- und Staatsgeschichte von Baiern von dem Ausbruche der Kirchenreformation bis zu Wilhelms IV. Tode, aus den Urquellen bearbeitet, sammt einem diplomatischen Kodex. Erster Band. München 1809. Zweiter Band. München 1810.

Kritische Geschichte der ältesten Zeugen und Lehrer des Christenthums nach den Aposteln, oder Patrologie. München 1814.

Sammlung der kleinern Schriften gemischten, meistens historischen Inhalts. Erster Band. Landshut 1811. Darin:

I) Meine Ansichten von der ältesten Topographie Bojoariens und den durch Herrn von Pallhausen etc. daraus abgeleiteten neuen Bisthümern und Bischöfen unseres Vaterlandes. München 1811.
II) Erste Prüfung des Werkes: Versuch einer beurkundeten Darstellung des Kirchenwesens in Baiern Salzburgischen Diözeseantheils. Von den ersten Spuren des Christenthums daselbst bis auf unsere Zeiten. Aus dem Bamburgischen Archidiakonalarchive bearbeitet von Joseph Lechner, königl. Oberschulinspektor im Landgerichte Traunstein und Pfarrvikar zu Siegsdorf. Erster Band. Salzburg 1810. München 1811.
III) Zweyte Prüfung des Werkes: Versuch einer beurkundeten Darstellung des Kirchenwesens in Baiern, Salzburgischen Diözeseantheils, aus dem Bamburgischen Archidiaconal — Archive. Bearbeitet von Joseph Lechner. Erster Band. Salzburg 1810. München 1811.
IV) Prüfung der Schrift: Die öffentlichen Gottesverehrungen der katholischen Christen waren Anfangs anders beschaffen, als jetzt, und sollen wieder anders werden, aus der Geschichte, Religion und Vernunft dargestellt von

V) Erster Zusatz zu der Prüfung der Schrift: Die öffentlichen Gottesverehrungen der katholischen Christen ... (wie IV). München 1810.
VI) Antwort auf die Recension über das Werk des Hrn. Selmaier's, Pfarrers zu Berg nächst Landshut etc., überschrieben: Die öffentlichen Gottesverehrungen der katholischen Christen waren Anfangs anders beschaffen, als jetzt, und sollen wieder anders werden: in dem königl. baier. Münchener Intelligenzblatt von 1809 Nro. 47. München 1810.
VII) Erster Nachtrag zu Winters ersten deutschen, kritischen Meßbuche oder Reise der Professoren Salat und Winter durch Süden und Norden von dem ersten beschrieben und zum Drucke befördert. München 1811.

Vorarbeiten zur Beleuchtung der österreichischen und baierischen Kirchengeschichte überhaupt, und der Vor-Agilolfingischen Periode insbesonders. München 1805. (abgekürzt: Vorarbeiten I).

Vorabeiten zur Beleuchtung der Baierischen und Oesterreichischen Kirchengeschichte überhaupt, und der Agilolfingischen Periode insbesondere. II. Bandes I. Abhandlung über den geschichtlichen Werth des ältesten Gesetzbuches Bajuvariens. München 1809. (Vorarbeiten II 1. Abhandlung). — II. Bandes II. Abhandlung, Revision der Landtage u. Kirchenräthe Bojoariens aus der Agilolfingischen Periode. München 1810. — II. Bandes III. Abhandlung, über Emunarans Biographie von Aribo, vierten Bischof zu Freising, niedergeschrieben, als Quelle für die älteste Profan- und Kirchengeschichte Bojoariens. München 1810. II. Bandes IV. Abhandlung, Kritische Untersuchung über das vor tausend Jahren aufgehobene Bisthum zu Neuburg an der Donau. München 1810.

b) *Liturgische Schriften*

Deutsches, katholisches, ausübendes Ritual. I. u. II. Teil. Frankfurt am Main 1813.

Erstes deutsches, kritisches Meßbuch. München 1810.

Erstes deutsches, kritisches, katholisches Ritual mit stetem Hinblick auf die Agenden der Protestanten, oder Prüfung des katholischen Rituals und der Agenden der Protestanten. Landshut 1811.

Liturgie was sie sein soll unter Hinblick auf das, was sie im Christenthume ist, oder Theorie der öffentlichen Gottesverehrung vermischt mit Empyrie. München 1809.

Das Opfern beym Gottesdienste der christlichen Vorwelt und der Katholiken in unserm Zeitalter: Liturgisches Journal 8 (1809) 125—158.

Sammlung der kleineren liturgischen Schriften. Landshut 1814. Darin:

I) Dankadresse an Max Joseph IV. den Weisen wegen Abschaffung der Feyertäge oder historisch-kritische Abhandlung über die Vermehrung, und Verminderung der Feyertäge geschrieben im ersten Jahre des 19ten Jahrhunderts. o. O. 1802.
II) Versuche zur Verbesserung der Katholischen Liturgie. Erster Versuch. Prüfung des Werthes und Unwerthes unserer liturgischen Bücher. München 1804.
III) Zwei Worte an den Reformator der katholischen Liturgie, oder Prüfung des ersten Versuches zur Verbesserung der katholischen Liturgie. Geschrieben in der Hollathau in Baiern 1808.
IV) Verketzerung im neunzehnten Jahrhunderte, oder Geheime Correspondenz zwischen dem Verfasser der Schrift: Zwey Worte an den Reformator der katholischen Liturgie usw. geschrieben in der Hollathau in Baiern 1808 dem Titel Herrn S. W —, königlich-beierischen geistlichen Rathe und kurköllnischen Hofkappelan in Alten-Öttingen und Gabriel Himmelschlüßel, dessen wohlbestellten Agenten in Landshut von einem Freunde der Wahrheit zum Drucke befördert. Geisenhausen, unweit der Hollathau im Isarkreise 1810.

c) *Katechetische Schrift*

Religiössittliche Katechetik. Landshut ²1816 (1811).

B) Andere Quellen

Busch L., Liturgischer Versuch oder Deutsches Ritual für katholische Kirchen. o. O. ²1810.
Haid H., Einleitung in das Ritual nach dem Geiste der katholischen Kirche. Erste Hälfte. München 1812.
Kant I., Kritik der praktischen Vernunft: Kant's Werke. Band V (Kant's gesammelte Schriften. Erste Abtheilung: Werke 5). Berlin 1913, 3—163.
ders., Die Religion innerhalb der Grenzen der bloßen Vernunft: Kant's Werke. Band VI (Kant's gesammelte Schriften. Erste Abtheilung: Werke 6). Berlin 1914, 1—202.
ders., Was ist Aufklärung? : Kant's Werke. Band VIII (Kant's gesammelte Schriften. Erste Abtheilung: Werke 8). Berlin — Leipzig 1923, 35—42.
Krazer A., De apostolicis, nec non antiquis ecclesiae occidentalis liturgiis, illarum origine, progressu ordine, die, hora, et lingua, caeterisque rebus ad liturgiam antiquam pertinentibus. Augustae Vindelicorum 1786.
Mercy W., Ueber den Entwurf eines neuen (katholischen) Rituals. Oder: Soll man izt den Cultus reformieren? Ulm 1806.
Sailer J. M., Rede zum Andenken an Vitus Anton Winter, Professor und Stadtpfarrer zu St. Jodok in Landshut usw. gehalten am 23. März 1814. Landshut 1814.

Schwarzel K., Versuch eines deutschen Rituals, mit Beybehaltung des religiösen Alterthums und Beysetzung einiger anpassenden neuern Verbesserungen. Sammt einem Anhange über die in der katholischen Kirche üblichen Segenssprüche, nach den Grundsätzen des Alterthums. Augsburg 1809.

(Selmar A.), Die öffentlichen Gottesverehrungen der katholischen Christen waren anfangs anders beschaffen als jetzt, und sollten wieder anders werden. Aus der Geschichte, Religion und Vernunft dargestellt von einem alten, katholischen Pfarrer in Baiern und königl. Bezirksinspektor der Volksschulen. Landshut 1810.

Werkmeister B. M. v., Predigten in den Jahren 1784—91 gehalten zu Stuttgart und Hohenheim. I. u. II. Band. Ulm 1812. III. Band. Ulm 1815.

C) *Sekundärliteratur*

Albrecht Ch., Schleiermachers Liturgik. Theorie und Praxis des Gottesdienstes bei Schleiermacher und ihre geistesgeschichtlichen Zusammenhänge. Göttingen 1963.

Arnold F. X. — Fischer B. (Hg.), Die Messe in der Glaubensverkündigung. Kerygmatische Fragen. Festschrift für P. J. A. Jungmann SJ zu seinem 60. Geburtstag. Freiburg 1950.

Aubry A., Ist die Zeit der Liturgie vorbei? Mainz 1969.

Baumotte M., Theologie als politische Aufklärung. Studien zur neuzeitlichen Kategorie des Christentums (Studien zur evangelischen Ethik 12). Gütersloh 1973.

Die kirchliche *Begräbnisfeier* in den katholischen Bistümern des deutschen Sprachgebietes. Hg. im Auftrag der Bischofskonferenzen Deutschlands, Österreichs und der Schweiz und des Bischofs von Luxemburg. Einsiedeln 1972.

Biemer G., Gottesdienst als Aufklärung. Liturgie als Möglichkeit zum Lernen des Glaubens: Deutsches Pfarrblatt 72 (1972) 817ff.

Birnbaum W., Die katholische liturgische Bewegung. Darstellung und Kritik (Beiträge zur Förderung christlicher Theologie 30). Gütersloh 1926.

Ders., Das Kultusproblem und die liturgischen Bewegungen des 20. Jahrhunderts. Band I: Die deutsche katholische liturgische Bewegung. Tübingen 1966; Band II: Die deutsche evangelische liturgische Bewegung. Tübingen 1970.

Bogler Th. (Hg.), Liturgische Bewegung nach 50 Jahren (Laacher Hefte 24). Maria Laach 1959.

Bourque E., Étude sur les Sacramentaires Romains. Prèmiere Partie: Les Textes primitifs (Studi di Antichità Christiana 20). Roma 1948.

Brück H., Die rationalistischen Bestrebungen im katholischen Deutschland, besonders in den drei rheinischen Erzbistümern in der zweiten Hälfte des achtzehnten Jahrhunderts. Ein Beitrag zur Kirchengeschichte. Mainz 1865.

Brunner P., Theologische Grundlagen von „Gottesdiensten in neuer Gestalt": Kerygma und Melos. Christhard Mahrenholz 70 Jahre. Hg. v. W. Blankenburg u. a. Kassel 1970, 103—114.

Cassirer E., Die Philosophie der Aufklärung (Grundriß der philosophischen Wissenschaften). Tübingen 1932.
Chavasse A., Le Sacramentaire Gélasien (Vaticanus Reginensis 316). Sacramentaire presbytéral en usage dans les titres romains au VIIe siècle (Bibliothèque de Théologie. Serie IV: Histoire de la Théologie 1). Tournai 1958.
Daniélou J., Die liturgische Bewegung seit dem Konzil: Internationale Katholische Zeitschrift 3 (1974) 1—7.
Deshusses J., Le Sarametaire Grégorien. Ses principales formes d'après les plus anciens manuscrits (Specilegium Friburgense 16). Fribourg 1971.
Deussen G., Die neue liturgische Gemeinde. Frankfurt a. M. 1968.
Duchesne L., Origines du culte chrétien. Étude sur la liturgie latine avant Charlemagne. Paris ^{5}1925 (1889).
Ehrensperger A., Die Theorie des Gottesdienstes in der späten deutschen Aufklärung (1770—1815) (Studien zur Dogmengeschichte und systematischen Theologie 30). Zürich 1971.
Eisenhofer L., Handbuch der katholischen Liturgik. 1. Band (Theologische Bibliothek). Freiburg i. Br. 1932.
Fastenrath E., Die liturgische Reform und die allgemeine katholische Erneuerungsbewegung im 19. und 20. Jahrhundert: Münchener Theologische Zeitschrift 16 (1965) 1—12.
Die Feier der Buße nach dem neuen Rituale Romanum. Studienausgabe. Hg. v. den Liturgischen Instituten Salzburg — Trier — Zürich (Pastoralliturgische Reihe in Verbindung mit der Zeitschrift „Gottesdienst"). Einsiedeln- Freiburg 1974.
Die Feier der Firmung in den katholischen Bistümern des deutschen Sprachgebietes. Hg. im Auftrag der Bischofskonferenzen Deutschlands, Österreichs und der Schweiz und des Bischofs von Luxemburg. Einsiedeln 1973.
Die Feier der Kindertaufe in den katholischen Bistümern des deutschen Sprachgebietes. Hg. im Auftrag der Bischofskonferenzen Deutschlands, Österreichs und der Schweiz und des Bischofs von Luxemburg. Einsiedeln 1971.
Filthaut Th., Grundfragen liturgischer Bildung (Schriften zur katechetischen Unterweisung 7). Düsseldorf 1960.
Fischer B. u. a., Kult in der säkularisierten Welt. Regensburg 1974.
Fischer B. — Wagner J. (Hg.), Paschatis Sollemnia. Studien zur Osterfeier und Osterfrömmigkeit. Festschrift für P. J. A. Jungmann SJ zur Vollendung seines 70. Lebensjahres. Basel 1959.
Frielingsdorf K., Auf dem Weg zu einem neuen Gottesverständnis. Die Gotteslehre des J. B. Hirscher als Antwort auf das säkularisierte Denken der Aufklärungszeit (Frankfurter Theologische Studien 6). Frankfurt a. M. 1970.
Friemel F. G., Johann Michael Sailer und das Problem der Konfession (Erfurter Theologische Studien 29). Leipzig 1972.
Funk Ph., Von der Aufklärung zur Romantik. Studien zur Vorgeschichte der Münchener Romantik. München 1925.
Giessler R., Die geistliche Lieddichtung der Katholiken im Zeitalter der Aufklärung (Schriften zur Deutschen Literatur 10). Augsburg 1928.
Goldmann L., Der christliche Bürger und die Aufklärung. Neuwied — Berlin 1968.

Gott und Gottesdienst. Mit Beiträgen von V. Vajta u. a. (Ökumenische Perspektiven 4). Frankfurt a. M. 1973.

Gottesdienst in einer rationalen Welt. Religionssoziologische Untersuchungen im Bereich der VELKD. Von G. Schmidtchen in Verbindung mit dem Institut für Demoskopie Allensbach mit einer Einführung und einem theologischen Nachwort von M. Seitz. Stuttgart — Freiburg 1973.

Gottesdienst in einem säkularisierten Zeitalter. Eine Konsultation der Kommission für Glauben und Kirchenverfassung des Ökumenischen Rates der Kirchen. In deutscher Sprache mit einem Vorwort von L. Vischer und einem Konsultationsbericht hg. v. K. F. Müller. Kassel — Trier 1971.

Goy B., Aufklärung und Volksfrömmigkeit in den Bistümern Würzburg und Bamberg (Quellen und Forschungen zur Geschichte des Bistums und Hochstifts Würzburg 21). Würzburg 1969.

Graff P., Geschichte der Auflösung der alten gottesdienstlichen Formen in der evangelischen Kirche Deutschlands. II. Band: Die Zeit der Aufklärung und des Rationalismus. Göttingen 1939.

Guardini R., Der Kultakt und die gegenwärtige Aufgabe der liturgischen Bildung: Liturgisches Jahrbuch 14 (1964) 101—106.

Hacker J., Die Messe in den deutschen Diözesan-Gesangbüchern von der Aufklärungszeit bis zur Gegenwart mit einem Überblick über die Geschichte dieser Bücher (Münchener Theologische Studien. II. Systematische Abteilung 1). München 1950.

Häussling A. A., Mönchskonvent und Eucharistiefeier. Eine Studie über die Messe in der abendländischen Klosterliturgie des frühen Mittelalters und zur Geschichte der Meßhäufigkeit (Liturgiewissenschaftliche Quellen und Forschungen 58). Münster 1973.

Hagen A., Die kirchliche Aufklärung in der Diözese Rottenburg. Bildnisse aus einem Zeitalter des Übergangs. Stuttgart 1953.

Haimerl F. X., Die methodischen Grundsätze des Vitus Anton Winter in seiner „Aeltesten Kirchengeschichte von Altbaiern, Oesterreich und Tyrol": Münchener Theologische Zeitschrift 4 (1953) 147—163.

Ders., Probleme der kirchlichen Aufklärung als Gegenwartsanliegen: Münchener Theologische Zeitschrift 12 (1961) 39—51.

Hampe J. Ch., Ehre und Elend der Aufklärung gestern wie heute. Ein engagierter Vergleich (Kaiser Traktate 4). München 1971.

Hegel E., Liturgie und Seelsorge in der Zeit der Aufklärung: Theologie und Glaube 35 (1943) 103—107.

Herzog Th., Landshut im XIX. Jahrhundert. Landshut 1969.

Hirschberger J., Geschichte der Philosophie. Neuzeit und Gegenwart. Freiburg ⁶1963 (1953).

Hitzfeld K. L., Johann Kaspar Ruef, der führende Aufklärer zu Freiburg i. Br.: Zeitschrift des Freiburger Geschichtsvereins 42 (1929) 111—144.

Hollerweger H., Die Gottesdienstreform zur Zeit des Josephinismus in Österreich. Ein Beitrag zur archivalischen Erforschung. Manus Habilitationsschrift. Graz 1972.

Hope D. M., The Leonine Sacramentary. A Reassessment of its Nature and Purpose (Oxford Theological Monographs). Oxford 1971.
Horkheimer M. — Adorno Th. W., Dialektik der Aufklärung. Philosophische Fragmente (Neupublikation). Frankfurt a. M. 1969.
Hürlimann G., Das Rheinauer Rituale (Zürich Rh 114, Anfang 12. Jh.) (Specilegium Friburgense 5). Freiburg 1959.
Jungmann J. A., Einleitung [zur Liturgiekonstitution]: Liturgisches Jahrbuch 14 (1964) 2—7.
Ders., Gewordene Liturgie. Studien und Durchblicke. Innsbruck — Leipzig 1941.
Ders., Missarum Sollemnia. Eine genetische Erklärung der römischen Messe. 2 Bände. Wien ^{5}1962 (1948).
Ders., Liturgische Erneuerung zwischen Barock und Gegenwart: Liturgisches Jahrbuch 12 (1962) 1—15.
Kehrein J., Geschichte der katholischen Kanzelberedsamkeit der Deutschen von der ältesten bis zur neuesten Zeit. Ein Beitrag zur allgemeinen Literaturgeschichte. Erster Band: Geschichte. Regensburg 1843.
Keller E., Die Konstanzer Liturgiereform unter Ignaz Heinrich von Wessenberg (Freiburger Diözesanarchiv 85 / Dritte Folge — Siebzehnter Band / 1965). Freiburg 1965.
Kellner E. (Hg.), Neue Generation und alte Strukturen der Macht. Gespräche der Paulusgesellschaft. Wien 1973.
King A. A., Liturgies of the primatial sees. London 1957.
Klauser Th., Kleine abendländische Liturgiegeschichte. Bericht und Besinnung. Bonn 1965.
Klinger E., Fortschritt und Unveränderlichkeit. Die Aufklärung und ihre Probleme in der katholischen Dogmatik: Zeitschrift für Katholische Theologie 97 (1975) 117—126.
Koch E. E., Geschichte des Kirchenlieds und Kirchengesangs der christlichen, insbesondere der deutschen evangelischen Kirche. Band VI. Stuttgart ^{3}1869.
Kolbe F., Die Liturgische Bewegung (Der Christ in der Welt IX/4). Aschaffenburg 1964.
Kramp J., Liturgische Bestrebungen der Gegenwart: Stimmen der Zeit 99 (1920) 315—333.
Kripp S., Abschied von morgen. Aus dem Leben in einem Jugendzentrum. Mit einem Nachwort von K. Rahner. Düsseldorf 1973.
Lengeling E. J., Die Konstitution des Zweiten Vatikanischen Konzils über die heilige Liturgie. Lateinisch-deutscher Text mit einem Kommentar (Lebendiger Gottesdienst 5/6). Münster 1964.
Ders., Die Lehre der Liturgiekonstitution vom Gottesdienst: Liturgisches Jahrbuch 15 (1965) 1—27.
Ders., Liturgie im Wandel der Gesellschaft und der Kirche: Lebendiges Zeugnis (1970) Heft 1,5—28.
Ders., Die Liturgiekonstitution des II. Vatikanischen Konzils. Grundlinien und kirchengeschichtliche Bedeutung: Liturgisches Jahrbuch 14 (1964) 107—121.

Ders., Die neue Ordnung der Eucharistiefeier. Allgemeine Einführung in das römische Meßbuch. Endgültiger lateinischer und deutscher Text. Einleitung und Kommentar (Lebendiger Gottesdienst 17/18). Münster 1970.

Lenk H., Philosophie im technologischen Zeitalter. Stuttgart 1971.

Leupold U., Die liturgischen Gesänge der evangelischen Kirche im Zeitalter der Aufklärung und Romantik. Kassel 1933.

Lichter E. (Hg.), Johann Wilhelm Josef Castello und die Aufklärung im Erzstift Trier. Eine Studie aus dem Jahre 1787: Archiv für Mittelrheinische Kirchengeschichte 21 (1969) 179—227.

Liturgiereform im Streit der Meinungen (Studien und Berichte der Katholischen Akademie in Bayern 42). Würzburg 1968.

Maas-Ewerd Th., Liturgie und Pfarrei. Einfluß der Liturgischen Erneuerung auf Leben und Verständnis der Pfarrei im deutschen Sprachgebiet. Paderborn 1969.

Martimort A.-G. (Hg.), Handbuch der Liturgiewissenschaft. Band I. Freiburg 1963; Band II. Freiburg 1965. (franz. Orig.: L'èglise en prière. Introduction à la Liturgie. Paris 1961!)

Mattes B., Die Spendung der Sakramente nach den Freisinger Ritualien. Eine Untersuchung der handschriftlichen und gedruckten Quellen (Münchener Theologische Studien 34). München 1967.

Mayer A. L., Liturgie, Aufklärung und Klassizismus: Jahrbuch für Liturgiewissenschaft 9 (1929) 67—127.

Mensching G., Die liturgische Bewegung in der evangelischen Kirche. Ihre Formen und ihre Probleme. Tübingen 1925.

Merkle S., Ausgewählte Reden und Aufsätze. Hg. v. Th. Frendenberger (Quellen und Forschungen zur Geschichte des Bistums und Hochstifts Würzburg 17). Würzburg 1965.

Ders., Die katholische Beurteilung des Aufklärungszeitalters. Vortrag auf dem Internationalen Kongreß für historische Wissenschaften zu Berlin am 12. August 1908. Berlin 1909.

Metz J. B. — Moltmann J. — Oelmüller W., Kirche im Prozeß der Aufklärung. Aspekte einer neuen „politischen Theologie" (Gesellschaft und Theologie. Systematische Beiträge 1). München — Mainz 1970.

Meyer H. B., Die Elevation im deutschen Mittelalter und bei Luther. Eine Untersuchung zur Liturgie- und Frömmigkeitsgeschichte des späten Mittelalters: Zeitschrift für Katholische Theologie 85 (1963) 162—217.

Ders., Von der liturgischen Erneuerung zur Erneuerung der Liturgie: Stimmen der Zeit 175 (1965) 81—97.

Ders., Zur Frage der gesellschaftlichen Bedeutung der Liturgie: Concilium 10 (1974) 97—106.

Ders., Luther und die Messe. Eine liturgiewissenschaftliche Untersuchung über das Verhältnis Luthers zum Meßwesen des späten Mittelalters (Konfessionskundliche und kontroverstheologische Studien 11). Paderborn 1965.

Ders., Politik im Gottesdienst? Kritische Erwägungen zur Politisierung des Gottesdienstes. Innsbruck — Würzburg 1971.

Ders., Una voce — Nunc et semper? Kritische Erwägungen zu einigen katholischen Traditionalistengruppen: Bibel und Liturgie 40 (1967) 330—348.

Meyer H. B. — *Morel J.*, Ergebnisse und Aufgaben der Liturgiereform. Soziologische und pastoralliturgische Erkenntnisse aus einer Umfrage in Innsbruck (Veröffentlichungen der Universität Innsbruck 52. Studien und Arbeiten der theologischen Fakultät VI). Innsbruck 1969.

Mohlberg L. C. (Hg.), Liber Sacramentorum Romanae Aecclesiae Ordinis Anni Circuli (Cod. Vat. Reg. lat. 316/Paris Bibl. Nat. 7193, 41/56) (Sacramentarium Gelasianum) (Rerum Ecclesiasticarum Documenta — Series Maior, Fontes IV). Roma 1960.

Ders., Das fränkische Sacramentarium Gelasianum in alamannischer Überlieferung (Codex Sangall. No. 348). St. Galler Sacramentar-Forschungen I (Liturgiegeschichtliche Quellen 1/2). Münster i. Westf. ²1939 (1918).

Nagel W., Kann eine Thematisierung der Gottesdienste zum Prinzip neuer Gottesdienstgestaltung werden? : Kerygma und Melos. Christhard Mahrenholz 70. Jahre. Hg. v. W. Blankenburg u. a. Kassel 1970, 115—122.

Neunheuser B., Die klassische liturgische Bewegung (1909—1963) und die nachkonziliare Liturgiereform. Vergleich und Versuch einer Würdigung: Mélanges liturgiques offerts au R. P. Dom Bernard Botte OSB de l'Abbaye du Mont César. Louvain 1972, 401—416.

Nostitz-Rieneck R. v., Das Triumvirat der Aufklärung: Zeitschrift für Katholische Theologie 24 (1900) 37—65.482—509.593—643.

Nußbaum O., Kloster, Priestermönch und Privatmesse. Ihr Verhältnis im Westen von den Anfängen bis zum hohen Mittelalter (Theophaneia 14). Bonn 1961.

Oelmüller W., Was ist heute Aufklärung? (Patmos-Paperback). Düsseldorf 1972.

Ordo Celebrandi Matrimonium. Editio Typica. Romae 1969.

Ordo Unctionis Infirmorum eorumque Pastoralis Curae. Editio Typica. Romae 1972.

Otto G., Vernunft. Aspekte zeitgemäßen Glaubens (Themen der Theologie 5). Stuttgart — Berlin 1970.

Parsch P., Liturgische Erneuerung. Gesammelte Aufsätze (Liturgische Praxis 1). Klosterneuburg 1931.

Ders., Volksliturgie. Ihr Sinn und Umfang. Wien ²1952 (1940)

Picht G., Mut zur Utopie. Die großen Zukunftsaufgaben. 12 Vorträge. München 1970.

Rendtorff T., Christentum außerhalb der Kirche. Konkretionen der Aufklärung (Stundenbücher 89). Hamburg 1969.

Ders., Christentum zwischen Revolution und Restauration. Politische Wirkungen neuzeitlicher Theologie. München 1970.

Rösch A., Ein neuer Historiker der Aufklärung. Antwort auf Professor Merkles Rede und Schrift: Die katholische Beurteilung des Aufklärungszeitalters. Zugleich ein Beitrag zur Geschichte der Aufklärung. Essen 1909.

Ders., Das religiöse Leben in Hohenzollern unter dem Einflusse des Wessenbergianismus (1800—1850). Ein Beitrag zur Geschichte der religiösen Aufklärung in Süddeutschland. Köln 1908.

Rousseau O., Histoire du Mouvement Liturgique. Esquisse historique depuis le début du XIXe siècle jusqu'au pontificat de Pie X (Lex Orandi 3). Paris 1945.

Sägmüller J. B., Unwissenschaftlichkeit und Unglaube in der kirchlichen Aufklärung (ca 1750—1850). Eine Erwiderung auf Professor Merkles Schrift: „Die kirchliche Aufklärung im katholischen Deutschland". Essen 1911.

Ders., Wissenschaft und Glaube in der kirchlichen Aufklärung (c. 1750—1850). Zur Erwiderung auf Professor Merkles Rede und Schrift: „ Die katholische Beurteilung des Aufklärungszeitalters" und zur Charakterisierung der kirchlichen Aufklärung. Essen 1910.

Ders., Die kirchliche Aufklärung am Hofe des Herzogs Karl Eugen von Württemberg (1744—1793). Ein Beitrag zur Geschichte der kirchlichen Aufklärung. Freiburg i. Br. 1906.

Schauerte H., Ein Gebetbuch aus der Aufklärungszeit: Theologie und Glaube 22 (1930) 500ff.

Scherer E. C., Geschichte und Kirchengeschichte an den deutschen Universitäten. Ihre Anfänge im Zeitalter des Humanismus und ihre Ausbildung zu selbständigen Disziplinen. Freiburg 1927.

Schmid Fr. X., Liturgik der christkatholischen Religion. Erster Band. Passau 1832.

Schnath G., Werkbuch Gottesdienst. Texte — Modelle — Berichte. Wuppertal 1969.

Schneyer J. B., Geschichte der katholischen Predigt. Freiburg 1969.

Schoeps H.-J. (Hg.), Zeitgeist der Aufklärung (Sammlung Schöningh). Paderborn 1972.

Schreiber Ch., Die katholische Predigt im Aufklärungszeitalter in ihrer Haltung zur Frömmigkeit der Parochianen. Mit besonderer Berücksichtigung von Süddeutschland. Ottobeuren 1940.

Schütz W., Geschichte der christlichen Predigt (Sammlung Göschen 7201). Berlin — New York 1972.

Schwaiger G., Die Aufklärung in katholischer Sicht: Concilium 3 (1967) 559—566.

Siebel W., Liturgie als Angebot. Bemerkungen aus soziologischer Sicht. Berlin 1972.

Siebel W. — Greiner F. — Lehmann K., Zehn Jahre Liturgiereform: Internationale Katholische Zeitschrift 3 (1974) 8—14.

Srawley J. H., The liturgical movement. Its origine and growth (Alcuin Club Tracts 27). London 1954.

Stadelmann A. — Mainberger G., Auszug aus dem Getto. Impulse einer Pfarrei für die 70er Jahre. Luzern — München 1972.

Stählin R., Die Geschichte des christlichen Gottesdienstes: Leiturgia I 1—80.

Stingeder Fr., Geschichte der Schriftpredigt. Ein Beitrag zur Geschichte der Predigt (Predigt-Studien 2). Paderborn 1920.

Stuiber A., Libelli Sacramentorum Romani. Untersuchungen zur Entstehung des sogenannten Sacramentarium Leonianum (Verona, Bibl. capitolare, Cod. LXXXV) (Theophaneia 6). Bonn 1950.

Literaturverzeichnis

Thalhofer L., Handbuch der katholischen Liturgik. Zweite, völlig umgearbeitete und vervollständigte Auflage von L. Eisenhofer. 1. Band. (Theologische Bibliothek). Freiburg i. Br. 1912.

Thiel B., Die liturgische Bewegung im Zeitalter der Aufklärung und in unseren Tagen: Bonner Zeitschrift für Theologie und Seelsorge 5 (1928) 32–41.

Ders., Die Liturgik der Aufklärungszeit in Deutschland, ihre Grundlagen und die Ziele ihrer Vertreter. (Teildruck). Breslau 1926.

Trapp W., Gedanken über die Bedeutung der lit. Bewegung: Theologie und Glaube 24 (1932) 699–718.

Ders., Der Ursprung der liturgischen Bewegung: Liturgische Zeitschrift 4 (1931/32) 1–10.44–55.75–82.

Ders., Vorgeschichte und Ursprung der liturgischen Bewegung vorwiegend in Hinsicht auf das deutsche Sprachgebiet. Regensburg 1940.

Trautwein D., Lernprozeß Gottesdienst. Ein Arbeitsbuch unter Berücksichtigung der „Gottesdienste in neuer Gestalt". Mit einem Geleitwort v. W. Jetter und L. Zinke. Berlin – München 1972.

Troeltsch E., Die Aufklärung: Ansätze zur Geistesgeschichte und Religionssoziologie (Gesammelte Schriften 4). Tübingen 1925, 338–374.

Valjavec F., Geschichte der abendländischen Aufklärung. Wien – München 1961.

Veit L. A., Das Aufklärungsschrifttum des 18. Jahrhunderts und die deutsche Kirche. Ein Zeitbild aus der deutschen Geistesgeschichte. Köln 1937.

Ders., Emmerich Joseph von Breidbach-Bürresheim, Erzbischof von Mainz (1763–1774), und die Verminderung der Feiertage. Ein Beitrag zur Geschichte der kirchlichen Aufklärung im katholischen Deutschland: Festschrift Seb. Merkle. Hg. v. W. Schellberg. Düsseldorf 1922, 348–369.

Vierbach A., Die liturgischen Anschauungen des Vitus Anton Winter. Ein Beitrag zur Geschichte der Aufklärung (Münchener Studien zur historischen Theologie 9). München 1929.

Vogel C., Introduction aux sources de l'histoire du culte chrétien au moyen âge III. Spoleto 1966.

Wagner G., Bischof und Brauchtum. Zum Brauchtumswandel im Zeitalter der Aufklärung: Paderbornensis Ecclesia. Beiträge zur Geschichte des Erzbistums Paderborn. Festschrift f. Kardinal Jaeger. Hg. v. P.-W. Scheele. München 1972, 403–426.

Weischedel W., Der Gott der Philosophen. Grundlegung einer philosophischen Theologie im Zeitalter des Nihilismus. Erster Band: Wesen, Aufstieg und Verfall der philosophischen Theologie. Darmstadt 1971.

Wilson H. A., The Gelasian Sacramentary. Liber Sacramentorum Romanae Ecclesiae. Oxford 1894.

Zoepfl Fr., Dr. Benedikt Peuger (Poiger). Ein Beitrag zur Geschichte der Kirchlichen Aufklärung (Münchener Studien zur historischen Theologie 11). München 1933.

Unverzichtbare Hilfe für Praxis und Theorie kirchenmusikalischer und liturgischer Erneuerung

Philipp Harnoncourt

Gesamtkirchliche und teilkirchliche Liturgie

Studien zum liturgischen Heiligenkalender und zum Gesang im Gottesdienst unter besonderer Berücksichtigung des deutschen Sprachgebiets

Die in diesem Band vorgelegten Untersuchungen haben einen sehr aktuellen Bezug zur liturgischen Praxis der Gegenwart und zum Menschen von heute und seinen Möglichkeiten, im Gottesdienst den Glauben zu artikulieren. An zwei Schwerpunkten macht Harnoncourt das Spannungsverhältnis zwischen Einheit und Vielfalt im Gottesdienst deutlich:

1. an der geschichtlichen Entwicklung des liturgischen Heiligenkalenders über das 2. Vatikanum hinaus, einschließlich der Reform des Regionalkalenders für das deutsche Sprachgebiet mit seinen diözesanen Besonderheiten;

2. an der Entwicklung des liturgischen Gesangs in der römischen Kirche unter besonderer Berücksichtigung des deutschen Sprachgebietes mit ausführlicher Erörterung der Bemühungen um das Einheitsgesangbuch.

Eine fundamentale Hilfe für Theorie und Praxis der liturgischen und kirchenmusikalischen Erneuerung.

Reihe „Untersuchungen zur praktischen Theologie", Band 3
488 Seiten, kart. lam., ISBN 3-451-16742-5

Verlag Herder Freiburg · Basel · Wien